上海市重点学科建设
项目编号：Y0901

体育赛事运作管理

◎刘清早 著

人民体育出版社

现　任

☆　上海体育学院经济管理学院责任教授

☆　中国体育科学学会体育产业分会副秘书长

☆　上海体育学院体育赛事研究中心副主任

☆　上海体育学院体育经济教研室主任

☆　中共汶川县委、县人民政府灾后科学重建经济、社会发展事业顾问

近四年主要经历

☆　北京奥运会重大宣传文化活动“同一个世界　同一个梦想”奥林匹克珍藏品中国巡展首席策划，获国际奥委会主席罗格、名誉主席萨马兰奇颁发的国际奥委会官方“突出贡献”荣誉证书，获北京奥组委专函表彰；

☆　第十一届全国运动会组委会技术专家、市场开发顾问、济南赛区组委会特邀顾问、全运村顾问，获得“先进个人”“特别贡献奖”，组委会专函感谢与表彰；

☆　第六届全国城市运动会执委会市场开发顾问，获得执委会专函感谢与“特别贡献奖”；

☆　第六届全国农民运动会泉州市筹备工作委员会总策划，获得“突出贡献奖”；

☆　专业课程《体育赛事市场开发》被评为上海市精品课程；

☆　被上海体育学院学生评为“我心目中的好老师”；

☆　被评为上海体育学院“师德标兵”；

☆　获得“上海市模范教师”荣誉称号；

☆　获得国家体育总局教学成果二等奖；

☆　在上海体育学院担任教师以来，连续四年年度教师绩效考核优秀、科研考核优秀。

荣誉证书

授予刘清早同志

上海市模范教师称号

上海市教育委员会　上海市人力资源和社会保障局　上海市公务员局

二〇〇九年九月

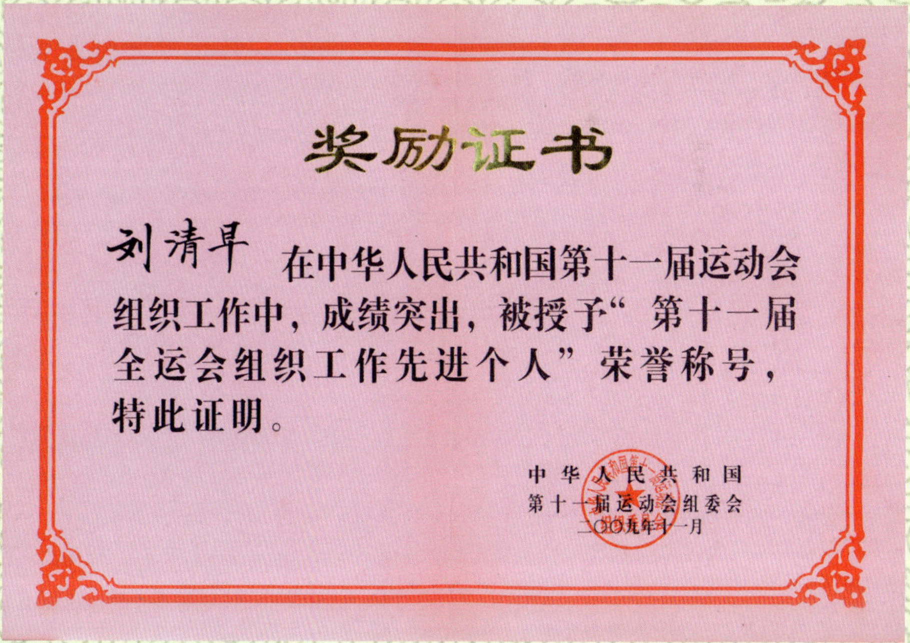

奖励证书

刘清早　在中华人民共和国第十一届运动会组织工作中，成绩突出，被授予“第十一届全运会组织工作先进个人”荣誉称号，特此证明。

中华人民共和国
第十一届运动会组委会
二〇〇九年十一月

THE OLYMPIC MUSEUM

DIPLOMA

in recognition of

Mr Liu Qingzao's

outstanding contribution as the initiator and planner of the "One World One Dream" exhibition, which travelled throughout China between 8 July 2007 and 15 October 2008 in 10 Chinese cities with 3'000'000 visitors.

On behalf of The Olympic Museum and the International Olympic Committee, we thank you for all your efforts and your outstanding contribution to spreading the Olympic values and spirit through this exceptional exhibition.

Jacques ROGGE IOC President	Juan Antonio SAMARANCH IOC Honorary President

国际奥委会奥林匹克珍藏品
IOC OLYMPIC TREASURE EXHIBITION CHINA TOUR
中国巡展

Lausanne, 25 June 2008

证书授予

刘清早先生

作为“同一个世界，同一个梦想”巡展的发起人和策划者，刘先生做出了卓越的贡献。2007年7月至2008年10月期间，该展览在中国10个城市进行了巡回展出，总观众超过三百万人。

在此，我们谨代表国际奥林匹克博物馆及国际奥林匹克委员会，向您通过此次展览传播奥林匹克价值观和奥林匹克精神所付出的艰苦努力及突出贡献表示感谢。

雅克 罗格 国际奥委会主席	胡安 安东尼奥 萨马兰奇 国际奥委会名誉主席

前　言

21世纪初始，中国体育赛事呈现生机盎然、蓬勃发展的态势。曾几何时，我们只能在电视中收看奥运会、一级方程式汽车大奖赛、网球大师杯等诸如此类的世界最顶级体育赛事。可就是在最近短短两三年间，国人已经享有了在国内观看此类赛事的众多机会，其他各种类型的国际赛事也竞相在中国境内举办。与此同时，国内体育赛事如全国运动会、城市运动会、各单项全国性赛事相继掀起热潮，规模较小的区域性或者特定群体的体育赛事也争奇斗艳。这一切令中国的体育爱好者激动与兴奋，令从事体育赛事运作管理的工作者欢欣与鼓舞。

不仅仅如此，体育赛事吸引的目光早已超越体育范围。各地政府期望通过举办体育赛事来提高城市知名度，打造城市形象，吸引游客，促进投资；众多商家希望搭上发展迅猛的体育赛事快车，把握赛事商机，营销自身品牌，赚个金银满钵；媒体则时时刻刻关注体育赛事动向，传播赛事信息，聚焦赛事热点，谋求与赛事共生共赢。

毫无疑问，体育赛事在当今的社会中扮演着越来越重要的角色，牵动着社会的方方面面。向社会不同群体提供符合他们各自需求的体育赛事是每一位从事体育赛事运作管理工作者的职责所在。在这个日新月异的复杂世界里，体育赛事运作管理者怎样才能按照科学规律并在中国现行的管理体制下使体育赛事办得更加出色？怎样才能保证体育赛事的各项工作在限定的时间前完成？怎样才能为体育赛事寻求到更多的商业赞助？怎样才能在运作中做到对赛事组织机构及人员实施有效的管理？怎样保障体育赛事安全、有序地进行？解答诸如此类的问题，为国内从事体育赛事运作管理的工作者提供具有实操性的方式、方法，正是本书的立意所在。

《体育赛事运作管理》是根据本人自身多年体育赛事运作实践工作的理解与体会，对国内体育赛事运作管理实际操作经验的总结。为了使本书更为系统、全面，在编写过程中，引用了有关媒体的新闻或专题报道，参考了许多国内外专家学者对体育赛事的理论研究书籍和资料，对主要参考的文献资料附录于后，在此向各位作者表示诚挚的谢意。

需要强调的一点是，本书的主旨始终在于体育赛事运作管理的实务操作，而非理论研究。由于本人水平有限，书中尚有疏漏之处或有失偏颇的独家之言，恳请读者批评指正。

本书于 2006 年第一次印刷出版，一年后的今天再版，再一次得到了人民体育出版社领导及编辑吴永芳的大力支持，在此表示衷心感谢！并向广大读者表示衷心感谢！为读者服务是我的荣幸。

刘清早

2007 年 10 月于上海体育学院

目 录

第一篇 体育赛事运作管理总论

第二篇　体育赛事运作管理的战略

第三篇　体育赛事运作管理的实施

第四篇　体育赛事运作管理的结束

第一篇

体育赛事运作管理总论

第一章　体育赛事运作管理绪论

本章学习要点：

- 体育赛事历史和类型
- 现代体育赛事的特征
- 我国体育赛事体系构成
- 运作管理的含义
- 当代运作管理的重要主题
- 体育赛事运作的效率与效果
- 体育赛事在中国的发展
- 体育赛事运作管理者应具备的职业素质

第一节　体育赛事概述

一、体育赛事的产生与历史

（一）古代体育赛事的产生

体育赛事的产生首先源于体育运动的产生。在历史资料的记载中，关于体育运动的发源地众说不一，或在中国，或在印度，或在希腊。但无论起源于何处，体育运动无疑都是作为人类文化的重要组成部分，随着人类社会的不断发展而逐渐形成和发展起来的。

史前时代，体育运动与人类应对生存挑战、表达宗教信仰紧密联系在一起。远古时代的人们运用他们的身体能力猎捕动物，延续自身的生存与发展，也以此确立对他人的社会控制和个人的权力地位。据史学家和考古学家的研究，在地球的各大洲，为了平息神的怒气，人们通过日常生活中具有重要象征和现实意义的比赛项目，创造了体能竞赛的独特的组织形式。尽管这些活动具备了体育赛事的雏形，但它们与生存挑战和宗教信仰是无法分开的。世界上有组织的体育赛事的最初形式可能就产生于这种身体活动和宗教仪式的结合。

到了古希腊时代，由于战争的需要，希腊人注重身体健康，体育运动受到重视，形成了更为成熟的以追求身体技能为直接目标的体育赛事形式。公元前 8 世纪，古希腊诗人荷马在他所著的史诗《伊利亚特》中说到，阿奇里斯为了纪念在特洛伊战争中死去的朋友普特洛克勒斯（Patroclus），特别举行了一场体育比赛，这是关于体育赛事的最早的文字记载。

始于希腊的古代奥运会则是古代人类历史上规模最大、影响最为深远的体育赛事。古代奥运会从公元前 776 年起，到公元 394 年止，经历了 1168 年，共举行了 293 届。古代奥运会在如此漫长的时间跨度中形成了较为完备的组织体系，有盛大的开幕式和闭幕式，在比赛日程、项目，比赛规则，授奖仪式以及圣火点燃等方面都有严格的规定。古代奥运会是以祭神为主、内容丰富多彩、形式多样的全希腊综合盛会，包括祭祀天神宙斯，朝拜、祝寿众神，诗人朗诵作品，演说家发表祝词，开展集市贸易等活动，体育竞技是作为其中的一项内容。它是希腊各民族文化的一部分，它起到了团结各族人民，维护国家统一，减少和制止战争的积极作用，与政治有着极为密切的关系。古代奥运会是古代人类社会体育赛事发展的最高峰。

无论是远古时代与宗教仪式紧密结合的体育赛事雏形，还是具备较为完备组织体系的古代奥运会，都是社会发展的产物，与经济、政治、文化等方方面面存在千丝万缕的联系。然而，在生产力发展低下、物质与精神生活极端贫乏、人类需要为生存而艰苦斗争的阶段，体育赛事在社会生活中的位置还是微不足道的，它对经济、政治、文化所能产生的影响也是极为有限的。而现代意义上的体育赛事形式的出现始于西方工业革命时期，自此，体育赛事迅速发展，其作用和影响力不断扩大，成为具有丰富社会价值内涵的社会活动形式。

（二）现代体育赛事形式的出现

美国著名的社会学家杰·科克利认为现代体育赛事形式，即我们常指的有组织的竞技运动出现于工业革命时期。他在《体育社会学：议题与争议》一书中认为：工业革命早期，工作的需求和场地的限制，参加体育赛事的主要是富有阶级；19 世纪晚期，即工业革命后期，生产力的发展使西方社会的人们有了更多的空闲时间，对休闲活动的需要增加，同时中产阶级兴起、妇女解放、对种族歧视的反抗等等思潮及社会运动，都使得参与体育赛事的阶层不断扩大，体育赛事也被赋予了更多的社会意义；从 20 世纪 20 年代以来，用于体育运动的资源在世界许多国家与日俱增，技术被用于改变参与者和观众的运动体验，与运动相关的产业和政府的资助都急剧增长，现代体育赛事形式逐渐开始在欧洲、北美等国家和地区发展成熟起来。

随着全球经济一体化进程和信息技术的快速发展，在今天的社会生活中，体育赛事如此普及对人们产生从未有过的广泛影响，在创造利润、培育人才、培养爱国主义精神和促进个人健康等方面发挥作用，尤其是发达国家的体育赛事运作已将商业、娱乐、教育、文化、技术、国家荣誉等紧密结合于一体。当然，体育赛事的核心价值仍然是体现人们追求体能挑战、表达兴奋体验，这是其他形式的活动或比赛所无法实现的。这使得体育赛事在过去、现在及将来都是人类社会生活中十分重要的现象。

综上所述，体育赛事是人类社会文明与进步的产物，集中体现了人类不断挑战极限的精神力量，现代体育赛事更是成为社会进步、文明程度及经济实力的标志之一。政府将体育赛事作为经济发展、城市建设、文化培育等战略的一部分，对体育赛事给予许多指导和支持；企业把它作为产品营销和品牌传播的有效载体，对体育赛事投入各种资源；学校、社团常常将其作为加强凝聚力的重要手段加以运用；个人则出于兴趣参加、参与及欣赏各种各样的体育赛事。对体育赛事的关注与参与成为人们日常社会生活的重要组成部分。

二、现代体育赛事特征及分类

（一）现代体育赛事特征

现代体育赛事与历史各时期的体育竞赛和体育活动相比，具有鲜明的特征。杰·科克利对现代主流运动形式所具有的七个相互联系的特征进行了阐述①，了解这些特征将有助于我们更好地理解现代体育赛事的特征。

1. 世俗化

今天主流的运动形式不与宗教信仰和仪式直接相关。它是娱乐的方式，而不是崇拜的方式。他们为个人所得而开展，而不是为了上帝的安宁。他们表现了物质世界的直接性而非超自然世界的神秘主义。

2. 平等

今天主流的运动形式基于这样的思想：参与不能由出身和社

① 杰·科克利：《体育社会学：议题与争议》，中文1版，95~97页，北京，清华大学出版社，2003

会背景来管束，运动项目中的比赛者应给予相同的竞赛条件，无论他们是谁和来自哪里。

3. 专业化

今天主流的运动形式由专家和观看运动的观众参与所支配。运动员经常只参加一项比赛或在一个项目中占有一个位置。地位通常根据技能和责任而决定和区分。设备，如鞋和衣服，专门符合某类运动员的需要。

4. 理性化

今天主流的运动形式由复杂的规则和策略组成。规则规定目标和运动员如何实现目标，规则也规定设备、运动技术、参加的条件；策略鼓励理性控制的训练方法，而这影响着运动参与经验和对运动员的评价。

5. 科层制

今天主流的运动形式为国际的、国内的、地方层次的复杂机构所控制。这些组织中的人监督和批准运动员、运动队和运动项目，他们制定和执行规则、组织比赛、确认记录。

6. 量化

今天主流的运动形式的特征充满了测量和统计数字。所有东西都能被化成时间、距离或分数而加以测量和记录。成绩的标准以清晰可测的规则加以讨论，统计数字被用做成绩的证据。

7. 纪录

今天主流的运动形式强调创造和打破纪录。运动表现在项目之间进行比较，个人、团队、联盟、竞赛、社区、州、省以及大洲的纪录都公开发表。最重要的当然是世界纪录。

以一个或几个特征就可以概括以前历史时期的运动形式。但是直到 19 世纪，所有七个特征才一起出现，但并不是今天所有的运动都具有这七个特征，只是今天主流的运动形式以这七个特征为标志。

（二）现代体育赛事分类

现在全世界每年都要举办大量的体育赛事，种类繁多、形式多样、内容丰富。人们通过参加、参与各种类别的体育赛事而获得独特的感受与体验。

根据不同的标准，我们可以将体育赛事划分为不同类别。

1. 以赛事规格为标准，体育赛事可以划分为国际性赛事、洲际赛事、地区赛事、国家级赛事、国内赛事等。

2. 以赛事规模为标准，体育赛事可以划分为综合性大型体育赛事、大型单项体育赛事、一般体育赛事和小型体育赛事等。

3. 以赛事区域为标准，体育赛事可以划分为世界性体育赛事、地区性体育赛事等。

4. 以赛事项目设置来划分，体育赛事可以划分为综合性体育赛事和单项体育赛事。

5. 以赛事功能为标准，体育赛事可以划分为竞技性体育赛事和群众性体育赛事。

6. 以赛事性质为标准，体育赛事可以划分为营利性的商业比赛和非营利性的公益比赛以及教学与交流性质的比赛等。

7. 以运动员身份来划分，体育赛事可以划分为职业选手赛事和业余选手赛事。

8. 以运动员年龄来划分，体育赛事可以分为儿童赛事、青少年赛事、成年人赛事及老年人赛事。

体育赛事的分类标准不一而足，无论采用怎样的标准，都是从某一角度对体育赛事进行认知，对不同的体育赛事进行比较，了解它们之间的异同。因此，在体育赛事运作实践中，运用何种标准对体育赛事进行分类应因时、因地、因情况而异。

三、现代体育赛事社会价值

社会价值是指个体或组织通过自身的实践活动为满足社会物质的、精神的需要所做出的贡献和承担的责任。现代体育赛事的社会价值，简而言之，就是体育赛事对社会所产生的正面影响及作用，反映在两个层面：体育事业层面和社会整体层面。

（一）体育事业层面

对于体育赛事的参加、参与者而言，体育赛事能给他们带来生理和心理上的益处，提供积极的休闲方式，带来愉悦的精神享受，提高身体素质，改善健康状况等等。这是体育赛事所具有的最基本、最核心的社会价值，也是体育赛事与其他有组织的社会活动或社会事件的根本区别所在。

现代体育赛事的繁荣和发展促进了整个体育产业的发展。城市化进程的加速，大众媒体的发达，改变了人们参与、欣赏体育赛事的方式，极大地拓宽了体育赛事的社会覆盖面，也带动和促进了体育用品市场、体育健身娱乐市场、体育彩票市场、职业体育俱乐部、体育经纪公司等体育行业领域的发展。

（二）社会整体层面

现代体育赛事的社会价值早已突破体育事业层面，在社会整体层面发挥着越来越重要的影响和作用。

在“注意力经济”的时代，体育赛事成为众多商家角逐的对象。体育赛事对于商家的价值在于：提供一种有效的销售或者营销途径，帮助商家获取更多的利润。这样的案例随处可见，不胜枚举，现代体育赛事与商业社会已是彼此融合，密不可分。

体育赛事具有调整社会产业结构的重要价值，它能促进餐饮、传输通讯、媒体电视、商贸旅游、宾馆服务、交通运输等第三产业的发展；体育赛事具有扩大就业的社会价值，筹办体育赛事尤其是大型体育赛事往往需要投入大量的劳动力；体育赛事有利于促进举办地区的市政建设，展示地区形象和改善投资环境；改变城市生存环境。此外，体育赛事还具有促进社会文化发展，为不同人群和文化提供交流与融合平台的社会价值。

四、我国体育赛事体系组成

为我国体育赛事运作管理者提供具有实际操作性的方式、方法，是本书的立意所在。因此，我们有必要对我国的体育赛事体系组成有所了解。同时需要说明的是，本书中所论及的体育赛事主要是指在我国境内举办的面向社会的体育赛事，不包括各单位、各系统、各行业举办的内部体育竞赛，但这并不意味着这些内部体育竞赛不能借鉴本书所论及的赛事运作理论及方法。

我国的体育赛事体系主要由国内赛事和国际赛事两大部分构成[①]。

（一）国内竞赛体系

国内的竞赛体系已经形成了一个相对完整的体系。国内赛事主要有：全国运动会、全国城市运动会、全国冬季运动会，各个单项运动协会定期举办的全国锦标赛、冠军赛、联赛以及为了培养高水平运动后备人才的青年、少年运动会和青少年单项锦标赛。

1. 全国运动会

全国运动会是国内最高规格、最大规模的综合性体育赛事，

① 梁晓龙，鲍明晓，张林：《举国体制》，第1版，107~113页，北京，人民体育出版社，2006

是我国竞技体育贯彻实施举国体制的重要抓手和平台。全国运动会每四年一次，至今已举办过十届。经过五十多年的发展，全国运动会成为中国发展体育运动的综合性标志，也是各省、自治区、市展示本地区体育运动发展水平和状况的平台。全国运动会不仅是实现“奥运战略”的有力杠杆，也是形成中国特色的竞技体育文化的重要基础。

2. 全国城市运动会

全国城市运动会是由原中国青年运动会演变而来的，是全国运动会的有效补充，是我国全国综合性运动会的赛事体系的重要组成部分。全国城市运动会的举办，不仅为我国的各个城市提供了一个展示城市竞技体育发展水平的大舞台，扩大了我国竞技体育运动员的培养渠道，而且进一步完善了我国优秀运动员训练体系。

3. 全国冬季运动会

我国竞技体育的奥运战略不仅指夏季奥运会，还包括冬季奥运会。四年一次的全国冬季运动会以地市为单位参加。由于地域、气候、体育运动传统和经济发展水平等客观条件的限制，我国开展冬季体育运动的地区主要集中在吉林、黑龙江两省。目前，我国冬季运动会的规模相对较小，但它是我国国内体育赛事体系不可缺少的重要组成部分。在 2006 年 2 月落幕的都灵冬奥会上，中国体育代表团获得 2 金 4 银 5 铜，奖牌总数、奖牌覆盖面均超过往届，在一些落后项目上也有较大突破，证明我国冰雪项目总体实力有所提升。

4. 全国单项运动竞赛

在我国正式开展奥运会比赛体育项目，一般每年都有两次成年运动员赛事。一次是全国锦标赛，另一次是全国冠军赛。同时还举办全国青年和少年比赛。有些运动项目，特别是集体球类项目举行联赛，比如中超联赛、中国排球职业联赛、CBA 联赛等。

随着我国体育市场化和社会化改革的不断深化，国内竞技体育比赛的性质和形式不断增多。这些全国性的单项运动竞赛起到了检验训练成果，交流训练机会，积累比赛经验，培养和锻炼年轻运动员，丰富社会文化生活的重要作用，同样是我国赛事体系的重要组成部分。

（二）国际竞赛体系

国际赛事主要有：奥运会、亚运会、东亚运动会、各个运动项目的单项世界锦标赛和世界杯赛、国际单项运动协会举办的其他比赛以及其他一些双边和多边的国际体育赛事。

奥运会、亚运会等国际综合性运动会，在世界和亚洲的不同城市每四年举办一次。各个单项的世界锦标赛、世界杯赛的比赛周期因项目不同而不同，大多数赛事一般每两年在不同的城市举行一次，也有些赛事每四年举办一次（如世界杯足球赛），也有的项目每年举行一次世界锦标赛或世界杯赛。随着竞技体育职业化和市场化的趋势，很多世界单项运动协会都加大了举办国际比赛的密度，不定期地举办“大奖赛”等具有商业性的单项体育赛事。有些项目协会为了促进各个项目的运动员特别是优秀运动员积极参加此类竞赛，采用“积分”的形式，把优秀运动员参加世界一般性或商业性的比赛成绩与参加奥运会和世界锦标赛的资格联系起来。

第二节　体育赛事运作管理概述

一、运作管理的一般含义

（一）运作管理定义

运作管理一词起源于制造业，最初是指对从输入原材料、能源、劳动力和资金到输出最终产品的整个过程的管理。例如，服装的生产运作可能包括接单、打样、原材料采购及检验、裁剪、缝纫、半成品检验、成品检验、包装等等诸多业务流程，每个流程都要消耗一定资源，并对最后的产品做出一定贡献，创造一定价值。

制造业对提高生产效率和产品质量的持续追求，是运作管理理论研究及实践运用迅速发展的动力，已使运作管理成为现代管理科学中相当重要而活跃的分支。

随着全球服务业的崛起，服务业产值的迅速增长，劳动力向服务业的巨大转移，人们对提供服务的过程越来越关注。运作管理的研究学者逐渐将运作的概念与理论运用到服务业中，认为服务的提供和产品的生产具有一致的本质特征，即都是输入向输出的转换过程（表 1.1 所示）。

表 1.1　运作——输入向输出的转换过程

运作管理机构	输　入	输　出
服装厂	设备、布料、染料、劳动力、能量等	服装成品
印刷厂	纸张、设备、油墨、技工、能量等	印刷品
餐厅	食品、厨师、服务员、设备、能量等	膳食、娱乐
大学	教师、教学设施、行政人员、课本等	受教育的学生
赛事组委会	运动员、裁判员、场馆、器材、能量等	体育赛事

因此，从广义上来说，运作具有相当的普遍性，是人类从事的最基本活动。社会中的任何一个行业或组织都存在着运作活动，向社会提供一定的产品和服务。高效率的、有效的运作成为社会财富积累的来源。

（二）当代运作管理的重要主题

运作管理实践在人们开始生产产品和提供服务时就已经存在了，运作管理作为一门学科也有二百多年的发展历史，因此，运作管理具有庞大的理论体系和丰富的实践应用。但我们并不打算在此向读者叙述运作管理的详细发展历史，而只对当代运作管理中的重要主题进行介绍，因为这些主题与本书的主旨紧密相关。了解以下这些主题，将帮助我们更好地学习和掌握体育赛事运作的知识与实务。

1. 生产运作与服务运作理念及方法相互渗透

随着现代社会第三产业的发展，在今天的经济生活中，服务业和制造业有着密不可分的联系。银行、保险、电信和运输等服务性行业对制造业的支持必不可少，而制造业的产品同样也支持了所有的服务性行业。行业之间的紧密互动使制造业中的运作管理理念及方法在服务业中得到越来越广泛的应用，而服务业也为运作管理的发展提供了更为广阔的领域。

2. 客户导向的运作管理

制造业的运作是向客户提供产品，服务业的运作则是向客户提供服务，两者的共同本质都是满足客户的需求。这一理念是贯穿于整个运作管理中的，也是运作管理实践应该奉行的标准之一。一个重要而关键的观念是在追求不断满足客户需求时，不一定必然会牺牲效率。相反，客户对产品和服务要求的提高常常是减少运作过程中的浪费和提高所有过程效率的强有力的动力。这个思想在运作管理的质量管理、系统与流程设计、存储控制、人员管理等领域都得到不断应用与体现。

3. 对运作管理持续不断改进

在当今世界的激烈竞争环境下，持续不断的改进是企业或组织保持竞争优势的关键。持续不断的改进应该朝着满足客户需要的方向发展。当客户的需求变化或客户对产品或服务的标准改变时，运作管理的目标也要随之而改变，否则将面临失去客户、失去市场、甚至失去生存空间的威胁。持续不断的改进并非为了改进而改进，是为了适应运作环境的变化而进行的必不可少的改进；持续不断的改进不是对运作中单一部分的改进，而是对质量、流程、人员等运作所涉及的各个方面的改进。

4. 运作管理的系统化

运作管理最初局限于产品的生产线，但今天当人们提到运作管理时，已经更多的是将其作为一种系统化的理念进行运用。系统是让组织中各个部门和所有人员保持协调，向同一方向、同一目标努力的重要方法。最好的运作是通过使用工作团队、信息系统、全员参与等跨职能管理方式，将组织中的各项职能整合起来，使运作管理成为一个有机的系统。

以上四个主题对于高效的运作至关重要，它们提出了运作管理发展的基础、趋势和方向。在本书的其他章节将直接或间接地体现以上四个主题所蕴含的思想。

二、体育赛事运作管理的含义

在了解运作管理一般含义的基础上，我们将体育赛事运作管理定义为：一定的组织运用财力、物力、人力、信息等资源，通过计划、组织和控制，向社会提供体育赛事的全过程，其实质也是由输入到输出的转换过程。

将体育赛事运作管理视为由输入到输出的转换过程，实质上反映了社会主义市场经济条件下，对效率和效果的追求。尽管体育赛事尤其是我国国内赛事并非都属于商业性赛事，有许多是公益性赛事，但同样需要提高赛事运作的效率，更好地发挥赛事的经济或者社会效益，这既符合市场经济对资源合理高效配置的要求，也适应了当今世界珍惜资源、创造节约型社会的趋势。

体育赛事运作管理的效率是指赛事资源输入和输出的关系。对于给定的资源投入，如果赛事运作管理者能获得更多的输出，就意味着提高了效率。同样，如果以较少的资源投入，赛事运作管理者能够获得同样的输出，也是提高了效率。能够投入体育赛事运作的资源（资金、场馆、设备、人力、技术等）总是有限的，所以赛事运作管理者必须时刻关心这些资源能否得到有效利用。因此，体育赛事运作强调效率。

体育赛事运作强调的另一方面是效果，即运作必须达到赛事的预定目标。当赛事运作管理者实现了赛事的目标时，我们称他们的运作是有效果的。而赛事的目标又与我们前面谈到的客户的需求是紧密相关的，无论是怎样的赛事，都是为了满足某种客户的需求而存在和发展的。

效率和效果是体育赛事运作过程中互相联系。体育赛事运作的理想状态是高效率与高效果，这也是赛事运作所追求的目标。然而在给定的设计、流程、技术条件，即效率水平一定的条件下，效率和效果之间经常是互为消长的关系，即提高效率通常会降低效果，增强效果则会使效率下降。例如，大型赛事运作管理者为了提高观众入场的速度，可以设置更多的安全检测装置和配备更多的安保人员，但这意味着成本必然大幅度地上升。

体育赛事运作管理者面临两大挑战：其一，是在效率和效果之间寻求适当的平衡点，这对于赛事运作管理者来说既是一门科学也是一门艺术；其二，提高运作的效率水平，使体育赛事运作系统的设计更合理、业务流程更顺畅、工作人员更努力等等。这也就是我们在本书的后续章节要深入探讨的内容，也是本书的主旨所在。

第三节　体育赛事运作管理的机遇与挑战

一、体育赛事行业的发展

中国体育赛事行业近年来的发展有目共睹。在中国举行的体育赛事无论是数量，还是规模、规格都呈上升趋势。国内赛事如全国运动会、城市运动会、CBA 联赛、各单项锦标赛等稳步发展，国外赛事如 F1、NBA 季前赛、上海网球大师杯、中国网球公开赛等加速引进，大型国际性综合性运动会如 2008 年北京奥运会、2010 年广州亚运会的成功申办，使中国体育赛事行业在多层次、多区域呈现出生机盎然、充满活力的发展态势。这不仅仅是由于社会经济发展，生活水平提高，余暇时间增多，使人们对能带来休闲娱乐的体育赛事的需求不断增大，更重要的是社会各方面普遍认识到体育赛事所具备的超越简单的休闲娱乐所具有的多元化功能和后续效益。

我们耳熟能详的一句话是“体育赛事搭台，经贸交流唱戏”，它正是体育多元化功能的一种浓缩的体现。不仅是北京、上海、广州、深圳等经济发达、文化开放的大城市频繁地举办大规模、高规格的国际性赛事，甚至经济发展比较滞后、相对封闭的小城市、县城等地区也开始意识到体育赛事所能带来的综合效益。例如，在山西省右玉县，一个只有十万人的国家级贫困县，于 2005 年 7 月，举办了首届中国·右玉生态健康旅游节，其中的主体项目就是第四届全国大学生越野三项邀请赛和第十一届全国独轮车锦标赛，这两项赛事都充分结合了右玉当地的地理环境和自然景观，旨在全力打造新型体育旅游基地，促进当地经济的发展。

此外，“体育赛事搭台，经贸交流唱戏”也并非中国特色，与国外运作成熟的体育赛事行业相比，我们在发挥体育赛事的综合效益方面做得还远远不够。举例而言，2005 年 2 月在美国佛罗里达州杰克逊维尔市举办的美式足球“超级碗”决赛，是全美一年一度最盛大的体育赛事。虽然“超级碗”决赛比赛时间只有短短的几小时，但与之相关的各种庆祝活动却要持续四天之久，有好几十场，其中包括各种各样、有吃有喝的派对，最激动人心的莫过于"NFL 体验"，是球迷与球员互动主题活动之一，包括 NFL 球员亲笔签名、与 NFL 球员一起购物等等。不仅如此，杰克逊维尔市举办"超级碗"的最大目标是在于通过这场盛大的体育赛事提升城市的知名度和吸引更多的投资，促进城市经济发展，为了实现这个目标，他们制订了周密稳妥的计划，包括向全美 300 家最大工商企业、1000 家普通企业和 225 家媒体寄送明信片等。

二、体育赛事运作管理者职业发展

（一）体育赛事运作管理者的职业素质

职业素质是指劳动者对社会职业了解与适应能力的一种综合体现，主要表现在职业兴趣、职业能力、职业个性和职业情绪等方面。影响和约束职业素质的因素很多，包括受教育程度、实践经验、工作经历及自身的一些基本情况（如身体状况、性格、兴趣等）。在市场经济条件下，职业素质是社会个体获得职业的基本条件，同时，个人能否从事一定职业并取得成就，很大程度上也取决于职业素质。

体育赛事运作管理者应具备的职业素质至少应包括以下方面：

1. 保持积极主动的工作态度

积极的工作态度是从事任何职业都应该具备的基本职业素质。对于充满激烈竞争和快速变化的体育赛事行业而言，没有积极主动的工作态度而取得成就的可能性是微乎其微的。

2. 能够承受很大的工作压力

体育赛事通常都有十分明确的时限性，赛事运作管理者必须在时间底限的压力下完成相当大的工作量，需要超时超量的工作，并且在运作过程中常常有突发性事件，会有来自各方面的压力。

3. 具有良好的团队合作精神

体育赛事运作管理永远是一个系统工程，由始至终都需要参与运作的全体工作人员的协同合作，缺乏良好团队合作精神的人是无法得到很好发展的。

4. 具有创造性和灵活性

体育赛事并非复制品或者标准化产品，任何一场赛事在某种意义上都可以说是独一无二的，因此要求体育赛事运作管理者能不囿于常规，富有创造性。

5. 良好的人际交往能力

参加、参与体育赛事的人员常常来自于不同地区，背景也不相同，赛事运作管理者如果想要顺利推进工作，必须善于与人交往，尤其是要具备与各层次的人共事的能力。

6. 具有一定的组织能力

比起固定的组织机构而言，体育赛事的运作管理机构相对更为松散，因此赛事运作管理者需要有一定的组织能力。

7. 具有不断学习的愿望和能力

我们上面已经提到体育赛事是非标准化产品，意味着赛事运作管理者的职业生涯中总是会出现新事物、新问题，因此他必须具有不断学习的愿望和能力。

8. 具有竞争意识

这与体育赛事追求“更高、更快、更强”的特征是紧密联系在一起的。体育赛事运作管理者同样需要有竞争意识，具有与竞争对手较量、提供运作更为完美赛事的愿望。

（二）体育赛事运作管理者的从业领域

体育赛事运作管理者是一个整体的概念，它包括了所有从事与体育赛事运作直接相关工作的人员。主要包括以下从业领域：

1. 体育赛事竞赛管理领域
2. 体育赛事人力资源管理领域
3. 体育赛事市场营销及开发管理领域
4. 体育赛事后勤保障领域
5. 体育赛事风险管理领域

体育赛事运作管理者不仅需要具备上述的职业素质，还需要具备特定领域的知识、经验、技能与资格。

（三）体育赛事运作管理者的职业发展

随着体育赛事运作管理行业的发展，对运作管理者的从业要求也越来越专业化。如何在这个复杂多变的职业领域里，把握自己成长的方向，向着职业长期目标稳步前进，对于每一个有志于从事体育赛事运作的人而言，都是一项巨大挑战。

对于想要投身体育赛事运作管理的人或者已在从事体育赛事运作职业者，本书有以下的忠告及建议：

1. 了解自身的意愿及兴趣

现代社会的流动性使人们对于职业选择有了更多可能的机会，但这也同时意味着你可能会对未来更加迷惑，或者在众多的选择间徘徊，以至于蹉跎了时间。因此，在开始职业生涯前，你首先需要明确自身的意愿及兴趣，一些简单的问题可以帮助你了解自己的意愿及兴趣所在。比如，你喜欢谈论什么话题？你喜欢阅读什么？你喜欢看哪种体育赛事的电视节目？你的业余生活常常专注于哪方面的事情？找到自己的意愿有助于界定你想从事的职业领域。

2. 盘点你所具备的技能

所谓的技能就是你能做什么，你擅长做什么。技能一般可以划分并归类为信息、人际和事务三个方面，每个方面都有简单技能、更高或者更复杂的技能。比如人际方面的技能，较为简单的是服务、服从技能，更高一些的技能是谈话、引导、说服技能，再进一步的人际技能则是教导、协商技能；又如信息方面的技能，最为简单的是复制，高一些的是收集、整理、比较技能，更为复杂的是分析、综合技能。当你只具备较低技能时，你往往只能从事初级层次的工作，服从他人的指挥，如果你拥有高级技能，则会有更多选择的自由。

3. 对体育赛事运作职业及职位做深入了解

第一个忠告与第二个忠告的目的在于“知己”，当你对自己的意愿和技能都有了一定了解后，你的心目中已有了大致的职业范围，下一步需要做的是“知彼”，辨明职业的特征及内涵，判断它是否符合你的志愿、适合你的性格及技能。体育赛事总是充满着许多诱人的因素——竞赛的激烈、明星的魅力、观众的热情，这些都使得从事体育赛事运作管理似乎是一个令人兴奋与向往的职业。某种程度上体育赛事运作管理职业的确是一个充满激情的职业，但喜爱体育赛事与从事体育赛事运作管理是两个迥然不同的概念，如果你想投身于体育赛事运作，你需要对这个职业了解更多。简单而低成本的方法是向已经在从事体育赛事运作管理的职业者咨询，听取他们对体育赛事运作不同领域工作的看法和建议，结合你自身的意愿和你拥有的技能，有利于你作出更为明智的职业选择。

本章思考题

阅读本章相关链接一与链接二，谈谈你认为 F1 在上海能否继续成功运作，影响其运作的关键因素包括哪些？

本章练习题

1. 体育赛事运作管理一般包括哪些职能？
2. 体育赛事运作管理者应该具备哪些基本素质？

相关链接一

赛会经济为城市带来什么？顶级赛事让上海更具魅力

上海，并不是一座因体育而著称的城市。上海的名气，更多地在于黄浦江、外滩、金茂大厦、东方明珠……这些城市的剪影，每一片都记录着海派文化的独特味道。

偏偏也是上海，在 2008 年北京奥运会经济尚未火爆之前，抢先成为目前中国最具体育魅力的城市。

F1、网球大师杯赛、NBA 季前赛——这两年众多国际著名赛事纷纷来到上海，而 2003 年的女足世界杯赛，2004 年的一级方程式赛车，2005 年的世乒赛，2007 年的特奥会等，同样选择了这座城市。2005 年的上海，每 5 天就有一个国际国内赛事举行，如此频繁，将其称为上海的“体育年”并不为过。

综合实力和组织管理模式吸引顶级赛事

上海滩为何能够吸引到如此多的国际体育赛事？

承办高水平体育赛事，是对一个城市综合实力的考验。上海作为中国经济中心，商业化程度高，契约意识深深根植于城市文化之中。因此，无论是从场馆建设、住宿交通到人文环境，从组织到运转，还是从新闻提供到观众素质，上海完全能够达到世界一流水准。而她所代表的拥有无限潜力的广阔中国市场，更是让人无法割舍。

除了城市魅力、综合实力较强之外，易于与市场对接的组织管理模式在吸引赛事上更为关键。上海一直提倡放手让企业经营商业赛事，政府较少参与。今年 4 月 15 日，上海传出消息，今后将不再为商业性赛事设组委会，而是设立了由市各有关部门参与的重大体育赛事联席会议，通过联席会议对各类重大赛事的举办给予所需要的配合与支持。过去一有赛事就请党委政府以及方方面面的领导参加组委会以示重视的做法，将在上海正式画上休止符。

有放有收。商业化运作的体育赛事，同样有助于推动商业、文化、旅游等第三产业，而上海市政府则将精力投入到像第四十八届世乒赛和将于2007年举办的特奥会等重大赛事上，着力展示中国经济和社会发展成果，提升上海国际大都市的地位和形象。这样的体育发展思路，展示出一种经营国际大都市的智慧。

赛事带来周边效应和崭新城市形象

体育赛事又将给上海带来什么?

无论是斥资数十亿办起的F1，还是世界顶级选手参加的网球大师杯赛、高尔夫球比赛等，都属于基础建设花费巨大，投资回报期漫长的“阳春白雪”，从投入产出比一算，上海似乎吃了亏。可即使是这样，素以精明著称的上海人，举办大型体育赛事的热情照旧高涨。上海图的是什么呢?

周边效应很重要。去年F1首次登陆上海，不少人坐着飞机来看F1，上海高档星级酒店爆满，不少酒店房价翻番甚至更高。如此普遍的酒店价格大幅度上涨，在上海是首次。而今年的世乒赛，赛场附近的上海徐家汇商圈更是享受到了体育带来的商机，不少运动员、教练员、官员在比赛之余都来到这里休闲购物。还有不少国家的教练，指挥之余肩负着来中国挑选乒乓器材的重任，赛场附近的体育器材展销、交易热火朝天。

更重要的，是体育对一个城市品牌经营带来的好处。举办著名体育赛事，无疑是提升一座城市品牌的捷径，由此产生的经济价值和体育价值难以估算。上海举办体育赛事的一大特点，就是不单纯地讲求经济效益，而是力主将这些体育赛事，打造为上海城市新名片，提升城市形象。在2002年上海网球大师杯赛期间，主办方安排休伊特、阿加西等世界男子网球九大顶尖高手身穿唐装，在外滩陈毅广场，背向浦东陆家嘴集体合影，这张照片在全球范围内引起不小的轰动。此外，无论是以 88 层的金茂大厦为场地的高楼跳伞运动、以浦江两岸为背景的摩托艇比赛，还是在陆家嘴地段举办的房车赛、在上海各大主要街道举办的国际马拉松赛，都是对“城市景观体育”的有益尝试。

【曹玲娟：《上海：顶级赛事让上海更具魅力（赛会经济为城市带来什么）》，《人民日报》，第 12 版，2006-06-10】

相关链接二

疯狂的体育 新兴的产业（节选）

刘律师是北京一所著名律师事务所的合作人，2004 年 9 月，他和一群朋友兴高采烈地来到上海，此行的目的不是为了什么大项目，而是去观看首次在中国举行的 F1 赛事。没有想到的是，当地所有高档的酒店和餐厅全部爆满，更让他意外的是，在上海赛车场，他碰到了众多的北京同行，还有一些经常打交道的同行人士。由于刘律师的门票是价值人民币数千元的高档票，比赛开始前，他还得到了耳塞、墨镜、望远镜等一堆观赛装备。一个多小时的轰鸣之后，F1 完成了在中国的处子秀，在离开赛场时，刘律师没忘了买上一大堆纪念品用于返京时送人，这其中包括送给妻子的一顶价值 400 元的法拉利车队赛车帽。

“F1 被大家当成了节日”，刘律师说。不过他也承认其实自己不太懂得赛车，当时甚至没有看清楚究竟哪辆赛车赢得了胜利，最后的结果还是后来回到宾馆看电视才得以知晓。2005 年 10 月，当 F1 再次在上海举行时，刘律师没有再次前往。

2004 年，F1 上海站的门票一共卖出了 26 万张，其中 9 月 26 日现场观众 15 万人，这是中国有史以来现场观众人数最多的单场比赛，各项总收入达到了近 3 亿元人民币。

“F1 太贵了，不是中国玩得起的。”太度体育文化产业机构总裁朱小明感叹道。

虽然 F1 在中国的发展被普遍认为过于超前，但从投资方上海市政府的角度看，F1 给上海房地产、汽车产业以及城市形象带来的“名片效应”难以估量。

不仅仅是昂贵的 F1，这两年在中国出现的高规格商业赛事越来越多，NBA 季前赛、上海网球大师杯、中国网球公开赛纷纷登陆，世界上商业运作最充分的足球俱乐部皇家马德里也嗅到了中国的商机，二年内两度访华，没费什么力气就从中国带走了数百万欧元的真金白银。除此之外，各种大大小小的国外体育推广和中介机构也蜂拥而至，除了已经在中国耕耘多年的 IMG（国际管理集团），11 人国际、瑞士盈方这些以前中国人并不熟悉的名字也开始活跃在中国体育产业前台。在这些国际体育营销公司身后隐藏的，则是挥舞着大把钞票寻找中国机会的体育赞助商。

“皇马要进中国是有道理的，欧洲（体育市场）已经饱和了，甚至有泡沫在慢慢破。”刘洪伟解释道，刘是国内最著名的体育经纪公司——高德公司的负责人，上世纪 90 年代中期他就开始在国内组织一系列商业比赛，皇马两次中国行的组织策划即出自其手。

目前全球体育产业的年产值约为 4000 亿美元，并保持着年均 20%以上的增长速度，在发达国家，体育产业占 GDP 的比重已达 1%~3%之间。而按照国家体育总局的《体育发展纲要》计划，到 2010 年，我国体育产业产值占 GDP 的比重才可能达到 1.5%。

但是，翻阅各种资料可以发现，关于眼下中国体育产业的经济衡量还没有任何权威的数据统计，对于相关数据的严重缺乏，国家体育总局体育科学研究所的研究员蔡俊伍坦陈：“这是我们的一块软肋。”这亦在某种程度上证明了中国的体育产业尚处于成长初期。

不成熟，却正是许多人进入体育产业的原因。吴畏，曾经是高德公司的专业律师，最终却选择了加入公司成为一名副总裁。虽然在高德的收入要低于做律师，但是她认为，“现在中国已经很少可以喝到‘头道啖’的行业，但是在体育行业我们可能会成为规则的制定者。”

“好的时候他们觉得不是机会，现在中国体育产业不发达，反而是一个机会。”刘洪伟在和众多国外体育公司高层接触后发现，“很多外国人都是这种思路。”

当然，几乎所有看好中国体育产业的人都相信，2008 年奥运会将带来巨大的想象空间。

“奥运会是一个很好的机会，中国运动员金牌的数量越多，中国体育界对全球就有更大的发言权。因为北京已经有符合国际赛事的基础设施了，好多国际性的体育赛事会引进到北京。这也是 2008 年的意义之一。”松下电器体育市场室北京代表办公室主任林卓一说。作为国际奥委会全球合作伙伴的松下，每届奥运会前两年都会在当地设立临时办公室，但是松下更重视北京奥运会的机会，因此早在 2003 年就提前在北京设立了奥林匹克推进室。据传闻，想成为北京奥运会合作伙伴的价码比全球奥运 TOP 赞助商的还要高。

“官商结合”

“体育产业进入的门槛不高，跃跃欲试的人也不少，但是成功的不多，现在看来，唯一可行的还是官商结合的模式。”

说这句话的人叫魏纪中。魏曾经是中国奥委会原秘书长，在中国体育界享有崇高的声望，目前担任着北京奥组委执行委员、国际排联第一副主席等职位。随后他特地补充了一句，“我说的是‘官商结合’而不是‘官商勾结’。”

魏纪中所谓的“官商结合”，是因为中国特殊的举国体育机制。长期以来，由于体育履行着为国争光的金牌战略，因此，国家负担了培养运动员的所有费用，运动员资源也就自然归属于国家体育总局管辖。所以各项目管理中心和体育总局的下属公司，掌握着几乎所有的比赛资源和运动员资源。

很早就有人尝试在市场上盘活这些资源，王俊生就是其中之一。这位当年的中国足协的掌门人，在1993年开始试水足球的职业化道路，成立俱乐部，开展职业联赛，允许球员的流动。当然，中国足球市场资源的开发完全交给了足协下属的福特宝公司。但是他还没有来得及实现他的第二步资本战略就已经离开了足协岗位。结果怎么样呢？最火的1998年甲A联赛平均每场观众人数为2.13万，门票总收入1亿多元。按保守估计，甲A俱乐部的市场收入平均达到2500万元。但现在走到第12个赛季，却是观众稀少，球员工资连月拖欠，赞助商相继退出，2004年中超联赛甚至差点崩盘。

更多的运动项目并没有面对市场。“现在高水平的运动员资源不能在市场流动。要去找资源的控制者，你只能是官商结合，你拿不到资源怎么做?”魏纪中说。

事实上，无论是中网还是上海大师杯，在中国举办体育赛事，必须得到各运动中心的支持，并交纳相应的管理费用，否则不但无法获得运动员、裁判员等专业支持，在赛场保安等工作方面也难以获得公安部门配合。

中国体育圈从体育官员到公司领导大都是运动员、教练员出身，这让义气和人脉关系在这个相对封闭的圈子里显得尤其重要，而商业运作的知识和经验匮乏则属普遍现象。

在国外，许多赛事的服务都是交由社会专业经营机构负责，比如把交通和住宿交由旅行社代理，这可以大大降低赛事费用，赛事组委会还可以利用企业之间的竞争压价，从而实现赛事举办费用的逐年下降。

但是在中国，“我们的概念是肥水不流外人田。赛事由协会管理，协会就把参与组委会工作当做给部门员工的福利。赛事组委会都去住酒店，都拿劳务费，人越多越好。”魏纪中说，“成本下不来。和国外的观念完全不一样。所以这是中国的特色。”

……

【林涛：《疯狂的体育》，《中国企业家》，2006（1）】

第二章　体育赛事运作管理基本理论

本章学习要点：

- 体育赛事运作管理系统结构
- 体育赛事运作管理竞争力要素
- 订单资格要素与订单赢得要素
- 体育赛事运作管理的项目特征
- 体育赛事运作管理的项目生命周期
- 体育赛事运作管理与项目管理的关系
- 项目管理技术在体育管理运作管理中的运用

第一节　体育赛事运作管理基本问题

一、体育赛事运作管理系统结构

在第一章里我们已经介绍了体育赛事运作管理的定义，即一定的组织运用财力、物力、人力、信息等资源，通过计划、组织、协调和控制，向社会提供体育赛事及其相关服务的全过程。

体育赛事运作管理如同其他运作管理一样，都是输入向输出的转换过程（图 2.1）。其中“投入”是体育赛事所拥有的资源，是体育赛事运作管理的约束条件，“产出”则是体育赛事运作管理所要达到的目标，而“价值转化过程”正是体育赛事运作管理的核心环节，是决定能否有效配置、整合体育赛事资源，实现赛事资源增值，创造赛事经济效益和社会效益的过程。

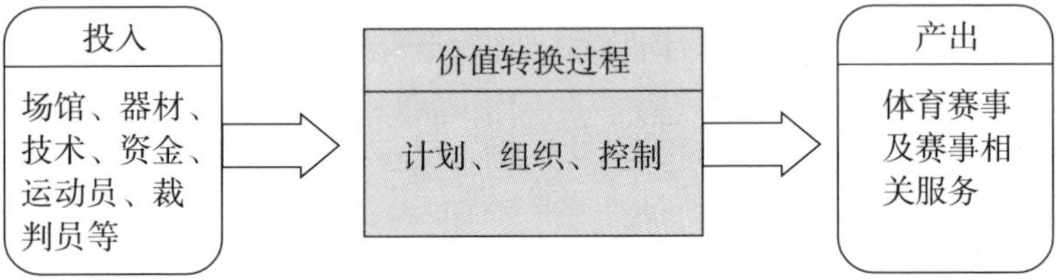

图 2.1　体育赛事运作管理的输入输出关系

“价值转化过程”包含的三种主要职能分别是计划、组织与控制。计划主要包括体育赛事环境分析与需求预测、赛事战略的选择、总体计划的制定、财务预算等。组织主要包括体育赛事各项工作制度设计、业务流程设计、组织机构设置、人力资源管理等。控制主要包括体育赛事的成本控制、进度控制、质量控制等。从一般意义上来说，体育赛事运作管理的实施，实质上就是计划、组织、控制三项职能在体育赛事竞赛管理、营销管理、后勤保障管理、风险管理等各项工作领域中的运用过程。图 2.2 勾勒了体育赛事运作管理的系统结构。

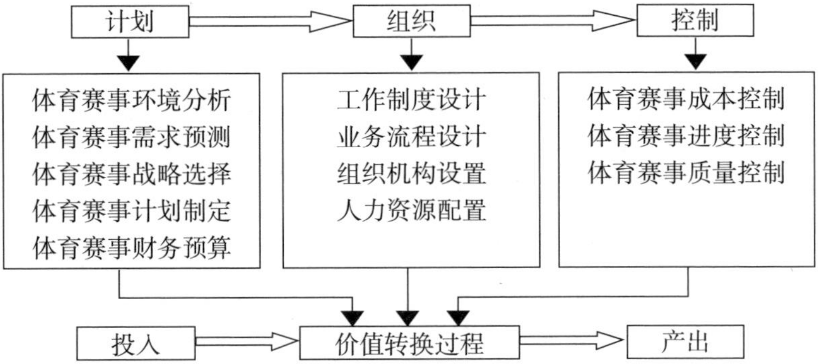

图 2.2　体育赛事运作管理系统结构

体育赛事运作管理与一般生产运作管理的不同之处在于：体育赛事运作管理的生产和消费同时发生。这里的生产是指体育赛事及其相关服务的提供。尽管体育赛事需要前期许多的筹备工作，但体育赛事运作管理的“最终产品”——现场比赛，是和观众的现场欣赏同时发生的，无法像一般的货物或商品一样进行储存。虽然现代科技及大众媒体的发展使人们能够欣赏到大量非实时的体育赛事，但提供现场实时比赛仍是大多数体育赛事运作管理的最核心目标所在。体育赛事运作管理的这一特征使得体育赛事也不能像一般的货物或商品一样进行预先检测，因而，体育赛事运作管理的“产出”中有许多不可确定因素，具有相当高的风险，在实践中必须运用多种措施来防范各种风险。比如，在大型综合性体育赛事中，通常会举行数次公开的开幕式彩排及预演，就是为了通过对开幕式真实场景的模拟，来发现运作中存在的问题及有待改善的环节，有助于降低开幕式举行时的风险。

二、体育赛事运作管理竞争力要素

（一）体育赛事运作管理竞争力定义

市场经济的本质是竞争，是否具有竞争力是企业或组织能否生存与发展的前提与基础，竞争力的概念已被广泛用于各行各业。竞争力是一个企业或者组织各方面能力的综合体现，其中运作的竞争力是其中相当重要的一部分。

体育赛事运作管理的竞争力是指在一定资源约束下，体育赛事及其相关服务创造经济效益和社会效益的能力。竞争力是一个相对的概念，即衡量某项体育赛事的运作是否具备竞争力，必须与其他体育赛事及行业水平进行比较才能得出结论。

（二）体育赛事运作管理竞争力要素

运作管理理论中将竞争力诠释为一个多面体，包含多种要素。运作管理竞争力的提高，可以使组织从客户手中获得更多的订单。体育赛事运作管理的竞争力要素通常包括以下方面：

1. 品牌

体育赛事的品牌就是体育赛事的知名度与美誉度。体育赛事的生产与消费同时进行，使观众、赞助商在选择体育赛事时面临着不确定性，因此，体育赛事的品牌很大程度上影响着观众、赞助商的决策。

2. 质量

"质量"一般被定义为满足或超出客户的需求，即质量应该由客户而不是产品或服务的提供者来确定标准。客户的满意是一个相对概念，它因不同客户的不同需求而异。体育赛事运作中的质量是指赛事能否达到甚至超过客户对赛事及其相关服务的期望值。体育赛事的质量对于不同的群体而言，具有不同的含义。比如，对于运动员来说，体育赛事的质量通常意味着赛事所代表的竞技水准的高低，竞赛组织的公平、公正与公开，场馆与设备的先进性等；对于现场观众而言，体育赛事的质量则常常与赛事的可观赏性、赛场服务设施的完备性等因素有关。

3. 可获性

是指客户能否获得体育赛事运作管理机构提供的赛事相关服务。比如，某些体育赛事运作管理机构使用"800"24小时热线，提供赛事的票务订购服务。

4. 便利性

是指客户获得体育赛事运作管理机构提供的赛事相关服务是否方便、易得。比如：举办体育赛事的场馆是否交通便利，赛事运作管理机构是否提供了公共交通工具。

5. 价格

体育赛事的价格对于不同群体而言成本很难估计。价格是个微妙的因素，低价常常能吸引到更多的客户，但并非价格越低越有竞争力。靠价格竞争可能会事与愿违，因为价格常常被看作是体育赛事品质的象征。如果要为赛事赢得客户，最重要的是要让客户感到没有比这更好的方式去花掉他们手中的钱。

6. 安全

安全在体育赛事运作中是必须考虑的因素，这一方面因为赛事的客户通常会亲自参与赛事，另一方面是因为赛事的聚众性和竞争性使赛事通常包含许多潜在的安全风险。

7. 个性化

现代体育赛事大众化、娱乐化，因此体育赛事是否能满足客户的个性化需求相当重要。

8. 明星运动员

明星运动员对于体育赛事的成功运作具有重要意义，以至于我们将其列为赛事运作的竞争力要素之一。明星运动员总是和体育赛事的品牌、个性化等要素紧密相联。

（三）订单资格要素与订单赢得要素

在体育赛事运作管理的竞争力形成及提高过程中，并非上述所有的竞争力要素都占据着同样的地位。或者说，对于处于不同环境下的体育赛事，只要根据实际情况对竞争力要素进行选择和组合，才有可能形成及提高竞争力，尤其是核心竞争力。特里·希尔（Terry Hill）1989 年提出两个重要概念——订单资格要素与订单赢得要素，将有助于我们更好地了解竞争力要素。

订单资格要素，是指允许一个组织的产品或者服务参与竞争的资格筛选标准，即组织可以获得订单必须具备的最基本的各项资格。订单赢得要素，是指企业的产品或服务区别于其他的企业，从而赢得订单的各种要素。

不同的行业有不同的订单资格要素与订单赢得要素。比如，对于制造业而言，一致性的质量、及时交货和产品可靠性一般是资格要素，对服务业而言，承诺则可能是最基本的资格。

在产品或服务的生命周期的不同阶段对于订单资格要素与订单赢得要素也有不同需求。比如，市场中出现某项新的产品或服务时，产品或服务的创新性往往成为订单赢得要素，而在该产品或服务处于衰退期时，价格常常是最重要的订单赢得要素。

此外，随着社会经济和行业整体水平的发展，以往的订单赢得要素会向订单资格要素转化，简而言之，就是以往能为产品或者服务带来竞争优势的要素现在已被竞争对手普遍拥有。比如，在寻求体育赛事赞助商的过程中，提供个性化的商业推广方案在十年前能令国内许多企业眼前一亮，但在如今体育赛事运作中这已经成为必须提供的基本服务。

由于不同的体育赛事自身历史情况、发展阶段、拥有资源不同，赛事运作的产业环境、经济环境和文化环境也不相同，因此，对竞争力要素的选择和组合也不尽相同。对于我国大多数体育赛事而言，它们的发展历史较短，参与市场竞争的时间更短，这决定了其运作竞争力的形成是一个长期的、渐进的积累过程，而并非一蹴而就而且一劳永逸的短期行为。这也对我国体育赛事运作管理者的能力提出了更大挑战，要求赛事运作管理者具有准确把握赛事环境、发现赛事市场机会和选择赛事战略的能力，同时具备组织运作团队、有效执行战略的能力，能够将包括运动员、观众、政府、企业、媒体等多种资源有效地整合在一起，建立起创造赛事经济效益和社会效益的稳定基础。

第二节　体育赛事运作管理与项目管理

一、项目管理概述

人类任何有组织的活动都可以划分为两类：一类是连续不断、周而复始的活动，称为“运作”；另一类是临时性、一次性的活动，称为“项目”。然而，运作与项目并非绝对分割的概念，它们之间彼此联系，相互转化，项目内部是连续不断地运作，运作从长期来看由项目组成。例如，如果将全国运动会的长期发展看作是运作过程，那么每届全国运动会的筹办就成为一个项目，而每届全国运动会中的门票销售、电视转播权有偿转让等，也可以称之为一个相对独立的项目。因此，在体育赛事运作管理中，我们也需要了解并运用项目管理的知识与技术。

（一）项目的定义与特征

项目是指以一系列相互关联的任务为基础，有效地利用资源，为实现一个特定的目标所做的努力，是一定时间内多种相关工作的总称。

一般而言，项目具有以下特征：

1. 项目有一个明确界定的目标

指任何项目都有一个期望的结果或产品。项目的目标通常需要用工作范围、进度计划和成本来定义。例如：体育赛事的申办作为一个项目而言，其目标是在计划的时间内，以一定的成本申办成功。

2. 项目由一系列相互关联的任务组成

项目总是通过许多不重复的任务以一定顺序的完成来实现项

目目标。例如：一项体育赛事的筹备与举办常常包括申办、竞赛组织、市场营销、安全保卫等诸多相互联系、缺一不可的任务紧密组成。

3. 项目任务的完成需要各种资源来实现

资源可能包括人力、设备、资金、技术等。例如：一次体育赛事就是一个包括组委会、场馆、运动员、裁判员、现场观众、媒体等等各种资源的项目。

4. 项目有具体的时间计划或执行期限

通常项目有一个开始时间和目标必须实现的期限。例如，任何体育赛事都有相当明确的时间节点，申办截止日、组委会成立日、赛事开幕日、闭幕日等，这些时间点形成了体育赛事的时间计划表，使赛事得以有序进行。

5. 项目通常是独一无二的，一次性的努力

每一个项目都有其独特的组成要素，即使是同一类型的项目在内外环境因素上也各不相同。例如：每一届全国运动会在不同的省份举行，即使在赛程、赛制上有章可循，但必然面对各地不同的经济、政治、文化环境及社会的发展变化。

6. 每个项目都有自己的客户

项目的客户常常是项目的投资者、目标制定者或者项目最终产品的使用者等等，是项目的组织者需要向其负责，满足其需要的人或者组织。例如：不同规模与性质的体育赛事具有不同的客户，但通常都包括赛事的所有者、参与赛事的运动员、赛事的现场观众等。

（二）项目生命周期

项目生命周期是项目管理中的基础概念，图 2.3 所示的是项目生命周期的 4 个阶段，以及每个阶段相关的投入力量和时间数量。在项目生命周期运行过程中的不同阶段里，不同的组织、个

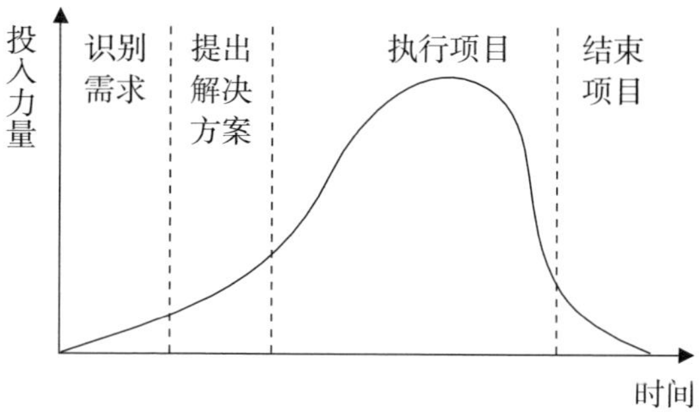

图 2.3　项目生命周期

人和资源扮演着主要角色。

1. 项目生命周期第一阶段——识别需求

需求是项目产生的根本原因。当组织、个人感觉自身有待解决的问题，或者有可以利用的机会，或者有未得到满足的需求时，他们需要对这些问题、机会、需求作进一步清晰的理性确认，并决定是否需要发起一个项目，用以解决问题，把握机会，满足需求，实现目标。识别需求实质上就是对组织或者个人存在的问题、机会、需求由感性认识至理性认识的过程，是将项目的动机具体化、条理化的过程。

在现实生活中，有些需求的识别可能很简单。比如某人想要对居住的卧室进行重新粉刷，识别这个项目的需求比较简单，他只需要确定何时开始粉刷，何时需要完工等因素。但更多项目的识别需求是相当复杂的过程，比如体育赛事。体育主管部门根据环境和计划判断是否设置某种体育赛事，就是一种对需求的识别。体育主管部门可能会花时间来确认对赛事的具体要求——规模、级别、参赛人数、接待标准、能投入的经费以及举办的日期、期望达到的竞技水平等。

当组织、个人识别了他们的需求后，一般会以正式文件的形式记下这些要求，这些文件将成为制定项目计划、项目方案以及选择项目承担者的重要基础。比如，体育赛事的主办单位在要求申请单位提交申办报告时，常常会对申办报告必须包含的主题及事项进行明文规定，这实际上是源于这些主题及事项是与赛事的需求紧密相关的。

2. 项目生命周期第二阶段——提出解决方案

为了达到项目的目标，需要在识别需求的基础上提出解决问题或者满足需求的方案。对于个人来说，项目解决方案由自己或者由他人完成；对于组织来说，提出解决方案者可能是组织中的某个团队，可能是组织的某个部门，也可能是组织外部的其他个人或者组织。有意愿或者有义务承担项目的人或者组织，需要花费足够的时间进行调查，评估项目所需资源的种类、数量，执行方案所需花费的时间，提出一份完整的解决问题的方案。同样以赛事的申请为例：当几个国家的城市同时申请承办奥运会时，各城市向国际奥委会提交的申办报告在某种程度上也是一份项目解决方案，报告中的主要内容总是紧密围绕国际奥委会所关注的问题和需求。

3. 项目生命周期第三阶段——执行解决方案

当项目解决方案被项目管理者确定、采纳后，项目将进入执行阶段，这通常是项目过程中时间跨度最长的阶段，也是花费财力、物力、人力最多的阶段。如果说项目生命周期的前两个阶段在于尽可能准确地描绘出项目的整体行军地图，执行阶段则是配置所有的资源，开动队伍，向目标有计划、有步骤、有组织的前进过程。正是因为执行需要有正确的方向和周密的计划，所以需要识别需求和制定解决方案；但如果忽视执行，或者执行不得力，那纵然有正确的方向和周密的计划，项目也终究注定失败。因此，本书在探讨体育赛事运作时，我们也用了最大的篇幅来阐述体育赛事应当如何实施。

4. 项目生命周期第四阶段——结束项目

项目生命周期的第四阶段也即项目的最后阶段。在谈到项目的特征时，其中之一即项目总是有具体的时间计划或执行期限，因此，当项目执行完毕时，项目就进入了结束项目的阶段。这个阶段仍然有许多重要的工作需要完成。以体育赛事为例，需要清点器材、设备，查看所有款项是否结清，向赞助商提供权益履行报告，对赛事进行评估，总结经验教训等等。

我们在前面提到，体育赛事运作管理的整体是一个项目，体育赛事运作中任何一个相对独立的组成部分也可以视之为一个项目。

如果将体育赛事运作整体视为一个项目，其生命周期的长度从几个月到几年不等，依赛事规模、级别、复杂性而定。而且，并不是所有赛事都必然经历项目生命周期的 4 个阶段，或者即便有 4 个阶段也并非像图中所列那样界限分明。一般而言，大型的、成熟的综合性赛事或商业性职业赛事，项目生命周期会以更正式、结构性更明确的方式展开，而小型的、区域性的赛事项目生命周期则趋向于更为灵活、结构模糊的形式。

如果将体育赛事运作中相对独立的组成部分视为不同的项目，我们将发现体育赛事是一个综合性的项目系统，由诸多不同层次不同级别的项目组成，这些项目的生命周期彼此穿插，起始时间各不相同（图 2.4）。比如，体育赛事的申办就可以视为相对独立的一个生命周期，始于获知主办单位对赛事的招标信息，终于申办的成功、赛事承办合同的签订或者申办失败。

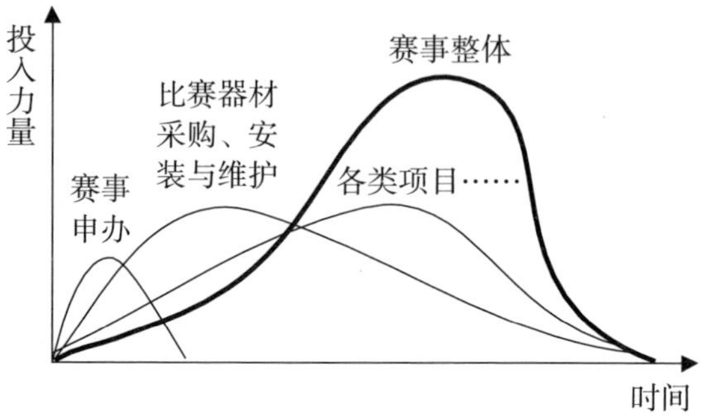

图 2.4　体育赛事中的项目系统

（三）项目管理定义

在了解项目的定义和特征的基础上，我们将项目管理定义为对资源（人力、资金、物资等）进行计划、配置及控制，以在一定技术、成本及时间的约束下实现项目目标的过程。简而言之，项目管理就是在一定资源约束下，建立计划，然后执行计划以完成项目目标的过程。

从项目管理的定义中，我们可以看到项目计划的重要地位，它既是项目资源配置的前提，也是项目实际执行的依据，更是对项目实施监测控制的基准。制定项目计划包括：清晰地定义项目的目标；把项目工作范围详细划分为不同的工作类别；定义每个工作类别所必须执行的具体工作；估计每项具体工作需花多长时间完成，拟定项目进度计划；确定每项具体工作的成本，拟定项目预算等等。

在体育赛事运作管理中实施项目管理，就是确保体育赛事的整体筹办及赛事项目系统中每一个子项目都按计划进度和预算进行，最终目的是最大效率地使用体育赛事的有限资源，使体育赛事各方面的客户（包括观众、运动员、教练员、赞助商、媒体、政府等）得到满意，实现体育赛事的最佳效果。

二、项目管理技术

（一）甘特图

甘特图（Gantt Chart）是项目管理中最为人熟知的工具，早在 20 世纪早期已经被运用于项目计划和进度安排，直到现在仍被广泛运用于各个领域的项目管理实践中。

甘特图将计划和进度安排两种职能组合在一起，通常在纵轴列出项目所需完成的工作类别，在横轴标出时间，每一具体工作的计划所需时间（即工期）用不同长短的线段或横线表示，并可以在图中加入一列来表示每项工作由何部门或者人员负责。表 1.2 是一项体育赛事票务项目的甘特图，纵轴列出了票务项目包含的各种工作类别，横轴则标示了从赛前 6 个月到赛后 1 个月共 7 个月整个票务项目的工期时间，以灰色的横道来表示各项具体工作所需工期。

甘特图准确、有效的首要前提是：绘制甘特图者需要清楚项目包含哪些类别的工作，各类别工作之间的逻辑关系，即哪些工作必须在其他工作之前必须完成，哪些工作是可以同时进行的。如表 2.1 所示，体育赛事票务工作中，票样设计、选择门票材质、选择防伪技术工作是可以同时进行的，而门票定价则须在门票印刷之前完成。

甘特图的优点是简单明了，形象直观。它的缺点是不能明显反映各项工作之间的逻辑关系，当甘特图中某项工作被延误时，不能清晰地看出哪些工作将受到影响，难以确定对项目工期的影响。同时，当工作的实际进度与计划有偏差时甘特图难以调整。

表 2.1　体育赛事票务项目甘特图

工作类别	工作内容	负责人	赛前6个月	赛前5个月	赛前4个月	赛前3个月	赛前2个月	赛前1个月	赛后1个月
总体计划	票务部门组织结构及人员配置计划	张＊							
	制订票务部门工作制度	张＊							
	制订票务工作方案	张＊							
人员配置	人员招募	李＊							
	人员培训	李＊							
门票统计	门票数量和类别统计	吴＊							
门票设计与印刷	票样设计	吴＊							
	选择门票材质	吴＊							
	选择门票防伪技术	吴＊							
	印刷门票	吴＊							
赠票分配	确定不同群体所需赠票数量及类别	张＊							
	赠票递送	张＊							
门票销售	制订门票价格	李＊							
	门票销售宣传	李＊							
	建立门票销售系统	李＊							
	门票促销活动	李＊							
评估总结	门票赠予、销售数量、票款统计	吴＊							
	对票务工作进行总结	张＊							

比如，项目前期某项工作的时间进度发生改变时，其后面许多工作的时间进度都必须重新绘制。另外，甘特图只是将工作类别工期计算结果表示出来，即标明每项工作何时开始，何时结束，并没有给出如何计算工期的方法。

因此，甘特图比较适用于规模较小、工作类别相对简单、逻辑关系容易理解的项目计划与进度管理。在采用甘特图进行体育赛事运作计划时需综合考虑甘特图的优缺点，加以灵活运用。下面将要介绍的网络计划技术则在某些方面弥补了甘特图的上述不足。

（二）网络计划图

在项目管理中，网络计划是一种对项目进行计划、进度安排和控制的常用技术，简单而言，就是将项目中的各种相互关联的工作及它们之间的逻辑关系以图解的方式表现出来。网络计划有许多种不同的方法，比如计划审评技术（program evaluation and review technique, PERT）和关键路径法（critical pathmethod, CPM），这些网络计划技术各有不同的特点，被广泛地运用于各种项目的时间进度管理中。

无论是编制何种网络计划图，其基本步骤都包括：

1. 将项目划分为具体的工作

编制项目网络计划图的首要步骤对项目的工作范围、工作组成部分进行分析和确认，将项目划分为具体的工作类别，要尽可能地避免工作类别遗漏、重复或者划分不合理情况的出现。

2. 对各项具体工作进行排序

明确了项目所包含的各项具体工作后，要对各项具体工作间的逻辑关系进行分析。对于每项具体的工作都应该从以下问题进行考虑：在此项工作开始之前，哪些工作必须先完成？哪些工作可以和此项工作同时进行？哪些工作只有在该项工作完成后才能开始？

3. 估计各项具体工作所需时间

每项具体工作的时间估计不仅关系到该项工作的时间计算，还会影响到其他工作开始的时间，以及完成整个项目所需要的总时间。若工作时间估计的太短，则会在工作中造成被动紧张的局面；相反，就会使整个项目的工期延长。估计工作时间的常用方法有经验值法、类比法等。

4. 绘制网络计划图

将各项具体工作的次序关系及所需时间用节点及箭头的方式描绘出来。

项目管理是一门独立的学科，项目管理技术也十分丰富，在此，我们只简单扼要地介绍了用于项目进度安排管理的甘特图和网络计划图，因为它们都是体育赛事运作管理中的常用工具，在制定赛事工作计划中运用十分广泛。在体育赛事运作管理实践中，编制甘特图或者网络计划图的难易程度因人员经验、赛事规模、技术条件的不同而有很大不同，但共通的一点是：它们都只是赛事运作管理的工具，其运用成功的首要因素是对赛事各项工作逻辑关系的了解程度，关键因素则是对赛事各项工作时间估算的准确性。

本章思考题

阅读相关链接一与链接二，并查阅其他相关资料，比较分析北京国际马拉松赛与厦门国际马拉松赛运作的异同点，并谈谈你认为应该如何衡量它们各自的投入和产出。

本章练习题

1. 怎样理解体育赛事运作中的订单资格要素和订单赢得要素？
2. 试运用项目生命周期理论分析体育赛事运作过程。

相关链接一

体育品牌的魅力——北京国际马拉松赛进行赛事改革的思考

10 月 10 日，第十八届北京国际马拉松赛将在天安门广场鸣枪。

经过前 17 届赛事的苦心经营，北京国际马拉松赛已经发展成为国内最有影响的国际田径赛事，并被列入世界十大 A 级马拉松赛事的行列。今年的北京国际马拉松赛不仅对比赛线路、竞赛规则、奖金数额等进行了较大的调整，而且在赛事的商业运作方面也力求突破，而进行这些改革尝试的目的只有一个：那就是“让北京国际马拉松从今年起开始成为世界同行业最著名的品牌，并赢得国际田坛的广泛认可”。

在中国体育日渐步入社会化、产业化发展轨道的大背景下，把一个体育赛事经营成名牌赛事和把一个产品经营成名牌产品一样，同样可以获得品牌效应。为此，中国田协和长城国际体育传播有限公司对’98 北京国际马拉松赛进行了项目经营和项目管理，为寻求体育赛事的品牌效应进行了有益的探索。

如何打响赛事品牌

在国际马拉松运动的百年发展史中，涌现出诸如纽约国际马拉松、波士顿马拉松、伦敦马拉松等许多著名赛事。这些赛事或因历史悠久、规模空前而著称于世，或因高手云集、佳绩层出不穷而引人瞩目。发展史仅 18 年的北京国际马拉松赛欲创出品牌、跻身这些著名赛事之列，也必须同样出成绩、上规模、有特色。

★出成绩

对于一项马拉松赛事来说，运动成绩的高低是衡量其水平高低的重要砝码。北京国际马拉松赛也只是因在第六届和第八届的比赛中，日本选手儿玉泰介和埃塞俄比亚选手阿贝贝·耐克南分别跑出了2小时07分35秒的世界好成绩后，才被列入世界十大马拉松赛之一的。

为了提高办赛水平，’98北京国际马拉松赛大幅提高了奖金数额，以此诚邀世界诸多高水平的马拉松选手前来参赛。据了解，本届赛事邀请的马拉松好手中，仅近两年最好成绩跑进2小时08分之内的就有16人之多；同时，国内马拉松顶尖高手也将悉数参加本届大赛。近几年，我国马拉松选手在北京国际马拉松赛上的成绩逐年上升，内蒙古选手胡刚军在去年举行的北京国际马拉松赛中，还跑出了2小时09分18秒的好成绩。十月金秋，中外马拉松好手同场竞技，相信届时一定会创造出一批好的运动成绩。

★上规模

随着马拉松运动的普及，近年来一些著名赛事的参赛选手也越来越多，赛事的规模也愈来愈大。除了大幅提高奖金数额外，’98北京国际马拉松赛另一个大的改革举措就是调整了比赛线路。调整后的比赛线路由以往的起终点全部设在一起的折返跑线路，改为由天安门广场出发，最终以奥林匹克中心为终点的单程线路，这使路面占用时间大为缩短，使比赛时间得以从3小时延长到5小时，并进而使有资格参赛的运动员人数大为增加。

据中国田协透露，本次赛事共邀请了千余名专业选手参赛，同时也组织了数万名业余选手前来参赛。专业选手与业余选手同场竞技，这在北京国际马拉松赛中尚属首次。更为可贵的是，赛事组委会本着贵在参与的原则，将赛程分为全程、半程、10公里和小小马拉松（4.2195公里）供参赛选手自行选择。这样，北京国际马拉松赛将一改以往的纯竞技赛事的“呆板面孔”，转而成为人人都有机会参与的全民健身盛会。

★有特色

在百年马拉松运动史上，一项好的赛事，人们不仅为运动员们顽强的拼搏精神所折服，而且也同样津津乐道于举办地的迷人风光和观赛人群的节日情怀。’98北京国际马拉松赛也组织得极具民族特色：作为起点的天安门广场上将进行太极拳表演；沿途和终点从全国调集了20个热气球和若干飞艇、龙舟、风筝以及一条长达999米的巨龙；同时赛事还将陆续推出会歌、会徽、吉祥物、招贴画、纪念邮票、纪念卡等，以此来烘托比赛氛围。这样，’98北京国际马拉松赛已经从一个普通赛事中超脱出来，转而成为具有浓郁民族特色的红红火火的大众体育节日。

创赛事品牌的投入与产出

一项赛事要创出品牌，不仅要对赛事本身进行精心组织，在商业运作方面也要有所突破。因为雄厚的经济实力是办好赛事的前提条件。长期以来，我国的一些常规赛事之所以不断地在原地踏步，与办赛思路老化、经济投入跟不上形势发展息息相关。

以北京国际马拉松赛为例，尽管这一赛事已经举办了近18年，但这一赛事在前17届根本谈不上什么商业运作，只是凭借简单的拉赞助手段维持赛事的正常运行。而这些赞助也基本上由日本企业提供，国内的企业对北京国际马拉松赛知之甚少。

商业运作的乏力导致办赛水平和规模无法提高，加之办赛思路没有创新，使得这一赛事一直没有获得突破性进展。然而，就是在第十七届北京国际马拉松赛没有拉到任何赞助的情况下，长城国际体育传播有限公司毅然买断了1998~2000年连续三届北京国际马拉松赛的商业经营权。为一个马拉松赛投进去几千万元，这笔钱能收回来吗？其实，正是马拉松赛事的品牌魅力，促使长城国际体育传播有限公司才与中国田协签下了3年之约。因为目前伦敦国际马拉松赛的总冠名权值400万英镑、纽约国际马拉松赛的总冠名权值1亿美元、波士顿国际马拉松赛的总冠名权值

400 万美元，而北京国际马拉松赛的总冠名权仅值 100 万美元。举办地同是国际大都市、举办的赛事同是马拉松赛，赛事也同是邀请世界各地的马拉松好手参赛，为什么不同赛事的总冠名权竟有着如此悬殊的差别？答案很简单，北京国际马拉松赛的牌子还不够响、不够亮，还不足以令优秀选手青睐有加，令国际知名企业为之投下巨资。所以，长城国际体育传播有限公司从接手北京国际马拉松赛的那一天起，便确定了集中精力打赛事品牌的战略，因为有了品牌也就有了包括利益回报在内的一切。

在具体的运作手段上，长城国际体育传播有限公司提出了“马拉松与企业共成长”的口号。他们认为，马拉松所独有的以考验人的毅力与耐力为特征的运动形象，以及长达 42.195 公里的比赛线路、成千上万的参赛者、上百万的观赛人群，所有这些都是一个载体，一个可以和企业共享的资源和品牌。从这个角度看，马拉松运动与企业之间追求的应该是一种有形与无形相结合、市场开拓与品牌占有齐头并进的境界。这样，体育赛事与企业就可以摆脱基于赞助而结成的松散联盟，而是成为一个血脉相连的利益共同体。而这种以打响赛事品牌为特征的赛事运作方式，也就为中国体育产业化提供了一种可行的方式和借鉴。

【李中文：《体育品牌的魅力——北京国际马拉松赛进行赛事改革的思考》，《人民日报》，第 8 版，1998-08-25】

相关链接二

使厦门奔跑起来——关于 2005 年第三届厦门国际马拉松赛

其人其事

3 月 26 日，15920 人奔跑在被称为世界上最漂亮的赛道——

厦门市环岛路上。42.195 公里长的赛道两旁，簇拥着 30 多万呐喊加油的观众，从中央电视台航拍的飞机或电台直播的热气球上俯瞰，绵长而富有动感的赛道尽收眼底。这就是动人心魄的 2005 年第三届建发厦门国际马拉松赛，厦门市民称之为“盛大的节日”，它不仅使当地居民在乍暖还寒的 3 月里热情直线上升，也让来自 36 个国家和地区的选手感到扑面而来的活力。

作为最古老的奥运会项目之一，马拉松赛的历史广为流传。公元前 490 年，菲力彼得斯赴斯巴达求援，4 天之内奔跑 460 公里，从前线马拉松跑回雅典，将军队抵御波斯的捷报及时送达，终因精疲力竭而结束其生命。希腊跑者的英勇行为使马拉松成为一项有特别意义的国际赛事。

只有 3 年历史的厦门国际马拉松赛也有一段广为人知的轶事。2002 年 12 月 3 日，厦门市体育迷马达在“两会”期间，致信当地媒体，建议在与马拉松赛程距离相当的环岛路举办国际马拉松赛，引起人民代表和厦门政府的关注。最终，一封普通市民的邮件催生了 2003 年 3 月 30 日第一届厦门国际马拉松赛的开幕。厦门市民没有忘记这位本土的“菲力彼得斯”，已经辞世的马达被评为 2005 年“马拉松为你骄傲”的六大人物之一。马达是那种天生距离感很强的人，其生前几乎每天都要跑上几公里，十几年来，他用自己的双脚量遍厦门的每个角落。在其生命的最后日子里，马达仍充满乐观精神和对生活的热爱，他说自己注重的是生活的质量而非存活时间的长短，更重要的是，他的马拉松愿望终于实现了。另一位当选“马拉松为你骄傲”的人物，是被称为“铁人”的 65 岁的刘永仁，他不仅两年里跑了 7 个全程马拉松，还于去年成立了厦门市长跑俱乐部，带领 400 多名会员征战南北。刘永仁说：“就是要让那些很少参与锻炼的人看看，我一个 65 岁的人能做的，那么多的年轻人为什么做不到呢?”

永远的马拉松

马拉松赛让体育精神的光环照耀着竞技神殿上每个挑战者。它有其独特的准则：起跑线上人人平等，跑过终点人人都是胜利者。当周春秀连夺厦门国际马拉松赛女子三连冠时，她赢了；当90高龄的黄琼英第二次用轮椅“跑”完5公里时，她超越了自己，并向其他人传递了生命不息、运动不止的体育精神，观众们记住了这个“爱长跑的黄阿婆”。

快乐和谐地奔跑，已成为厦门一道独特而亮丽的景观。清晨、黄昏，公园里、马路上，跃动的身影随处可见。广泛的参与性是厦门国际马拉松赛的特色之一，除全程赛之外，主办方还特设了半程、10公里和5公里的赛程，各类助热赛事也让厦门的3月不亦乐乎，像“亲子马拉松”，18所高校学生参加的“大学生挑战赛”，中国香港、澳门、台湾、厦门的“两岸四地市民马拉松赛”等。

当马拉松赛在厦门获得广泛的参与和关注时，它就给这个城市注入了新的文化元素；而与城市人文精神的融合，也使体育文化获得更富饶的土壤和持续的生命力。比赛前一天，厦门市特别设计制作的99尊马拉松雕像完工，从厦门环岛路“一国两制，统一中国”标牌处开始向马拉松起点和终点——厦门国际会展中心排放，总长1.5公里。99尊雕像塑造了参赛运动员和呐喊助威者的形象，它们陪伴所有参赛选手，“奔跑”在风景优美的厦门环岛路上。国际奥委会委员吴经国对这组雕塑赞不绝口，称之为城市马拉松赛的创举，是体育运动与城市文化完美结合的产物。

城市马拉松

马拉松赛在中国大中城市兴起已20多年了，最早是1981年的北京国际马拉松赛，经24年的运作，已被列为全球十大国际马拉松赛之一。西安和大连都举办过10届以上的国际马拉松赛。国家体育总局副局长、中国田径协会主席段世杰认为，厦门国际马拉松赛虽只举办了3届，但因其独特的海滨赛道和规模的快速发展，已成为中国田径协会在国际上的一张重要名片，成为中国主要的两个马拉松赛事之一，与北京成“春秋交替，南北呼应”之势。

自从中国成功申办2008年奥运会之后，申办各种大型体育赛事风靡中国各大中城市，如现代化大都市上海申办F1的顶级赛事，日照市不遗余力打造“水上运动之都”，承办一系列国际性水上运动锦标赛，广州申办全运会和亚运会。各类体育赛事不仅推动了一个城市、地区经济的发展，也显示出该城市的文化内涵和为打造该城市个性形象的重要功能。当2005年第三届建发厦门国际马拉松赛通过30多家海内外电视台的现场直播和转播全面覆盖亚洲地区时，厦门的优美、活力和动感便与各国观众近在咫尺，这也是厦门马拉松在短短3年内便发展成为仅次于北京马拉松赛的重要原因。同时，体育传播积极向上的社会人生价值观和健康的生活理念，电视的直播把这种内涵最大化，使之提升为一种跨越国界的人文理念。

3月25日，第三届厦门国际马拉松赛的前一天，组委会举办了以“人文关怀、健康马拉松和城市发展”为主题的高峰论坛，国际马拉松和公路跑协会（AIMS）主席贴佐、国际奥委会委员吴经国，中国田径协会主席段世杰，伦敦和夏威夷马拉松组委会官员，新闻媒体、运动医学界、体育营销界的专家就如何开发健康、经济和文化的马拉松进行了深入的探讨。国际性论坛的召开体现了主办方对体育赛事的成熟理念和长远目光。目前，国际上较权威的城市马拉松有波士顿、纽约、伦敦和柏林等，伦敦马拉松公司CEO在论坛上的发言为中国城市马拉松的发展提供了借鉴。伦敦马拉松赛由一个非营利机构运作，商业开发程度很高，赞助、报名费和附加产品是主要的资金来源，所得收入全部作为慈善捐款回报社会，1981年至今，为伦敦的体育和康乐事业捐款 1615 万英镑，而每一参赛选手均为此做出贡献。

马拉松赛让极限成为无限，让一个城市奔跑起来，并惠泽更广泛的社会群体。这就是马拉松赛的魅力。

【马志娟，叶绍进：《使厦门奔跑起来——关于 2005 年第三届厦门国际马拉松赛》，《中外文化交流》，2005（5）】

第二篇

体育赛事运作管理的战略

第三章　体育赛事运作管理战略和总体计划

本章学习要点：

- 体育赛事运作管理对环境的影响
- 环境对体育赛事运作管理的制约
- 体育赛事内外部环境的组成因素
- 体育赛事运作管理战略的含义
- 体育赛事的选择与申办
- 体育赛事总体计划的制定
- 体育赛事经费预算的编制

第一节　体育赛事运作管理与环境关系

一、体育赛事运作管理与环境关系概述

体育赛事并非在真空中运作的，它总是在一定的政治、经济、文化环境中产生、存在和发展的，它与社会方方面面都存在着千丝万缕的联系。因此，在探讨如何制定体育赛事运作管理战略、选择、申办体育赛事及制定体育赛事总体计划前，我们首先要对体育赛事运作管理与环境之间的关系有所了解。

体育赛事运作管理与环境的联系主要分为两方面，一方面是体育赛事运作管理必然对环境产生一定影响，另一方面是体育赛

事运作管理总是受到环境条件的制约。

（一）体育赛事运作管理对环境的影响

体育赛事无论大小，总是能对环境产生一定影响，大型赛事对环境的影响更是广泛、深刻而久远，人们对此大多具有感性或者理性的认识，这也正是体育赛事日益受到社会各方面普遍关注的根本原因所在。具体而言，体育赛事对环境的影响主要包括以下方面：

1. 对政治的影响

运作成功的体育赛事有利于提高赛事举办地知名度，塑造或者改善举办地形象，增强举办地的社会凝聚力，提高举办地政府职能部门的行政管理技能，为政府赢得国内乃至国际威望等。但如果体育赛事运作失败，则可能给赛事举办地带来负面的名声，引发社会公众对当地政府的不满等。此外，大型综合性赛事中竞赛排名往往被视为各省、市、区乃至国家的体育成就，成为衡量政绩的标准之一。

2. 对经济的影响

运作良好的体育赛事能够吸引更多的外地游客，或者延长游客停留时间，增加游客在举办地的娱乐休闲消费；能为举办地创造就业机会，增加税收收入，甚至促进投资者对当地的投资。但赛事也可能会引起举办地物价上涨严重、财政压力过大，甚至巨大的财务风险等问题。例如，1976 年第 21 届奥运会在加拿大的蒙特利尔举行，该届奥运会出现了 10 多亿美元的巨额亏空，致使该市的纳税人直到 20 世纪末才还清这笔债务。为了 15 天的奥运会，蒙特利尔的纳税人负债 20 年，影响了蒙特利尔的经济发展，人称“蒙特利尔陷阱”。

3. 对文化的影响

富有积极向上、公平开放的竞争精神的体育赛事往往是培养和激发社会文化的有效手段，它能为举办地的公众带来普遍的自豪感，提高居民对当地公共事务的认知、认可及参与程度，扩大当地居民的文化视野等。但有些与传统价值观背离的赛事在带来新理念、新观点的同时，也可能会使举办地文化出现异化，引发不良行为，带来社会不安定因素，是需要谨慎对待的方面。

4. 对市政的影响

体育赛事对市政的影响往往是最直接、最明显的。一次大型体育赛事能给举办地留下可以长期使用的场馆，为筹办赛事而新建或改造的道路、通讯等基础设施，这些设施能使举办地居民普遍受益；体育赛事的举办有利于增强当地居民普遍的环保意识，使当地环境得到改善。可能带来的负面影响则是历史遗产破坏、交通拥塞、环境污染等等。

在分析评估体育赛事对环境的综合影响时，我们需要重视和发挥赛事的正面影响，但永远不要忽视赛事可能产生的负面影响。要时刻谨记，在当今这个大众媒体发达、信息传播迅速的社会，体育赛事运作中的任何失误都有可能被公众传播、扩大，演变为灾难性的后果，甚至会抵消所有为赢得赛事正面影响所付出的艰苦努力。关于如何防范、控制赛事的负面影响，我们将在本书的风险管理章节再做详细阐述。

（二）环境对体育赛事运作管理的制约

无论是运作管理、项目管理还是其他的管理学科领域，在所有占主导地位的理论中，通常都有一个不言自明的假设：一个项目或者一个组织的成败主要取决于管理者的能力素质。即项目或者组织的效率和效果的差别，在于管理者的决策和行动。在体育赛事领域，许多现象也反映了这种假设是受到人们普遍认可的。比如：体育教练管理他们的队伍，有权选拔队员，教授队员技术方法，选择比赛战术打法；当队员比赛成绩不佳时，教练也常常是众人矛头所向，被认为是缺乏成效的，很可能会被新的教练取代。这正是源于人们习惯上认为，作为竞赛队伍管理者的教练是决定赛事成绩的主要与核心因素。

在体育赛事运作管理中，我们并不否认赛事运作管理者对于赛事运作成败具有关键性作用，但也必须看到，体育赛事的运作管理总是处于特定环境中，受到许多无法控制的因素约束与制约。这些因素既包括来自于赛事外部环境的制约力量，如社会经济、政府政策、行业情况等，也有来源于赛事内部环境的制约力量，如赛事的历史传统、财务状况、人力资源、前任运作管理者的决策等。

图 3.1 展示了在内外部环境制约下的体育赛事运作管理。它反映了体育赛事运作管理总是受到赛事内外部环境各种条件的约束与制约，但体育赛事运作管理者能在相当大的范围内，通过自身的主观能动性，做出有利于发挥赛事正面影响、创造赛事综合效益的决策和行为。

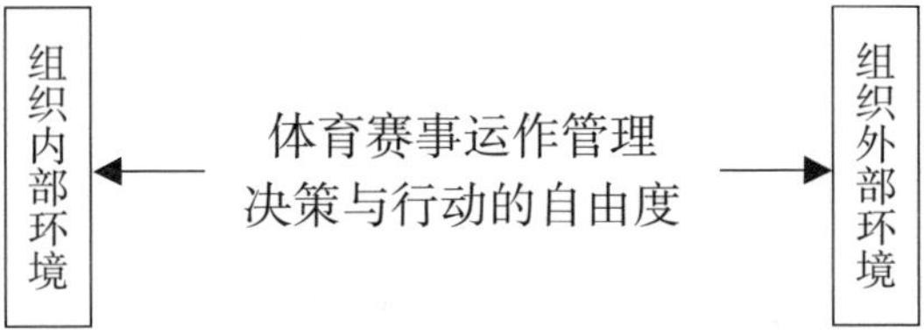

图 3.1 内外部环境制约下的体育赛事运作管理

不仅如此，赛事内外部环境的各种制约条件也并非一成不变的，同时，赛事的运作管理者也可能向这些制约条件施加影响，使它们向有利于赛事运作的方向发展，从而尽可能地实现赛事经济效益和社会效益的统一。这也正是本书强调赛事运作管理者必须对运作理论及实务进行学习和掌握的现实意义所在。

（三）体育赛事运作管理内外部环境的含义

体育赛事运作管理内部环境，简而言之，就是体育赛事和体育赛事运作管理机构自身的各种因素，如赛事的历史情况，体育赛事运作管理机构的性质、财务状况、人力资源、组织文化等。了解、掌握赛事运作管理内部环境有助于赛事运作管理机构在选择赛事运作管理战略，选择、申办及制定赛事总体计划之前了解可以利用的内部资源，自身所具有的优势及弱点。

体育赛事运作管理外部环境，是我们通常对环境概念的理解，即所有对体育赛事运作效率和效果起着潜在影响的外部因素。根据这些因素与赛事关系的紧密程度，可分为一般外部环境和具体外部环境。

一般外部环境包括体育赛事和体育赛事运作管理机构外的一切因素，如经济、政治、人口、技术等因素，这些因素对体育赛事运作管理都会产生一定影响，但是这些影响一般是间接的、模糊的、难以预测的。比如，经济的发展，中产阶层的产生、富裕阶层数量的增大，对体育赛事行业必然产生影响，是一种环境力量，但其影响究竟有多大却是不清楚的，难以计量与评估的。一般外部环境对于处在同一时间、地域的赛事而言是相同或者相似的。

具体外部环境是与实现赛事运作管理目标直接相关的外部因素。它是由对赛事运作效率和效果产生积极或消极影响的关键利益相关者构成的，一般包括：赛事的主办单位、举办地政府、观众、运动员、赞助商、媒体、供应商、竞争者。具体的外部环境因素对每一个赛事而言都是不同的、独特的。

图 3.2 概括了以上阐述的体育赛事运作管理与内外部各种环境因素的关系，即体育赛事运作是与环境相互作用、相互影响、相互依存的系统。

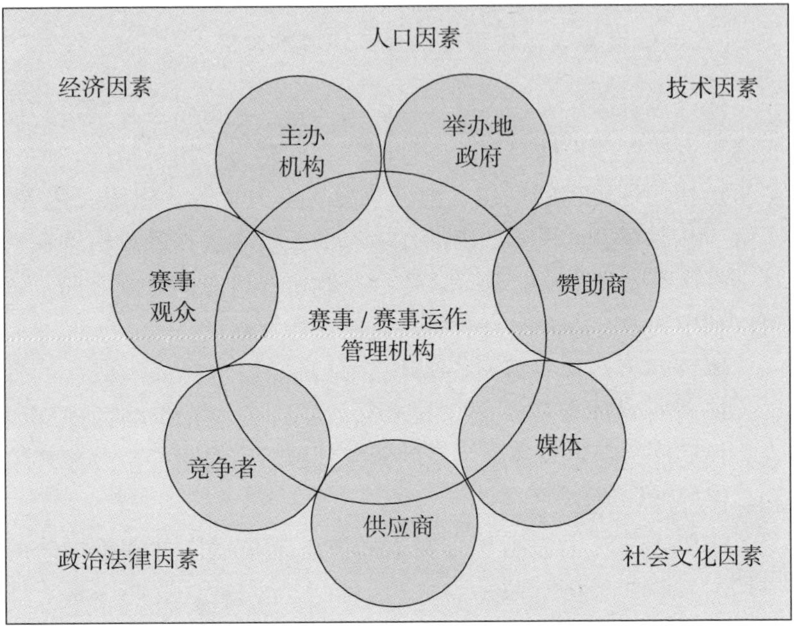

图 3.2　体育赛事运作管理内外部环境

二、体育赛事运作管理的内部环境

（一）体育赛事的历史情况

对体育赛事的历史情况进行了解，既是选择、申办赛事前进行赛事可行性研究时必不可少的环节，也是赛事申办成功后仍需深入开展的工作。对体育赛事历史情况的深入了解和准确分析，有助于借鉴赛事过去筹办过程中积累的经验，避免曾经遇到的问题和失误，更为重要的是使赛事运作能够保持赛事一以贯之的文化传统，并有利于把握和进一步挖掘赛事的核心价值，提高赛事运作的综合效益。

体育赛事的历史情况包括但不限于以下：

1. 赛事创办时间

2. 赛事创办初衷

3. 赛事举办的届数

4. 历届赛事举办的地点

5. 历届赛事的组织结构（主办单位、承办单位及其职责划分，赛事运作管理机构的部门设置等）

6. 历届赛事的竞赛项目

7. 历届赛事运动员的数量、构成、竞技水平

8. 历届出席赛事的政府官员的级别

9. 历届观众的数量及人口特征（年龄、性别、区域等构成）

10. 历届赛事收入的构成比例（财政、赞助、捐赠等）

11. 历届赛事支出情况（各运作职能领域的投入数额、比例等）

12. 历届赛事媒体报道情况（媒体数量、媒体类型、媒体区域分布等）

13. 历届赛事市场开发情况（门票销售、商业赞助、电视转播权销售等）

14. 历届赛事相关重大活动（开幕式、闭幕式、群先表彰、火炬传递等）情况

15. 历届赛事的重大安全事故情况（类型、次数、损失等）

16. 历届赛事的其他重要情况

对体育赛事历史情况的分析主要是纵向上的分析，即以时间发展为维度进行赛事历史发展数据资料的比较分析。在分析过程中有如下两点建议：

1. 把握体育赛事发展的一般趋势

通过各届赛事同类型历史数据、资料的比较，把握赛事发展变化的一般趋势。比如，赛事观众的数量是呈现增长还是减少趋

势，如果是增长，那么是稳定增长还是快速增长趋势，增长的数量中何种年龄的人居多，是男性多还是女性多等等。对赛事发展变化趋势的掌握有助于对本届赛事各方面情况进行预测，也是制定赛事总体计划及各类具体工作方案的基础。

2. 注意体育赛事发展中特殊“变异”

保持对赛事历史数据、资料中“变异数据”的敏感，简而言之，就是善于在一般趋势中发现异常情况。比如，周期性举行的某赛事，其历届商业赞助总额随经济发展呈现一定比例的增长趋势，但其中某一届赛事商业赞助额出现超大幅度增长，就需要对这样的情况做更进一步的了解，探寻数据背后的原因——是此届赛事的市场开发有独到之处，或者是政府支持力度特别大，还是受社会整体经济环境影响？对“变异数据”的关注有利于透过表面现象挖掘到各届赛事运作管理中隐藏的经验或者教训，依据本届赛事实际情况予以借鉴或者规避。

（二）体育赛事运作管理机构的情况

体育赛事运作管理机构自身的情况是影响和制约体育赛事运作管理决策和行为的最直接因素，是体育赛事运作管理者进行决策和采取行动的前提。任何赛事运作管理的战略、计划和方案都必然受到运作管理机构的财力、人力、物力和文化的影响。

对于体育赛事运作管理机构的情况，我们需要了解的包括但不限于以下几方面。

1. 机构性质

体育赛事运作管理机构是政府机关，事业单位，还是企业，或者社团；运作管理机构受谁管理，向谁负责；如果是企业，是国有性质、集体性质，还是民营性质；是独资，合作，还是股份公司等等。不同性质的运作管理机构在赛事运作管理战略的选择上各有侧重，比如，如果是政府机关承担的公益性赛事，强调赛事的社会效益；如果是公司承办的商业性赛事，则会以降低成本、提高赢利为首要目标。

2. 财务状况

包括体育赛事运作管理机构的资产、负债、现金流、赢利水平等因素。比如，某民营企业在制定赛事的营销计划时，虽然有良好的营销思路和策划方案，但可能会受制于现金流，而由于企业性质难于获得银行贷款或者其他途径的融资，而无法有效开展赛事运作。

3. 人力资源

包括体育赛事运作管理机构的人员数量，性别、年龄、学历、工作技能、职业经历、薪酬水平、绩效水平等因素。比如，赛事运作管理机构中有多少从事过同等规模赛事工作的人员，他们在过去的赛事运作经历中是属于一线工作者，或者中层管理者，还是高层管理者，这些因素将影响运作管理机构是否需要补充人力资源，向外招聘、借调人员，或者聘请咨询顾问。

4. 组织文化

体育赛事运作管理机构的组织文化是开放，还是保守；是竞争，还是合作；是倾向于集权，还是重视授权；是鼓励承受风险，还是力求稳健；是以事为中心，还是以人为中心；是强调手段，还是强调结果等等。组织文化对体育赛事运作管理者的决策及计划能否顺利实施有相当大的影响，比如：在一个集权文化的赛事运作管理机构中，为了提高工作效率而改变工作流程，授予一线工作者更多自主权，却可能得不到这些人员的信任，仍按照他们所习惯的“事事请示汇报”的方式运作。

三、体育赛事运作管理的一般外部环境

（一）经济环境

经济环境主要由社会经济结构、经济发展水平、经济体制和宏观经济政策四个要素构成。社会经济结构是指国民经济中不同的经济成分、不同的产业部门以及社会再生产各个方面在组成国民经济整体时相互的适应性、量的比例及排列关联的状况。社会经济结构主要包括产业结构、分配结构、交换结构、消费结构、技术结构五方面内容，其中最重要的是产业结构。经济发展水平是指国家经济发展的规模、速度和所达到的水准，常用指标有国民生产总值，国民收入、人均国民收入、经济发展速度、经济增长速度。经济体制是指国家经济组织的形式，规定了国家与企业、企业与企业、企业与各经济部门的关系。经济政策是指国家、政党制定的一定时期国家经济发展目标实现的战略与策略、包括经济发展战略和产业政策、国民收入分配政策、价格政策、物资流通政策、金融货币政策、劳动工资政策、对外贸易政策等。

从我国的经济环境整体而言，虽然我国的经济发展速度很快，并已经取得了很大的成就。但是按照美国学者罗斯托（W. W.Rostow）的经济成长阶段理论，世界各国的经济发展归纳为五种类型：传统经济社会、经济起飞前的准备阶段、经济起飞阶段、迈向经济成熟阶段、大量消费阶段。凡属前三个阶段的都是发展中国家，而处于后两个阶段的国家称为发达国家，我国目前处于经济起飞阶段。经济体制、产业结构来说，我国目前都面临很多问题，经济发展总体水平不高。在居民的收入与支出状况中，我国居民的总体收入水平不高且不均衡，用于体育的总体支

出也很少，居民的体育消费意愿和体育消费方式都有待引导。

（二）政治法律环境

政治法律环境是指一个国家或地区的政治制度、体制、方针政策、法律法规等方面。政治环境分析分为对国内政治环境和对国际政治环境的分析。国内政治环境主要包括政治制度、政党制度、政府政策、政治气氛等要素；国外政治环境主要包括国际政治局势、国际关系等要素。法律环境需要分析的因素则主要包括法律规范、法律机构、法律意识等要素。

我国的政治气氛安定，政府政策相对稳定，但政治体制中也存在着不适应社会发展的问题，政治体制改革始终是热点与难点，也是我们在对体育赛事的政治环境进行分析时应该把握的重点。同时，需要及时掌握国家、政府关于体育产业最新政策动向。对体育赛事的法律环境进行分析时，需要着重分析和赛事运作密切相关的经济法律法规及行业性的法规文件，详细了解与赛事运作联系紧密的行政管理和执法机关的职能职责。

（三）人口环境

人口环境主要是指国家或地区的人口总量、人口素质、人口结构、人口分布等。对人口因素的分析可以使用以下一些变量：离婚率、出生和死亡率、人口的平均寿命、人口的年龄和地区分布、人口在民族和性别上的比例变化、人口和地区在教育水平和生活方式上的差异等。对体育赛事的人口环境进行分析时主要是对体育人口的分析。

体育人口是指经常从事身体锻炼、身体娱乐、接受体育教育、参加运动训练和竞赛，具有统计意义的一种社会群体。体育人口的总量、年龄结构、地理分布、家庭组成、人口性别等等构成了体育的人口环境。体育赛事运作需要考虑到赛事举办地的体育人口环境。比如：地区的体育人口总量会直接影响着对体育赛事的需求；人口的性别比例和年龄结构在一定程度上决定了赛事需求结构；人口的教育文化水平直接影响着赛事人力资源的供给；家庭户数及其结构的变化也会对赛事的发展趋势产生一定影响。

（四）社会文化环境

社会文化主要是指一个国家、地区的民族特征、价值观念、生活方式、风俗习惯、宗教信仰、伦理道德、教育水平、语言文字等的总和。文化环境对体育赛事运作管理的影响是间接的、潜在的和持久的。文化的基本要素包括哲学、宗教、语言与文字、文学艺术等。

随着我国经济的发展以及我国体育事业的发展，尤其是我国在竞技体育领域上的表现让全国人民欢欣鼓舞，加之2008年奥运会的临近，我国对体育文化的理解越来越深刻，以奥林匹克为代表的体育精神已经为广大的人民群众所接受，因此我国的社会文化环境正在为还将进一步为我国体育赛事的运作创造较为有利的条件。体育赛事运作对社会文化环境的分析最根本的目的是将社会文化内化为赛事自身文化，使赛事的运作管理符合环境文化的核心价值。

四、体育赛事运作管理的具体外部环境

（一）主办单位

如第一章所述，本书所论及的体育赛事是指我国境内举行的面向社会的体育竞赛。根据《中华人民共和国体育法》第四章第三十一条规定：我国国家对体育竞赛实行分级分类管理，全国综合性运动会由国务院体育行政部门管理或者由国务院体育行政部

门会同有关组织管理，全国单项体育竞赛由该项运动的全国性协会负责管理。地方综合性运动会和地方单项体育竞赛的管理办法由地方人民政府制定。因此，在我国，体育赛事的主办单位一般是体育行政主管部门。例如，《北京市体育竞赛管理办法》就明确规定：举办体育竞赛，主办者必须是体育行政部门或者其上级机关。

主办单位对体育赛事行使宏观指导、长期规划和统筹管理职能，体育赛事运作管理机构必须向主办单位做出有关赛事举办的承诺，按照主办单位的有关管理规定进行运作，满足主办单位对体育赛事的特定需求。同时，主办单位能有力协调参赛运动员、技术官员等群体或相关组织与体育赛事运作管理机构之间的关系，是赛事成功运作管理的重要力量。

（二）举办地政府

举办地政府是体育赛事的核心利益相关者之一。这是因为体育赛事，尤其是大型赛事，对于举办地的经济、政治、文化等各方面都有不同程度的影响。

成功的赛事运作往往能提高举办地知名度，促进市政建设，提供就业机会，拉动经济发展，推动文明建设，增进对外交流，使整个城市或者地区受益，这也正是当今各地政府积极申办国内外重大赛事的动机所在；失败的赛事运作则会导致破坏举办地形象，影响居民日常生活，增加政府财政负担等负面影响。正是因为体育赛事的运作与举办地政府的利益息息相关，政府对于体育赛事的举办在不同程度上都会给予关注、监控、支持，甚至直接管理。

对于体育赛事的运作管理机构来说，积极寻求政府力量的支持，将对成功运作赛事大有裨益。尤其是大型体育赛事的运作中，政府的支持更是必不可少，这至少有三方面的原因：

1. 大型体育赛事运作复杂，涉及场馆建设、市政交通、社会安全等方方面面，许多国际体育组织甚至明文规定，大型体育赛事要求由政府出面申办。

2. 由于目前我国赛事市场尚不成熟，有待于进一步培育，要求完全依靠市场力量，政府不给予政策性支持，难以真正做到“收支平衡”。

3. 一项大型体育赛事所产生的影响和效益波及整个城市、全社会，因此，政府也应当支持和帮助体育行政部门和赛事运作管理机构的工作。

（三）运动员

体育赛事的最基本功能就是为运动员提供公平、公开、公正的竞技平台，因此运动员是体育赛事最基本的利益相关者。运动员也是体育赛事最重要的组成元素，一项不能维护运动员利益、为运动员提供良好竞技平台的赛事，将无法有效吸引优秀的运动员，最终将会影响赛事的水平和质量，也就失去了赛事价值产生、存在和发展的基础。

运动员对赛事的总体看法不仅来自赛事的规格，也来源于体育赛事运作管理机构对他们需求的考虑。比如，赛事运作管理机构是否为他们提供基本的交通接送服务，是否提供赛前训练安排和适宜的场地，是否设有运动员信息处，是否提供特别为赛事设计的举办地旅游地图等。

这里需求特别强调的是知名运动员，即我们通常所说的体育明星对于体育赛事的重要价值。无论是商业性还是公益性赛事，观众、媒体、赞助商都同样对体育明星有着强烈的兴趣和持续不断的需求。如果体育赛事运作管理机构能邀请到体育明星参赛或者参与赛事相关活动，那么至少可以获得以下益处：

1. 吸引更多观众，促进赛事门票销售；

2. 吸引更多媒体关注赛事，对赛事进行报道；

3. 鼓舞赛事运作管理机构的工作人员的工作士气；

4. 增加与赞助商的谈判筹码。

体育明星的高价值往往伴随着高成本，因此，在计划邀请体育明星时需对成本和预期收益进行评估，正如我们在第一章中所提到的效率与效果的关系，在追求明星效应的时候不可忽视相应的成本和可能的财务风险。

（四）观众

体育赛事最直接面对的客户就是观众，观看赛事观众的数量与结构往往是决定体育赛事影响力和商业价值的核心因素。尽管现代许多商业性的体育赛事大部分费用是由赞助商支付的，但是赞助商之所以这么做是因为他们相信赛事的质量能带来足够的观众和关注者，能给赞助商的产品和品牌提供一个非常好的市场平台。如果忽略观众的需求与利益，不能持续地为观众提高高质量、高水平、欣赏性及娱乐性强的赛事，最终将会给赛事带来严重的影响，赞助商也将不再有兴趣将他们的品牌和赛事联系起来。

对于更好地满足观众，提高他们的满意度，除了要保持赛事水准外，有如下建议：

1. 向参与赛事的所有工作人员强调服务观众的意识

所有提高观众满意度的良好举措能真正实现都必须依靠赛事运作工作人员的切实执行，因此，必须不断地向工作人员强调观众的价值，培养与强化他们服务观众的意识。需要注意的是，管理者在服务观众方面的态度和行为将对普通工作人员起到相当大的影响作用。

2. 简化与观众的沟通渠道，为观众提供便利

转换角色，站在观众的角度为其设想，使观众与赛事运作管

理机构的沟通渠道简单而有效，比如，观众只需拨打一个电话即可了解到赛事所有相关信息，而非不断地由一个部门转接到另一个部门，仍无法获得需要的信息。

3. 让观众知道他们受到赛事运作管理机构关心与重视

这一点通常比赛事运作管理者想象得要重要得多。观众在赛事中需求得不到满足，产生怨言，却往往不向赛事运作管理机构直接沟通，而是选择口头传播他们的不满，这是因为他们不相信赛事运作管理机构会认真考虑他们的意见。建议在各种可能接触到观众的媒介上表达对观众的重视，比如宣传海报、门票、赛事官方网站等，提供专门用于解决观众疑问或接受建议的联系方式，及时回复他们的问题。

（五）赞助商

随着我国市场经济的发展，赞助商在体育赛事运作中的重要作用日益凸显出来。赞助商能为体育赛事提供资金、产品及服务的支持。具有多年国际赛事赞助经历的成熟赞助商，如可口可乐、三星、维萨信用卡等，还能给赛事带来可贵的运作经验。企业为赛事提供赞助出于各种目的，最常见的是品牌和销售方面的需求，但需求的具体情况根据企业的实际情况而差别甚远，不可同一而论。清晰准确地了解企业的需求，是和企业达成赞助协议的基础。关于如何寻求赞助，我们将在第八章体育赛事的开发中将作更为详细的探讨。

对于赞助商在体育赛事中的重要作用已经在体育赛事运作管理者中达成共识，但是在处理与赞助商的关系时有两种必须警惕的现象。其一，为满足赞助商需求而牺牲赛事质量。“商业化能够而且必须效力于体育运动的发展。在制定计划时，我们却不可忘记一条：体育必须有自身的尊严，而不能被商业利益所控制。”这是亚特兰大奥运会后，当时的国际奥委会主席萨马兰奇的这一席话，这不仅仅是对奥林匹克奥运会组织运作的警示，同样适用于其他体育赛事的运作。其二，片面追求短期利益，忽视与赞助商的长期合作。与企业之间重谈判，轻执行，为赞助商的服务不到位，使得许多赞助都成为“一锤子”买卖，忽视合作关系的积累。

（六）媒体

媒体是现代体育赛事发展的催化剂。现代信息技术的发展，使媒体对日常生活的渗透可谓无孔不入。传统媒体如报纸、杂志、有线电视、卫星电视获得了新的蓬勃发展，而互联网、移动电视等新兴媒体则发展迅速。媒体机构的全球网络化，数据的即时传播使文字、声音、影像的传输瞬间得以实现，“地球村”逐渐成为现实。正是因为媒体具有这样“无孔不入”的威力，使得体育赛事在媒体中成为一种虚拟的存在。现在的电视观众，几乎可以通过电视、电台、网络、报纸等媒体，全方位地接触、了解各种类别的体育赛事和赛事相关的信息。许多知名体育赛事的现场观众与媒体观众相比可谓相形见绌，甚至许多体育赛事主要是为了电视观众的消费而创造的。

体育赛事为媒体提供了报道原材料，提高电视收视率、电台收听率、网络点击率、报纸杂志的销量，增加广告收入，这是媒体热衷于赛事报道的原动力。同时，体育赛事能从与媒体的合作中获益良多，比如获得媒体支付的巨额转播权费用，体育赛事的商业价值，也随着媒体对其报道的覆盖范围及关注度的高低而得到提高，有利于吸引更多的商业赞助。

媒体在体育赛事中的重要作用及影响，使赛事运作管理者要将媒体作为重要的利益相关者来考虑。它们既是能为体育赛事举办提供宝贵意见的咨询者，也是谋求共同商业利益的潜在合作者，当然也是就报道、转播进行谈判的竞争者。

（七）供应商

供应商是指为体育赛事运作管理机构提供产品或者服务，与体育赛事运作管理机构共同为实现赛事目标而工作的组织或者个人。因此，体育赛事的供应商是一个外延相当广泛的概念，它可能包括场馆、设备及器材供应商，体育经纪公司，广告服务商，演出公司、电信服务商等。

体育赛事运作管理机构寻求以尽可能低的成本来保证所需各种产品或服务的持续稳定供应，而供应商通常是出于赢利需求向体育赛事运作管理机构提供这些产品或服务。双方互相满足对方需求是达成和保持合作关系的前提，双方的权利和义务通常都需要以合同的形式进行明确的规定。处理与供应商之间的关系时需要注意以下两点。

1. 对供应商进行审慎选择

因为赛事具有很强的时限性和不可逆转性，供应商选择失误的代价往往是巨大甚至是无法弥补的。例如，比赛器材供应商的选择失误轻则造成器材无法及时安装到位，或者影响赛事竞技水平，重则导致运动员安全事故，因此，选择比赛器材供应商时，需要从供应商的资质、相关经验、客户情况、可投入资源、是否符合行业标准等多方面进行严格审核。

2. 注意法律风险的防范

一旦有合作关系产生，赛事运作管理机构与供应商之间都必然存在着一定的代理或者委托关系。需要在合同中对双方权责进行明确界定，减少由于合作方的原因而承担损失的风险。

（八）竞争者

竞争者是赛事运作中特殊的环境因素，它很少会给赛事运作带来直接的正面影响，但赛事运作管理机构在任何时候都不能忽视自己的竞争者，否则，将必然引起负面影响，甚至会付出惨重的代价。比如，与体育赛事在同一城市同时举行的其他大型活动，尽管不一定是体育赛事，却应该被定位为体育赛事的竞争者，因为它会与体育赛事在观众、媒体、赞助商、政府支持等各方面有限资源上进行争夺，是一种绝对不可忽视的环境力量。赛事运作管理机构必须时刻留意竞争者的策略、动向及举措，并及时作出反应。

正是因为体育赛事对环境有着诸多影响，而环境又无时无刻、无处不在地制约着体育赛事，在选择、申办赛事及制定赛事总体计划时，都必须用客观的、联系的、系统的、动态的观点去权衡与决策。政府或者政府许可的机构在选择一项体育赛事，尤其是大型体育赛事时，必须考虑赛事可能产生的社会影响，以决定是否申办；申办成功后，在赛事的实际运作中，需要对赛事的影响做进一步的预测及监控；赛事结束后则要对赛事影响及效益进行总结。而作为体育赛事实际操作者，赛事运作管理机构有义务、有责任根据赛事运作战略，制定周密的赛事总体计划，来保证并尽量扩大赛事正面影响，增进赛事综合效益，防止、控制、降低赛事可能产生的负面影响。

第二节　体育赛事运作管理战略

一、体育赛事运作管理战略含义

在阐述体育赛事运作管理战略含义前，我们首先要理解何谓战略。“战略”这一概念始于军事。战争讲究谋略。谋略有大有小，大谋略叫“战略”，小谋略叫“战术”。战略与战术的区别是：战略针对全局问题，战术针对局部问题；战略针对长期问题，战术针对短期问题；战略针对基本问题，战术针对具体问题。毛泽东在《中国革命战争的战略问题》就曾有如下论述：研究带有全局性的战争指导规律，是战略学的任务；研究带局部性的战争指导规律，是战役学和战术学的任务。

军队从事战争，商业社会中的组织从事竞争，两者虽然目标不同，运作方式也不同，但两者都是在既定的环境条件约束下，在存在着竞争对手的情况下，对有限资源的获取、挖掘、整合、运用，以实现自身目标的过程。因此，商业社会中的各种组织，包括政府机构或者非政府机构，也都需要讲求战略，用战略来指导组织的行动方向，达到组织的目标。

战略一词虽然已被极为广泛地运用在商业社会中，但对战略至今仍没有统一规范的定义。在对战略进行学术研究中有两大主要流派，分别是定位学派和资源学派。

定位学派的代表人物是著名的商业思想家、被誉为“现代竞争战略之父”的迈克尔·波特。他在2004年中国举行的迈克尔·波特战略论坛上提道：“战略不是一个目标，而应该是方法”，“战略就是怎样定位”，“战略的核心就是整合”，“战略应该是你的竞争优势何在”，“战略并不是指实施先进的做法，而是要选择什么样的做法可以使你与众不同、独一无二”。

在此意义上，我们可以将体育赛事运作管理战略理解为：如何对一项体育赛事进行定位，使它区别于其他体育赛事，从而获得竞争优势，实现赛事既定的运作目标。

与定位学派不同，资源学派则认为一个组织竞争优势的主要来源是组织的资源和能力，当组织将其所拥有的资源和能力用于发展其独特的核心能力，而且组织的竞争对手不能用其他方法替代或模仿这些能力时，组织就能维持自身的竞争优势。从这个角度上来看，体育赛事运作管理战略则是：如何挖掘、整合、运用体育赛事运作管理机构现有的资源，发挥、完善、提升赛事运作管理能力，从而获得竞争优势，实现赛事运作目标。

无论是从定位角度还是从资源角度上理解，体育赛事运作管理战略都是立足于体育赛事现有状况，对如何实现或者达到体育赛事未来的期望状况进行的设计。

二、体育赛事运作管理战略类别

迈克尔·波特提出了企业经营的三大战略，对体育赛事运作管理战略有值得借鉴之处，简要介绍如下。

1. 总成本领先战略　要求企业必须建立起高效、规模化的生产设施，全力以赴地降低成本，严格控制成本、管理费用及研发、服务、推销、广告等方面的成本费用。为了达到这些目标，企业需要在管理方面对成本给予高度的重视，确保总成本低于竞争对手。

2. 差异化战略　是将企业提供的产品或服务差异化，树立起一些全产业范围中具有独特性的东西。实现差异化战略可以有许多方式，如设计名牌形象、保持技术和性能特点、顾客服务、商业网络及其他方面的独特性，等等。最理想的状况是企业在几个方面都具有差异化的特点。但这一战略与提高市场份额的目标不可兼顾，在建立企业差异化战略的活动中总是伴随着很高的成本代价，有时即便全产业范围的顾客都了解企业的独特优点，也并不是所有顾客都将愿意或有能力支付企业要求的高价格。

3. 专一化战略　是主攻某个特殊的顾客群、某产品线的一个细分区段或某一地区市场。低成本与差异化战略都是要在全产业范围内实现其目标。专一化战略的前提思想是：企业业务的专一化能够以较高的效率、更好的效果为某一狭窄的战略对象服务，从而超过在较广阔范围内竞争的对手。企业或者通过满足特殊对象的需要而实现了差异化，或者在为这一对象服务时实现了低成本，或者二者兼得。这样的企业可以使其赢利的潜力超过产业的平均水平。

这三种战略在体育赛事运作管理中同样适用，因为体育赛事运作同样是一种服务生产与提供的过程。这三种战略并非对战略的绝对划分，而是向我们提供了一种战略思考的方向，意味着无论是选择赛事、申办赛事、筹备赛事，还是组织赛事的过程中，都必须从根本的、长期的、基础的、系统的问题去考虑。同时，不同的体育赛事运作管理战略本身并无绝对的好与坏之分，只有适合与不适合之分。

以奥运会为例，奥运会是全球最引人瞩目，最令人关注，参与人数和国家最多的体育赛事，承办奥运会被视为举办城市乃至国家的荣誉和实力的体现，每届都期望比上一届办得更精彩、更出色、更与众不同，与这种差异化战略相伴随的是节节攀升的筹办费用，使举办城市的政府财政不堪重负。第 23 届洛杉矶奥运会在尤伯罗斯的领导下，却独辟蹊径，采用了成本战略，在场馆、竞赛、行政、接待、办公等各方面都实行勤俭节约方针，甚至提出并推行“节省每一分开支”的政策，比如：压缩各项开支，充分利用现有设施，尽量不修建体育场馆；不新盖奥林匹克村，租借加州两座大学宿舍供运动员、官员住宿；与警察总署负责人协商，力求降低保安费用；招募志愿人员为大会义务工作等。这种追求成本领先的战略正是洛杉矶奥运会运作获得巨大成功的关键因素之一。

从时间维度来看，体育赛事运作管理战略还可分为当届赛事的运作战略和赛事长期发展战略，每一届赛事的战略应该符合赛事发展的长期战略。但在现实中，由于每届承办单位有自身的利益考虑，因此，当届赛事的运作战略常常是主办单位与承办单位之间利益协调的结果。

从运作层面上来说，体育赛事运作管理战略根据主体不同，分为政府所制定的赛事战略、筹办机构制定的赛事战略、各个部门具体业务战略等，但这些战略之间的关系必须是下一级战略服从上一级战略，形成自下而上的战略系统，才能形成赛事运作管理的合力。

三、体育赛事运作管理战略内容

一个好的体育赛事运作管理战略，首先在内容方面应该是完整的。对于不同的体育赛事而言，战略内容涵盖的范围有所不同，而大型综合性赛事所包括的战略内容通常最为广泛，它已经突破了单纯竞赛管理的领域，涉及社会整体层面。通常包括赛事举办地体育发展战略、举办地宣传推广战略、举办地市政交通发展战略、举办地生态环境战略、举办地科技发展战略、举办地文化建设战略等等。

以第五届全国农民运动会为例。第五届全国农民运动会由江西省承办，于 2004 年 10 月在江西省宜春市举行。第五届全国农民运动会是新中国成立以来江西省第一次承办的全国大型综合性运动会，省、市政府不仅仅将其视为全国农民运动员参与竞技的体育盛会，更将其定位为宣传江西革命老区新形象、扩大开放、实现在中部地区率先崛起的极好机会。在此定位基础上，第五届全国农民运动会江西省筹委会明确了第五届全国农民运动会“声势要大于绵阳，接待要近于绵阳，环境要好于绵阳，参赛成绩要为江西农运历史之最”的战略目标。围绕这一目标，宜春市政府制定了体育发展、新闻宣传、城市建设、生态环境、交通管理、医疗卫生、旅游等各方面的战略计划。以其中的城市建设为例，市委、市政府提出了“以第五届全国农民运动会为契机，创生态名城，建赣西经济中心城市”的战略目标，具体分为三大战略计划：其一为加快城市基础设施建设，提高城市承载能力；其二加大城市市容整治，改善城市环境；其三加大生态环境建设，提高城市景观效果。每一战略计划中又包括具体的实施工作方案，在此不作细述。

第三节　体育赛事选择、申办与总体计划

一、体育赛事的选择

（一）政府机构对体育赛事的选择

政府机构（包括体育行政主管部门）对体育赛事的选择，通常是将体育赛事视为公共产品或者准公共产品，对其社会效益与经济效益综合考虑后进行决策。公共产品是指可供社会产品共同消费的产品，这些产品在每一社会成员消费时不会导致其他社会成员对该产品的消费减少，即具备非排他性和非竞争性的产品。准公共产品则是指具备非排他性和非竞争性两个特点中的一个，另一个不具备或不完全具备，或者虽然两个特点都不完全具备但却具有较大的外部收益的产品。

我们在第一章中已指出体育赛事不仅能够促进举办地体育事业的发展，还可能调整社会产业结构，促进餐饮、传输通讯、媒体电视、商贸旅游、宾馆服务、交通运输等第三产业的发展，并且能提供就业机会、促进市政建设、展示地区形象和改善投资环境，以及促进文化发展等诸多社会效益。因此，体育赛事，尤其是大型综合性体育赛事绝不仅仅是一场体育竞赛的概念，而是一项对举办地社会各方面都将产生效益和影响的社会事件。

由非政府机构举办体育赛事，很难获得广泛范围内的社会效益或者影响，这正是政府机构成为体育赛事选择、申办及运作管

理中活跃角色的根本原因。以上海市为例，2006 年 3 月，在上海市政府新闻发布会上，市政府新闻发言人焦扬宣布，根据国家体育总局全国体育竞赛计划和上海市体育竞赛工作安排，2006 年上海将举办 37 项国际国内重大体育赛事，包括 2006 年 A1 国际汽车大奖赛中国总决赛、美国好莱坞明星特技表演、CBA 全明星篮球赛。在回答媒体记者关于上海举办一系列体育赛事的意义时，焦扬谈道：上海积极举办一系列重大的体育赛事，不仅可以大大提高体育竞技水平和筹办赛事能力，也将有力促进上海现代服务业的发展，进一步提高上海国际竞争力，不断提高上海城市文明程度和市民精神文明素质，同时将进一步推动全民健身运动的普及与发展。

那么政府机构在选择体育赛事的过程中应该着重考虑哪些方面呢？至少应该包括以下几点：

1. 考虑地区的体育传统因素

不同的体育项目在各地区受欢迎程度是不同的，也影响到该地区相应体育项目的竞技水平高低和市场环境好坏。在某个国家或者地区为人推崇和瞩目的赛事，在另一个国家或者地区举办可能会乏人问津，备受冷落。因此，政府机构在选择体育赛事时，首先需要考虑当地的体育传统因素。比如，广州市选择申办 2009 年苏迪曼杯，其中重要的原因是广州有较高的羽毛球竞技水平，群众基础广泛，羽毛球市场环境良好，比如 2002 年在广州举办的汤尤杯，观看电视直播的有 1.1 亿人次，现场观众达 5.5 万多人次，并且广州曾先后举办了 2000 年世界青年羽毛球锦标赛、2002 年汤尤杯世界男女团体羽毛球锦标赛、国际羽联大奖赛 2003~2007 年中国羽毛球等高水平的国际大赛和 2000 年全国羽毛球锦标赛等国内颇具影响力的羽毛球赛事。这些都表明广州具有良好的羽毛球体育传统，有利于赛事的申办和运作。

2. 考虑地区的地理及人文因素

除体育传统因素外，政府在进行体育赛事选择时，还应根据赛事本身的特点，结合当地地理、文化、传统等因素加以考虑，这对能否办好一个赛事、带来相关的社会与经济效益也有很大的关系。在风光美丽、地势平坦沿海旅游城市厦门举办马拉松比赛肯定比在建筑林立、空气混浊的工业城市合适；举办龙舟比赛，岳阳自然能在地理和文化传统上更胜一筹；近年来在四川省境内举行的各种形式的山地户外挑战赛，也是借助地理上的优势。2004年在江西省宜春市举行了第五届全国农民运动会，当地政府在选择申办该项运动会时主要原因之一，即是在于宜春当地的地理及人文因素。宜春既是赣西北地区主要的重要农业城市，又具有丰富的旅游资源，素有“山明水秀，土沃泉甘，其气如春，四时咸宜”的美称，生态环境优美，气候舒适宜人，境内有明月山、三爪仑、天柱峰、阁皂山4座国家森林公园， 2个省级风景名胜区和3个省级自然保护区。全国农民运动会在宜春的举办，与其地理、人文相契合，有利于推广其丰富的旅游资源，塑造生态城市形象。

3. 考虑地区的经济实力

考虑地区的经济实力既包括政府机构的财政状况，也包括当地的整体经济发展水平、人们的消费能力等。体育赛事崇尚平等，不分贵贱，但和其他的产品与服务一样，面对着不同的消费群体。诸如高尔夫、赛车这样的赛事面对的通常是高消费群体，门票昂贵，而足、篮、排球等比赛所面对的社会群体覆盖面则相对广泛，其门票价格也能为普通大众所承受。比如，全国运动会是国内最大规模、最高规格的综合性运动会，不是每一个城市都有经济实力可以承办，国家甚至曾经规定只能由北京、上海、广东三地轮流举办。随着我国经济、社会的全面发展，国务院才于2000年底批示，同意取消全国运动会由北京、上海、广东三地轮流举办的限制，允许有条件的省、自治区、直辖市申请举办全国运动会。又比如，青海作为一个内陆省份，财力较为薄弱，当地政府选择了运作成本相对较低的自行车赛，作为地方品牌赛事进行精心打造。从2002年首届环青海湖国际自行车赛举办至今已成功运作了四届，为青海与国际的沟通架起了一道桥梁。在选择赛事时，要特别注意防止出现“一届政府办赛，三届政府还债”的现象，防止由于造“形象工程”“政绩工程”而导致的财政负债。

（二）非政府机构选择赛事

非政府机构主要包括企业、事业单位及社会团体。非政府机构根据其组织目标可划分为非营利性机构和营利性机构。

非营利性机构如社会团体，选择赛事时其动机与政府机构有类似之处，即以社会效益为首要目标，但考虑的范围和程度有所不同，涉及的社会领域更为具体，比如残疾人协会对赛事的选择主要考虑的是推动残疾人事业的发展，而环境保护协会对赛事的选择则重点思考如何宣传环境保护意识，促进环保事业发展。尽管非营利性机构不以营利为目的，但其生存与发展也需要保证财务稳健，因此，非营利机构在选择赛事时也必须兼顾经济效益，至少需要保持赛事运作的收支平衡。

营利性机构主要是指企业，根据资本组织方式不同分为独资企业、合伙企业、公司。企业经营的最终目标是获得利润，这决定了企业在选择赛事是首要目标是经济效益，即期望通过赛事的运作获得企业利润。现代社会法制建设的逐渐完善，市场经济的公平竞争，以及公众对企业社会公民意识的强调，也约束和限制着企业“唯利是图”的行为，使其必须遵守一定的法规、制度及规则。因此，企业在选择赛事时不可忽视社会效益。

政府机构在选择赛事时所考虑的体育传统、地理人文、基础设施、经济发展水平及大众消费能力等因素，同样也是非政府机构在选择赛事时需要考虑的因素。除此之外，非政府机构在选择赛事的过程中，还需着重考虑以下三个因素：

1. 政府对该项体育赛事的态度

体育赛事，尤其是大型体育赛事，已被公认为“社会事件”，其运作管理必然涉及各项政府职能，如城市交通、社会安全、市政建设等。政府机构选择某项赛事时，意味着它对该项赛事持有正面积极的态度，尽管在赛事运作管理中，协调政府内部上下级以及平级部门关系也是相当复杂的工作，但一般不至于产生对赛事具有“颠覆性”的决策或行为。而非政府机构在选择赛事时，必须考虑政府对该项体育赛事的态度。如果政府对赛事持肯定与支持的态度，那么赛事运作将事半功倍；如果政府对赛事不认可，或者态度不明，则意味着赛事运作可能会有相当大的风险。因此，非政府机构在选择赛事时需要了解政府对赛事的态度，并尽可能地寻求政府对赛事的支持。

2. 该项体育赛事运作的现金需求

政府机构与非政府机构在选择赛事时都需要评估赛事运作所需要的资金，衡量自身的财务状况能否支撑赛事的运作，以及评估、预测赛事的成本 - 效益。但对于非政府机构而言，需要比政府机构更多的关注赛事运作所需要的现金流，这里的现金流不仅指现金的总量，还包括现金的分布。某项赛事从运作的整体而言，极有可能获得良好的经济效益，但在赛事运作前期需要投入巨额启动资金，而赛事收入大部分在赛事运作后期才能产生，这意味着赛事前期几乎只有现金流出，而没有现金流入。这对于政府机构而言不一定是难题，对于非政府机构，尤其是营利性机构来说却可能是生死攸关的问题。如果一个公司选择某项赛事，获得了赛事的承办权，却在赛事运作过程中遭遇资金瓶颈，又无法及时融资，那么不仅仅是赛事不能顺利运作下去，公司也可能陷入财务困境。

3. 体育赛事运作的人才与经验

无论是政府机构还是非政府机构运作赛事，都需要适宜的人才与相关的经验，但由于政府机构在调配人力资源上具有相当大的优势，因此这个因素在政府机构选择赛事的过程中并非突出问题，而非政府机构则很难在较短时间内借调或者招募到合格的赛事运作人才。如果一个企业在已经获得赛事承办权后，才开始寻找赛事运作管理人选，将处于十分被动的局面，轻则导致人力成本增加、延误赛事运作，重则导致用人失准、赛事运作失败。因此，对于非政府机构而言，必须在赛事选择的过程中，就对自身是否具备赛事运作人才与经验进行权衡，及早寻找解决人才与经验不足问题的有效途径。

二、体育赛事的申办

体育赛事的资源是有限的，政府机构或者非政府机构一旦对体育赛事做出了选择，就意味着与作出同样选择的机构成为竞争对手，尤其是知名的品牌赛事，更成为国家、地区、城市争夺的稀缺资源。另一方面，从体育赛事所有者的角度而言，赛事也需要拓展自身生存空间，在更多的城市、地区乃至国家举办赛事，有利于推广赛事品牌，获得更为广阔的赛事市场。这两方面原因使得赛事申办正日益成为确定体育赛事举办地或承办机构的常用方式。我们下面将简要介绍国际与国内等不同赛事的申办程序与方法。

（一）国际重大体育赛事的申办

国际重大体育赛事通常是指多个国家、地区代表团参与的大型综合性运动会及单项体育赛事,如奥运会、世界大学生运动会以及由国际包括洲际单项运动联合会组织的单项赛事。这类由国际体育组织主办的运动会，均已形成体系并建立了较为规范的申办程序。通常都是由主办地或国家、当地政府或体育组织按规定向主管组织或国际体育组织提出申办报告，然后由该组织进行考察和评估，最后由体育组织成员代表投票决定。以奥运会和亚运会的申办为例。

1. 奥运会的申办

按照《奥林匹克宪章》，只有国际奥委会拥有奥运会主办城市确定权。为保证奥运会筹备工作时间充足，欲举办奥运会的城市须在奥运会举办前 8 年向国际奥委会提出书面申请；由国际奥委会和有关的国际单项体育联合会对其进行考核并确定申办城市。正式投票确定举办城市是在奥运会举办前 7 年召开的国际奥委会全会上，由全体委员秘密投票决定。在投票中，某个申办城市获得半数以上选票即被确定为主办城市；在几个城市争办的情况下，采取多轮投票的方法，每一轮投票淘汰票数最少的城市。如果两个城市票数同样少，则增加一次专门为这两个城市的投票，从中淘汰一个。

1999 年在“盐湖城丑闻”发生后，国际奥委会对申办程序进行了改革，其中最重要的两点是：其一，增加是否接受申办的步骤，从而一开始就将缺乏举办奥运会基本条件的城市淘汰掉；其二，不允许国际奥委会委员访问、考察申办城市，也不允许申办城市代表拜访国际奥委会委员。

2. 亚运会的申办

亚运会主办城市确定权归属于亚洲奥林匹克理事会。亚洲奥林匹克理事会是亚洲地区被授权组织和管理奥运会、洲际赛事、国际体育赛事的唯一机构，它还负责全亚洲的奥林匹克运动的发展以及奥林匹克精神的发扬光大，并负责解决亚洲国家、地区之间以及亚洲国家、地区与其他非亚洲国家、地区之间发生的体育纠纷，即等于是亚洲的“国际奥委会”。

应该说，以前亚运会的申办，参与的城市并不多，早期尚需动员。从 1990 年第 11 届亚运会开始，才开始有竞争的申办活动。当年北京和广岛都要求举办 1990 年的亚运会（因 1990 年是广岛建市 100 周年），后经亚奥理事会主席法赫德亲王的协调，北京举办 1990 年的亚运会，广岛举办 1994 年的亚运会。曼谷是在几乎没有对手的情况下，获得 1998 年亚运会的举办资格的。但 2002 年的亚运会开始出现激烈的竞争，当时由韩国的釜山、印度的新德里和马来西亚的吉隆坡斗法，最后还是釜山获胜。对 2006 年亚运会的申办，更是爆出了大冷门，当时参与竞争的 3 个城市——多哈、香港、吉隆坡，以吉隆坡实力最强，香港次之，多哈最弱。但是由于拥有选票最多的西亚地区全力支持多哈，最后竟然是被认为最没有可能举办亚运会的多哈夺得了 2006 年第 15 届亚运会的举办权，这也是继 1974 年德黑兰亚运会后，西亚城市第二次举办亚运会。由此可见，要申办亚运会，实力尽管十分重要，但绝非仅靠自身实力就可以把握大局，它同时也是东亚、东南亚、中亚、南亚、西亚地区政治力量的一场博弈。

申办亚运会一般在亚运会举办的 6~7 年前，其主要程序如下：

(1) 亚奥理事会向各会员国家和地区，发出亚运会的申办通知。

(2) 有申办意向的城市最后截止日期前向亚奥理事会提交申办意向书，同时交纳一定数额的报名手续费。

(3) 接到亚奥理事会同意申办的文件后，申办城市开始编写申办报告书，准备迎接亚奥理事会考察团的考察。

(4) 各申办城市向亚奥理事会提交申办亚运会的报告书。

(5) 亚奥理事会派出考察评估团赴各申办城市，进行实地考察和民意测试。

(6) 经过亚奥理事会评估，通过审查的申办城市参加竞选陈述会，最后由亚奥理事会代表大会投票表决亚运会承办城市。

（二）国内重大赛事的申办

国内主办的重大赛事，主要分为两类：第一类是按奥运会项目设置并以竞技体育为主要目标与任务的全运会、城运会、省运会、大运会、中学生运动会、全国锦标赛、全国冠军赛、全国联赛，包括与之相对应的省级比赛；第二类主要是以非奥运项目设置的群众体育、娱乐体育、特定人群参加的赛事，如残疾人运动会、农民运动会、少数民族运动会、全国体育大会以及摩托艇、蹼泳、滑水、登山、龙舟、拔河比赛等。

由国家体育行政主管部门主办的，按奥运会项目设置的大型综合性运动会，主要是按照以下程序申办：省级政府向国家体育总局提出申办请示，国家体育总局竞技体育司分析申报材料，并牵头组织其他职能单位对申办地进行考察和评估，提出评估报告，由国家体育总局办公会研究提出明确意见，报国务院批准。

由国家体育行政主管部门主办的，按奥运会设项的重大单项赛事，通常通过举办全国竞赛工作会议和竞赛招标会，进行招标。由省级体育行政主管部门批准的组织或机构投标，也可通过省级体育行政主管部门直接向国家体育总局的项目管理中心提出申请，该项目管理中心商总局竞体司等职能部门同意后，报体育总局批准。现在这一类体育运动，开始逐步走向社会化、市场化，已有非体育组织或者非公有制法人单位申请承办了。但现行体制仍然规定主要由省级体育主管部门审查后，国家体育总局才予以批准或认可。

非奥运会项目的赛事申办，分为三种申办途径：

第一种：大型综合性运动会。如有意向，主办地政府向该项目运动会的主办机构——行业体育组织提出申办报告，如残运会向残疾人体育协会、农运会向中国农民体协、大中学生运动会向全国大中学生体育协会申请。而这些体协通常都是相应的部委所属的体育组织，所以一般都是按照谁主办、谁审批、谁负责的原则和渠道审批与管理。多个部委共同主办的，由为主负责的部委牵头，商其他部委的体育组织同意。由于行业的归口管理，我国这一类赛事，无论哪个部委所属体协主办，都会商得国家体育总局同意，大型综合性运动会则必须报国务院批准。

第二种：单项体育赛事。由申办者向国家体育总局或下属职能司、项目管理中心直接申请审批或经总局同意后由职能司、项目管理中心发出批准文件。也可以由各相关行业体协审批。但行业体协主办的单项赛事通常是本行业内的比赛。

第三种：军队的体育赛事。由总参军训部体育训练局审核，中央军委领导批准。而集团军及相关军兵种赛事或省级军区举行的体育赛事则一般由上一级军队领导机关批准，由承办单位按主办单位的要求来管理与实施。

由此可以看出，现阶段国内体育赛事申办一般是按谁主管谁审批就由谁管理，谁申办就由谁承办并具体实施。凡是涉及全国大型综合性运动会必须经过国务院审批。凡是涉及跨国家组织的赛事（友谊赛、访问赛、对抗赛等除外）通常是先由国家体育总局批准再提交该项目的国际组织审批。涉及港、澳、台的体育赛事须先报政府主管部门港、澳、台办公室，对方同意再报体育行政部门审批。

以全国运会会和国内铁人三项赛事的申办为例。

1. 全国运动会的申办

1959 年 9 月，响应毛泽东主席“发展体育运动，增强人民体质”的号召，第一届全国运动会在中国的首都北京隆重举行。自此，四年一届的中国国家运动会成为中国水平最高、规模最大、影响力最深远的体育盛事，也是中国最高级别、最受关注的、最大型的综合性体坛盛会。

前四届全国运动会由北京举办，从第五届开始，全国运动会由北京、上海、广东三地轮流举办。随着改革开放进程的深入和我国经济、社会的全面发展，全国许多省、市都具备了举办全国运动会的能力。国家体育运动委员会于1994年决定采取申办办法确定全国综合性运动会的承办地点，并于同年9月8日正式印发了《全国综合性运动会申办办法（试行）》。2000年10月18日国家体育总局向国务院上报了《关于申请放开全运会由北京、上海、广东三地轮流举办限制的请示》，同年12月2日国务院批示："同意取消全运会由北京、上海、广东三地轮流举办的限制，允许有条件的省、自治区、直辖市申请举办全国运动会。"我国各省、自治区、直辖市都具有申请承办全运会的权利和义务。全运会参加单位也可申请协助承办全运会的部分项目。自此，全国运动会开始采取申办办法确定承办单位。2005年10月在江苏省举行的第十届全国运动会即为第一次采取申办形式确定承办单位的全国运动会。

申办程序包括申请、考察、评估、确定公布四个环节，具体操作如下：

（1）由主办单位向全国省、自治区、直辖市发出申办通知；

（2）申办单位向主办单位递交申请书，同时报省一级人民政府同意申办的批复文件；

（3）主办单位接到申请文件后，认为符合申办条件的，及时复函申办单位，接受其申请。申办单位的候选资格被正式确认；

（4）申办单位在规定的时间内，按照内容、格式要求向主办单位递交申办报告；

（5）主办单位对申办单位进行实地考察，了解情况后完成考察报告；

（6）主办单位召开申办工作会议，听取申办报告、考察报告、对申办单位进行评估；

（7）主办单位初步确定承办单位，上报国务院批准；

（8）主办单位与承办单位签订综合性运动会委托承办协议书。

对全国运动会申办单位候选资格的确认一般从以下标准进行衡量：

（1）申办地政府的支持和可靠的财政保证

（2）申办地安定的社会环境和良好的社会秩序

（3）场馆设施已初具规模，无须再大量投入资金新建场馆

（4）接待、交通、邮电通讯设施等方面基本具备条件

（5）具备较高的竞赛组织管理水平

采用申办方法确定全国运动会的承办单位实质上是建立了一种竞争机制，对于加强全国运动会的系统管理，充分发挥全国运动会的综合影响，带动和展示申办地经济和社会的发展，传播体育运动精神，扩大体育社会影响，具有重要的意义。

2. 国内铁人三项赛事申办

（1）由申办铁人三项比赛的当地政府、体育主管部门或企事业单位、公司等向中国铁人三项协会提出意向书面申请，并在意向申办报告上注明拟申请比赛的名称、比赛时间、地点、规模、经费来源及申办缘由。

（2）中国铁人三项协会派技术官员赴赛区对比赛路线、场地等情况进行实地勘测和考察。

（3）中国铁人三项协会将根据年度竞赛工作安排，在实地考察后，再根据赛区的实际情况进行审批。赛事申请单位在得到中国铁人三项协会的初步同意举办比赛的意向后，双方应签订合作举办赛事的意向（或正式）协议，同时由申办铁人三项比赛的当地政府或体育主管部门向中国铁人三项协会提出正式书面申请报告，报告上应注明申请比赛的正式名称、比赛时间、地点、规模、经费来源及申办缘由。 正式申办比赛报告书中应同时附有二至三套比赛路线设计图及水质化验报告。还应附有比赛当月及

当天预计的气温、水温资料。

(4) 申办比赛的当地体育主管部门应负责向上级体育主管部门上报备案，并按国家体育总局颁布的《全国体育竞赛管理办法》的规定向中国铁人三项协会提供省级体育主管部门同意举办比赛备案文件或批复。

三、体育赛事的总体计划

(一) 体育赛事总体计划的含义与作用

计划，既是管理四大职能之一，也是一种重要的管理工具。计划既包括确定特定组织的目标，也包括达到目标的方法。

对于体育赛事运作管理机构而言，体育赛事总体计划就是定义体育赛事运作管理的目标，并明确实现该目标的具体方法和途径。制定体育赛事总体计划它是体育赛事筹备组织工作启动的基础工作，是赛事筹备组织建立（如是申办活动则是由筹备小组建立）后首先要做的工作，是制定赛事各项工作方案的重要依据。整体计划是在一定的环境约束条件下，对体育赛事所拥有的资源进行挖掘、分析、整合，然后包装的专业技术工作。

体育赛事总体计划的重要性在于：更清晰地了解、描述选择或申办这项赛事的原因；准确地定义、规定这项赛事需要达到的目标或者实现的目的；指导和监控赛事运作管理的方向；协调赛事运作管理各部门和工作人员的行为，形成团队；预见和防范赛事运作风险等。严谨、科学的赛事总体计划也有将为体育赛事运作管理机构带来或者获得更多可信度、公信力、美誉度及影响力。

体育赛事计划如此重要，因此体育赛事运作管理机构在筹办赛事前，应制定出与赛事战略相符的总体计划。关于何时制定体育赛事总体计划没有固定的答案，随赛事具体情况和计划制定主体需求的变化而有所不同。体育赛事运作机构一般是在获得赛事的承办权后（通过申办或者其他方式），开始制定具体的体育赛事计划。在有些赛事的申办过程中，赛事的所有者也会要求申办者提供初步的赛事总体计划，以更全面、更严谨的考察候选对象的承办实力、能力与意愿，这意味着申办者必须在获得承办权前就必须制订赛事计划。当然，这个阶段的赛事计划相对于获得承办权后制定的计划而言，是简略而缺乏具体细节的。

同时，应该认识到，体育赛事计划并非一经制定就固定不变，它应该是动态的，不断适应变化的环境因素（包括我们在本章第一节中介绍的体育赛事内部环境及外部环境因素）。

（二）体育赛事总体计划的制定

1. 总体计划的主要内容

总体计划的内容主要包括赛事的名称及组织机构的表述，赛事的背景与“亮点”的规划与描述，主题与指导思想的表述，赛事内容、规模与安排的表述，赛事资源与取得资源方法的表述，整个体育赛事中的大型活动、主题活动、相关活动的表述和其他表述等等。

2. 制定总体计划的工作流程

制定体育赛事总体计划的工作流程如图 3.3 所示。

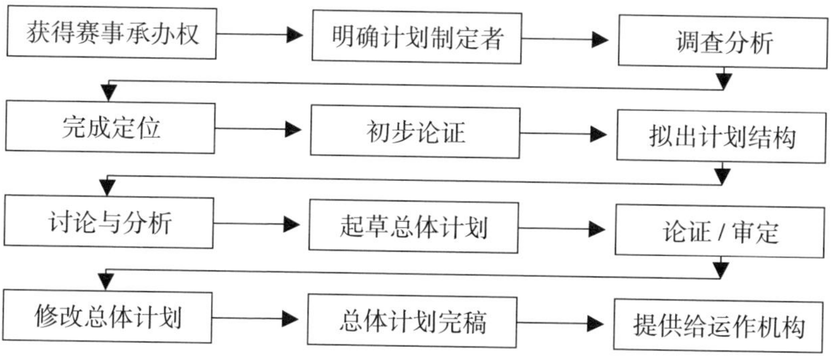

图 3.3　体育赛事总体计划制定工作流程

总体计划是一项专业技术工作，要由专业技术人员与大型体育活动的专家共同完成。首先要由调查分析、统计、平面设计、方案设计、活动策划、体育专家等人员组成总体计划工作小组，部分工作可委托给专业公司完成，借鉴别人先进经验与教训是节省人力与其他资源的有效方法。同时要注意吸收赛事的利益相关人参与，如场馆出租者、供应商、赞助商、工作人员、志愿者领导以及政府官员等。除了人员配备，总体计划需要配置电脑、彩色打印机等办公设备。

在负责制定总体计划的人员到位后，首先要进行的是调查与分析，主要包括政府意志与行为调查分析与亮点分析，举办地社会、经济、文化、教育、生活状况、交通等社会、城市功能与能力和气候等因素调查与分析，赛事主题分析及企业理念与赛事主题整合调查分析，各项竞赛组织及主题活动组织的可行性分析，赛事所期望出席领导活动内容与日程排期及相关因素分析，赛事人力资源调查分析，赛事的财务状况分析，其他相关调查分析等。

在调查研究和综合分析的基础上对赛事进行定位。定位主要是围绕党和政府的方针、政策、决策的研究与活动结合定位，对提升赛事规格的定位，对赛事关注度、影响度的定位，对达到赛事经济效益和社会效益的定位，对赛事筹备组织工作中的各个环节的定位，对赛事中的各项重大活动主题的定位，对赛事的组织机构与人员的组成定位等等。

对赛事进行定位后需要进行初步论证，主要由总体计划划工作小组内部论证、所涉及的相关部门领导讨论与论证、高一级领导论证、筹委会办公会讨论与论证等。初步论证后即可拟定总体计划的整体结构，即总体计划的纲。进一步讨论分析后，制定出详尽的赛事总体计划，并交由专家论证及赛事运作管理机构领导、赛事主办单位领导审核，根据他们的意见和建议进行修订，最后形成总体计划定稿，正式提交给赛事运作管理机构。

综上所述，体育赛事有不同的类别与特点，政府机构或者非政府机构可以根据自身的实际情况与需求对赛事进行选择，决定是否申办某项赛事。在获得承办权后，在筹办体育赛事前，首先应制定出赛事总体计划，在总体计划的基础上成立或者调整组织机构，拟定具体工作方案并实施。按照"选择——申办——总体计划——组成或者调整组织机构——总体工作方案——成立部门机构——分项工作方案——实施执行"这样一个工作流程逐步展开工作，对高效率、高效益运作管理体育赛事是十分重要的。

3. 制定总体计划的几个要点

第一，赛事总体计划拟定的目标要明确。目标是总体计划各部分内容的基准和统领。没有目标或者目标含糊其词的总体计划将无的放矢、沦于形式，甚至是一盘散沙、自相矛盾。目标明确则有助于总体计划逻辑清晰，内容紧凑。以获得了 2008 年奥运会帆船比赛承办权的青岛市人民政府制定的《青岛奥运行动规划》为例，在规划的第一部分就明确表述 2008 年奥运会帆船比赛要实现"三大目标"，即要充分发挥奥运赛事对经济社会发展的拉动作用，力争实现赛事组织最出色、奥运效应发挥最充分、城乡居民参与最广泛的目标。

第二，赛事总体计划涉及的内容要全面。这是指与赛事运作管理相关的各部分工作内容在赛事总体计划中都应该有所涉及和体现，不可缺漏。赛事的运作管理是个系统工程，需要各方面工作的协同合作。总体计划对任何一方面相关工作的遗漏或者忽略，都将造成实施阶段的成本增加、协调困难，甚至重大失误。

第三，赛事总体计划安排的进度要合理。我们在第二章中已经介绍过项目管理与体育赛事运作管理的关系，从项目管理的角度来看，赛事总体计划最关键的环节就是制定出科学、合理、高效的工作进度。如果说没有明确目标的总体计划是无的放矢，那么没有合理进度的总体计划则是泛泛而言，一纸空文。在安排工作进度时，要学会运用项目管理技术，列出需要完成的任务清单，确定要完成的任务顺序，分配好时间，指定时间和日期。值得推荐的一种方法是逆向计划，即规定任务完成的最后期限，找出完成每一任务所要求的步骤和所需要的时间，从最后期限减去这些时间，以明确应该何时开始这项工作。此外，在进度安排中预留一定时间来应付不可预料的拖延。

第四，赛事总体计划要明确责任单位或责任人。无论多么完美的计划都需要人去实施执行，因此，赛事的总体计划必须落实到具体的责任单位或责任人，才具备现实意义。在总体计划中(或者以总体计划附件的方式) 应列出总体计划各部分工作的责任单位或者责任人，并标出具体的联系方式（电话、传真、移动电话、电子邮件、地址等)。这既是总体计划严谨的体现，也有利于计划实施阶段的沟通与协调。

本章思考题

阅读本章相关链接一，你认为观众对于体育赛事运作管理的重要性表现在哪些方面？在制定赛事总体计划的过程中，观众是否应该作为考虑的因素之一？

本章练习题

1. 体育赛事的具体外部环境包括哪些因素？试举例详细说明。
2. 政府机构和非政府机构在选择赛事时有何异同？

相关链接一

观众服务——奥运会的形象工程

如果您是一位来到奥运现场观看比赛的观众，那么，当您带着期待而兴奋的心情融入那激情欢乐的海洋时，志愿者真诚友善的微笑与迎接也许就会成为您对这段难忘经历的第一印象。当您遇到疑问和困难的时候，当您需要交流和帮助的时候，当您置身在陌生的城市或者庞大的赛场需要寻找指引的时候，我们都会在您的身边……

观众服务，一向被视为“奥运会的形象工程”（The face of the games），其服务对象是规模庞大的奥运观众。据预测，2008年北京奥运会期间，将有700万人次的观众前往现场观看比赛。如何为他们提供安全有序的引导，以确保奥运比赛的顺利进行？如何为他们营造欢快和谐的环境，让观众挥洒奥运的激情？这些都是观众服务工作的内容。

总目标

观众服务力求以积极友好的方式为奥运观众提供全方位的信息、帮助与服务，营造安全、祥和、欢快、热烈的赛场氛围，促使观众获得愉悦、有价值的奥林匹克及残奥会经历，最终形成对2008年奥运会的良好印象和积极评价。

工作内容

奥运会是世界上规模最大的综合性体育盛事，吸引着来自世界各国的观众。与我国以往举办的大型赛事相比，奥运会对观众服务提出了更高的要求。

观众服务处的工作内容主要包括以下六个方面：

一、步行人流计划与管理

当您走在通往赛场的行进队伍中，您一定希望沿路设有清晰的指路标识；如果途中还有微笑的志愿者向您表示亲切问候，可爱的吉祥物伴您度过排队等候的时间，您是否会在这些微小的细节中感受到更多快乐呢？步行人流计划的目标就是让场馆中聚集的数千、数万名观众都能感到安全有序和舒适愉快。我们将使用专业的技术和软件对观众人群流线进行详细设计，并通过志愿者等多种方式在观众入场和退场时提供引导，以确保规模巨大的观众群体始终保持均匀的速度，沿指定的路线、畅通无阻而心情愉快地在场馆周边及内部通行。

二、场馆运行

当您到达场馆入口，您一定希望尽快通过检票，顺利地找到您的座位；您可能还需要许多具体的帮助，比如禁止带入场馆的物品该往哪儿存？在这个陌生的场馆怎样才能尽快找到卫生间？在哪儿可以买到矿泉水？丢了东西或者孩子走散了怎么办？请放心，观众服务依然陪伴在您身边。在场馆中，我们将为观众提供以下各项服务：

- 人群管理与引导
- 检票
- 证件查验
- 座席区引导与服务
- 失物招领服务
- 物品寄存服务
- 场馆规则的执行与观众紧急/突发事件协助处理
- 无障碍运行——为有特殊需要的老弱病残孕幼观众提供的专门服务
- 场馆内观众临时性翻译服务
- 观众需要的其他协助

三、运行支持

高水平的服务工作需要强有力的后勤保障。没有观众服务的运行支持就不可能有一线服务的高效与准确：在烈日下灼烤的志愿者需要充足的饮水补给，行动不便的观众需要轮椅或陪护人员，长时间站立的员工需要及时的换班和休整，大量的运行物资需要维护和管理。运行支持工作主要包括：

- 观众服务机动团队运行
- 员工服务与行政支持
- 运行物资的管理、分发与补给
- 为非 VIP 人员提供场馆参观引导服务
- 为服务人员随时提供所需的临时性支援

四、公共信息服务

在您最初产生观看奥运的憧憬之时，对于信息的需求就会伴随着您诸多的选择与安排。陌生的城市与场馆，特殊的入场规则与观赛要求，不容错过的赛事安排与最新的赛况赛果，这一切都会随着公共信息服务而变得清晰透明。公共信息服务的关键在于“沟通”，我们的沟通渠道主要包括：

- 通过奥运会电话呼叫中心提供咨询业务
- 在“奥运观众欢迎中心”为抵达观众提供信息与帮助
- 《观众指南》及其他印刷品的印制与发放
- 通过网站、社会媒体（广播电视报刊）等向观众发布各类通告与相关信息
- 场馆观众信息服务亭为观众提供各类信息咨询与失物招领服务

五、宣教活动

文明观赛和现场的热烈氛围是奥运会成功必不可少的因素，为此，观众服务处还将开展以下工作：

- 观众宣传教育活动
- 吉祥物装扮等活动
- 啦啦队招募与活动
- 残奥会后备观众组织与活动

六、员工管理与培训

“人”是观众服务工作最宝贵的资源。在奥运会举行期间，观众服务的工作人员和志愿者将会是北京奥组委人数最多、分布最广的一支团队。我们的大部分志愿者也许要长时间在烈日下站立工作，奔忙于场馆的各个角落却没有机会看到一场完整的比赛。但是他们的面庞与身影也许是令奥运观众感到最熟悉而印象深刻的。如何鼓舞员工的士气、坚定员工的意志、提高员工的服务水平，始终是观众服务关注的重点。在奥运会开幕前，观众服务将为两万多名的工作人员提供专业培训。

“人文奥运”与观众服务

观众是感知的群体，因此观众服务的工作也无处不渗透着浓浓的人情味儿和深远的人文关怀。

“大观众服务”的理念

来自世界各地的观众对奥运会的期待与心理需求是多元的，他们完美的奥运体验最终往往取决于两方面的重要因素：一是来自激动人心的奥运赛场，二是来自举办奥运会的城市带给他们的整体印象。因此，我们需要树立一种“大观众服务”的理念，将组委会内部各部门以及相关政府主管部门联合起来，一同为奥运观众提供从场馆外到场馆内的全方位服务，使观众对于住宿、餐饮、旅游、交通、购物、娱乐等感受与奥运的观赛体验充分结合，最终留下对于2008年北京奥运会的美好回忆。

关注细节

观众服务工作获得成功的唯一途径就是以细节取胜。奥运观众形形色色的需求充满了细节，而我们的每一项服务最终也都要落实到细节。基于观众服务的这种特点，我们在 2004 与 2005 年分别组织开展了观众服务需求调研和观众经历模拟活动。力图从观众的角度出发，理解观众的心理，关注他们的切实需求。

【北京奥运会组委会网站 www.beijing2008.com】

相关链接二

全国综合性运动会申办办法（试行）

（1994 年 9 月 8 日国家体委发布）

第一条 中华人民共和国运动会（下称全运会）和中华人民共和国城市运动会（下称城运会）是由国家体委主办，有关省、自治区、直辖市承办的全国最高层次的综合性运动会。举办全运会和城运会对于提高我国体育运动技术水平，推动群众体育运动的发展，促进社会主义物质文明和精神文明建设具有重要的作用。

第二条 制定和实施全国综合性运动会申办办法是为适应国际国内体育竞赛的发展需要，是全面贯彻体育发展战略的重要举措。全国综合性运动会申办办法是确定综合性运动会申办程序、明确主办者与承办者的主要责任、基本权利和义务的准则。

第三条 申请和举办全运会与城运会要根据本地实际，量力而行，应本着实事求是、勤俭效能的原则，体现改革精神，广开思路，面向市场，依靠社会，减少国家的投入，创造性地开展工作。

第四条 全运会和城运会的竞赛周期均为四年，城运会一般在全运会前两年举行。具体会期的选定要结合承办者的实际，本着有利于出成绩、出人才的原则进行安排。

（一）全运会的会期包括开、闭幕式不少于 10 天，不超出 15

天，并不晚于10月上旬（北方）或11月上旬（南方）结束。

（二）城运会的会期包括开、闭幕式不少于8天，不超出12天，并不晚于10月上旬（北方）或11月上旬（南方）结束。

第五条　各省、自治区、直辖市都具有申请承办全运会和城运会的权利和义务。各省、自治区省会城市、计划单列市和特区城市经所在省、自治区政府同意，可独立承办城运会。全运会和城运会的参加单位也可申请协助承办全运会和城运会的部分项目。

第六条　申办单位应具备的基本条件

（一）当地党政部门支持举办运动会。

（二）当地政府可靠的财政保证。

（三）安定的社会环境和良好的社会秩序。

（四）为参加者及有关人员、新闻记者等提供良好的食宿、交通等接待条件和工作条件的保障。

（五）符合国际或国内技术标准的竞赛场地设施和器材。

（六）举办形式可采用分散与集中相结合，一般应有80%以上的项目集中在一个省（自治区、直辖市）内举办，中心城市不易举办的项目可以分散到邻近的城市举行，个别项目不具备条件的可以放在外省（自治区、直辖市）。原则上要求有50%以上的项目和开、闭幕式须集中在一个中心城市。

（七）具备较高的竞赛组织管理水平。

（八）具有符合竞赛需要的电子计算机、邮电通讯、电视转播等技术条件保障。

第七条　获得承办权者可享有运动会标志专利权、广告宣传权、竞赛规程规定的权利及在举办运动会期间所获得的经济效益的权利。

第八条　申办工作的程序和要求

申办工作的程序包括申请、考察、民主协商和确定公布承办单位四个阶段。各阶段工作的内容和要求如下：

（一）申请

1. 国家体委根据本办法向各地寄发询问信，介绍运动会的基本情况，了解申办意向，申办者根据申办工作的总体要求向国家体委提交书面申请和申办报告。

2. 申办全运会的单位向国家体委提交的书面申请须由省（自治区、直辖市）体育行政部门提请省（自治区、直辖市）政府同意并签署意见；申办城运会的城市向国家体委提交的书面申请须由本级政府提请省（自治区、直辖市）体委和政府同意并签署意见。

3. 申办单位须于全运会或城运会举办前七年的 12 月 31 日前向国家体委提出书面申请，并于前六年的 7 月 1 日前向国家体委提交申办报告。

4. 申办报告应包括以下内容

（1）申办单位概况。主要内容为：申办省、自治区、直辖市的特征；经济；社会治安；申办中心城市；气象条件；环境；安全保卫；医疗卫生系统。

（2）竞赛基本条件。主要内容为：现有设施，修缮、改建或扩建设施情况；各项目安排设想，场地设施，器材设备，办公、会议及其他用房；场地安保，通道，席位；住宿，交通，医疗，兴奋剂检查。

（3）接待条件。主要内容为：对参加大会各代表团、裁判员、工作人员、记者、国内外来宾的接待工作方案，包括能提供或免费提供的食宿、交通等条件。

（4）电子计算机、邮电通讯、电视转播的保障。主要内容为：数据处理系统的技术设施（数据处理中心及分中心），计算机信息系统；城市电讯现状及发展计划；新闻媒介，新闻中心位置、提供用房、技术服务设施。

(5) 筹资计划、经费来源、经费保障。

(6) 举办和参加体育竞赛的经验及组织管理水平。

（二）考察

考察工作是在申办单位提交申办报告后，由国务院有关部门、国家体委有关部门及有关单位代表组成考察委员会，根据申办单位应具备的基本条件，对申办单位进行实地考察，在充分考察、审核的基础上，提交考察报告。

（三）民主协商

在一定范围内（举行申办协商会议）由申办单位介绍申办情况或宣读申办报告，由考察委员会介绍考察情况或公布考察报告，实行公开、公平竞争。经过民主协商提出初步意见和方案。

（四）确定公布

确定承办单位实行民主集中制。在充分民主协商基础上，由国家体委综合研究，初步确定承办单位。上报国务院批准后，公布承办单位。一般在运动会举办前五年公布承办单位。

第九条　国家体委对各单位申办报告的内容在正式公布前予以保密。

第十条　其他全国综合性体育竞赛可参照本办法执行。

第十一条　本办法由国家体委负责解释。

【国家体育总局网站 www.sport.gov.cn】

第四章　体育赛事运作管理机构的组织结构

本章学习要点：

- 体育赛事运作管理机构的含义
- 组织结构的定义
- 单一型组织结构的特征
- 职能型组织结构的特征
- 矩阵型组织结构的特征
- 网络型组织结构的特征
- 单项／小型体育赛事的组织结构
- 大型综合性体育赛事的组织结构

第一节　体育赛事运作管理机构的组织结构概述

一、体育赛事运作管理机构的含义

任何计划都需要有明确的主体去执行和实施，这个主体就是体育赛事运作管理机构。需要界定的是，我们所要阐述的体育赛事运作管理机构是指体育赛事的实际执行与实施机构。

不同类别与性质的体育赛事，其运作管理机构也不尽相同。当体育赛事的主办单位决定由自己承担赛事运作时，赛事的运作管理机构就是主办单位自身。比如，高尔夫球会举办由自己会员参加的高尔夫球比赛，球会的经营公司既是主办单位，也是运作管理机构。当体育赛事的主办单位将某项赛事的组织运作交由其他单位完成时，赛事的承办单位就成为赛事的实际运作管理机构，比如，体育行政部门通常会采取招投标形式决定某项赛事的承办权，取得承办权的企业就成为赛事的实际运作管理机构。在大型赛事，尤其是综合性运动会中，更为常见的方式是：由主办单位和承办单位共同组成体育赛事运作管理机构，该机构在筹备初期一般称为筹备委员会，通常在进入体育赛事倒计时一周年时，改称为组织委员会，直至体育赛事全部组织工作结束。

无论是何种形式或性质的赛事运作管理机构，都必然会具备一定的组织结构。选择合适的组织结构对于体育赛事运作管理的成败起着至关重要的作用。

二、体育赛事运作管理机构的组织设计

（一）组织结构与组织设计

组织结构，简而言之就是组织的框架。组织结构对于组织的意义，类似于骨骼之于人的身体。著名的管理学家斯蒂芬. P. 罗宾斯认为，组织结构可以分解为三种成分：复杂性、正规化、集权化[①]。

1. 复杂性

指组织分化的程度。一个组织愈是进行细致的劳动分工，具有愈多的纵向等级层次，组织单位的地理分布愈是广泛，则协调人员及其活动愈是困难。

① 斯蒂芬. P. 罗宾斯：《管理学》，第1版，229页，北京，中国人民大学出版社，1997

2. 正规化

指组织依靠规则和程序引导组织成员行为的程度。有些组织仅以很少的规范准则进行，有些则具有各种规定指示组织成员可以做什么和不可以做什么。当一个组织使用的规章条例越多，其组织结构就越正规化。

3. 集权化

指决策制定权力的分布。在一些组织中，决策是高度集中的，问题自下而上传递给高层管理人员，由他们选择合适的行动方案。而另外一些组织，其决策制定权力则授予下层人员。

以上三种成分可以视为反映组织特征的三种维度。每个体育赛事运作管理机构在复杂性、正规化、集权化上的不同坐标，使组织在结构上呈现多种多样的形式。

当体育赛事运作管理者依据环境，设立或者变革一个组织的结构时，他们就是在进行组织设计。我们将向大家介绍常见的体育赛事运作管理机构的组织结构类型。

（二）体育赛事运作管理机构组织结构类型

1. 单一型组织结构

所有的决策权都掌握在管理全体人员活动的运作管理者手中。在小型赛事运作管理中，这是最常用的结构，它灵活度大，易适应情况的变化，容易理解，而且权责明确，通常由赛事最高管理者对所有与赛事有关的工作负责。

这种结构的灵活性一般来说是指员工掌握多种技能，能够胜任多种工作。这是意味着个体工作将更令人满意，并且能使员工士气受到鼓舞。然而，这种结构也有其潜在的局限性。因为员工没有机会去掌握专门技术，于是很难提高在某一领域的专业水平。此外，一旦赛事的管理组织发展壮大超过了一定的规模，决策速度就会大打折扣，甚至无法做出决策，因为以为执行者必须作出所有的决策，执行所有的运作管理职能。而且，如果经理作风专制，员工会因为他们的专长得不到充分运用而士气消沉。把所有赛事运作管理有关的信息全都集中在一个人身上本身也有风险——很明显，有些人在某个不恰当的时候得病，后果是非常严重的。

2. 职能型组织结构

职能型的组织结构是将组织分成各个部分，即将相关风险分类，这种方式鼓励劳动者（雇佣的或者志愿的）的专业化。这种结构的好处是个人或团体可被安排到具体的工作领域，从而避免了任何责任的重复。此外，采用这种结构在活动需要时可以容易地增添其他功能。我们将从第九届全国运动会的运作组织中看到这样一个结构。这种结构的潜在局限包括协调困难，此问题部分由于对其他工作缺乏理解，以及各个工作领域由于工作人员为保护他们各自利益而产生的矛盾。可以使用很多方法来防止出现这些问题。方法包括采用多种技能战略，要求员工在不同的职能领域中流动；所有职能领域经理、主席定期召开会议；举行全体员工大会，以及进行保持沟通以使赛事参与者了解与赛事当前状况有关的事项（即预算情况、经历的重大活动）。所有这些做法都是赛事管理者领导职能的必不可少的要素。

3. 矩阵型组织结构

另一个将委员会或团体纳入一个组织结构中的办法是把一个赛事项目的各个方面作为多个分开的实体来对待。例如，要举行一次多地点体育比赛，其组织者们会成立相互独立的委员会来负责各个赛事地点的相关事宜。为了做到这一点，每个委员会或团体领导人都需要管理一组具有广泛的赛事相关技巧的人。如果采用这种结构，最好将安全保卫、传播和技术支持等工作贯穿于所有的项目领域，从而避免重复工作，并加强协调。

一个基于项目的矩阵结构的内在优势有：允许团体或个人直接完成手头的任务，促进团体之间的交流与合作。采用这一结构，必须对协调工作予以高度重视，从而使赛事成为一个一致的整体。

4. 多组织或网络型组织结构

赛事运作管理机构一般规模相对较小，然而承接的赛事相当复杂。这也许是因为这些组织从许多其他公司和组织那里获得了服务。实际上，它们创造了“虚拟组织”来举办赛事，这个虚拟组织在赛事结束后即刻消失。

在这种组织结构中，许多服务提供商被一个赛事运作管理机构征集，来构建一个适用于产生和交付活动的结构。应当注意的是，这种通过与外公司订立合同来迅速建立组织结构并行使具体职能的做法在很多赛事形式中是常见的，尤其是大型赛事。保留大量长期员工，他们每年只有有限的时间内工作是不切实际的，在这种情况下采用此种结构就很有意义。其他的益处还有利用在需求基础上与其签约的专业公司当前的专门技术和经验，不会出现“停工期”。由于大部分开销都在契约中签订从而可以提前知道，预算就会更加准确。这种结构因为核心管理层仅由很少的人或一个人组织，使管理者能够快速作出赛事决策。

正如前面谈到的其他结构，这一种结构也可能有一些不利因素需要考虑。这些不利因素包括由于立约者还进行多项工作，从而导致的质量控制问题、供给的可靠与否，以及协调来自其他组织的对该赛事细节情况缺乏了解的雇员。即使如此，这一网络结构符合小型化、专注于核心活动及外部采办的当代管理理念，并且对某类赛事的运作管理来说十分行之有效。

第二节　体育赛事运作管理机构的组织结构实例

一、单项/小型体育赛事组织结构

单项或者小型体育赛事的运作管理相对于大型综合性体育赛事而言，规模小、参赛运动员或者运动队比较少，组织结构可根据赛事具体情况作相应的调整，可采用单一型组织结构。比如，某市大学生羽毛球赛的组织结构，如图 4.1 所示。

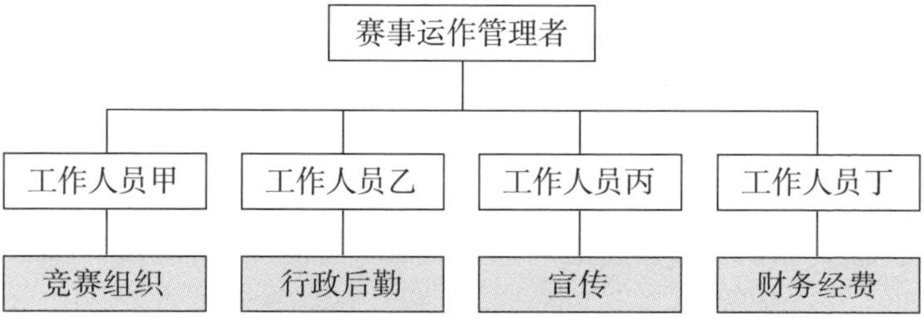

（注：实线表示负责此项目工作）

图 4.1　某市大学生羽毛球联赛单一型组织结构

单一型的组织结构简单，容易理解和控制，权责明确，但对工作人员的技能和能力要求高。但由于单项或小型体育赛事的工作人员有时并非专业从事赛事运作的人员，并不具备相关的专业技能，也缺乏相关的经验。针对这一问题，赛事运作管理者可以采取外包服务的方式，或者聘请专业的赛事运作管理者作为顾问，构成灵活的网络组织结构。如图 4.2 为某市大学生羽毛球联赛的网络型组织结构。

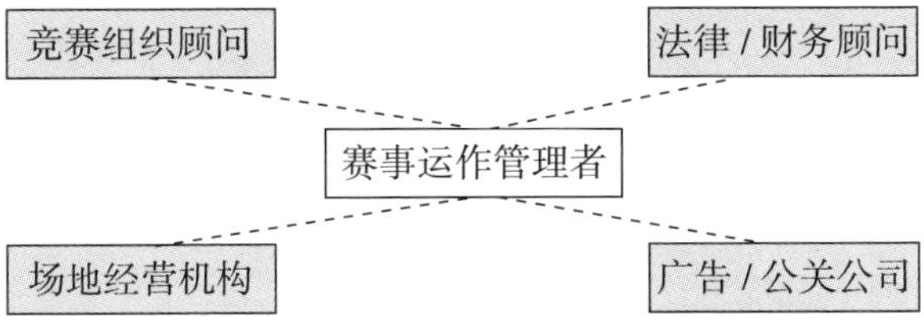

图 4.2 某市大学生羽毛球联赛网络型组织结构

周期性举行的单项或者运作成熟的小型赛事，也可以采取职能型组织结构，其设置方法类似于大型综合性体育赛事的组织结构，只是在职能部门数量和复杂程度上有所不同。

二、大型综合性体育赛事组织结构

（一）第九届全国运动会组织结构

第九届全国运动会于 2001 年 11 月在广东省举行，其主办单位为国家体育总局，承办单位为广东省人民政府，由主办单位及承办单位共同成立第九届全国运动会组织委员会，同时成立纪律检查委员会，其中第九届全国运动会组织委员会为运动会的实际运作管理机构。第九届全国运动会组织委员会及其内设部门的领导由国家体育总局领导、广东省人民政府党政领导及相关政府部门领导共同担任。第九届全国运动会组织机构设置如图 4.3 所示。

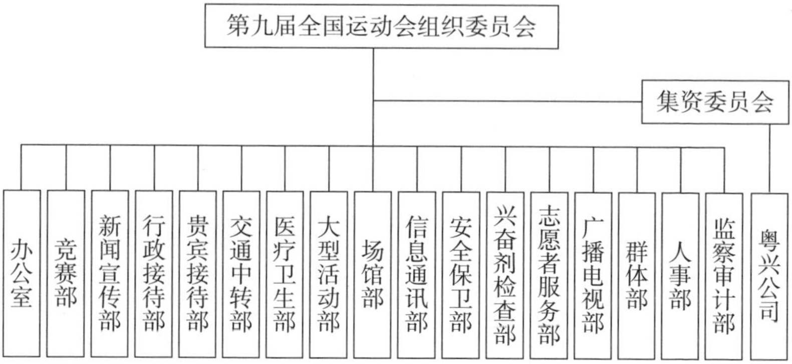

图 4.3　第九届全国运动会组织委员会组织结构图

1. 集资委员会

集资委员会属于第九届全国运动会组织委员会单列办事机构。负责制定运动会集资工作的方针和策划及实施集资方案；综合协调运动会的集资业务工作。

2. 粤兴公司（全称：第九届全国运动会粤兴有限公司）

粤兴公司为广东省人民政府批准成立的，经第九届全国运动会组织委员会授权，直接受集资委员会管理，具体负责运动会集资业务工作的机构。负责开发运动会无形资产、组织办理运动会各种专利、广告、电视转播权、比赛器材招标购置、主场馆贵宾观礼厅出售和运动会开、闭幕式门票出售及集资性的大型活动等工作；办理运动会的各项赞助和捐赠事宜。

3. 办公室

负责组委会会务工作，编写会议纪要，检查落实会议布置工作；负责组委会各类文件、简报和信息的审核草拟、文印，来往公文的收发、处理、保管及归档、上送；拟办组委会工作计划、总结及大事记；协调各部室工作；负责协调联络有关领导的工作；负责运动会的票务管理工作；负责做好开、闭幕式仪式程序的组织和协调其他重要活动的组织实施；负责组委会总值班室和文印工作。

4. 竞赛部

负责运动会竞赛工作的组织与实施，印发竞赛规程总则及单项竞赛规程；编印竞赛情况简报及竞赛有关资料；安排各项目竞赛日期、地点、赛程；制定比赛总日程表、安排表；编印竞赛秩序册、成绩册；负责提出各项竞赛承办地点及各项目竞赛场地设备及器材规格要求，协同行政部门编制计划和落实，并进行检查验收；制定各比赛项目竞委会有关竞赛工作职责，会同人事部审核各比赛项目竞委会人员配置方案，指导各比赛项目竞会竞赛计划和实施方案；负责做好技术官员、仲裁委员、裁判员和竞赛工作人员的聘请，对裁判员、竞赛工作人员进行培训；会同主办单位国家体育总局对参赛运动员进行资格审查和报名注册工作；汇总、核定各项比赛成绩，发布每次成绩公报、编印总成绩册，审理创、超纪录成绩并办理审核事宜；负责开、闭幕式及比赛期间的气象资料的提供和预报工作；配合主办单位对各比赛项目进行调研。

5. 新闻宣传部

负责运动会新闻宣传报道工作的部署和开、闭幕式等重大活动报道方案的制定及组织落实；负责运动会会徽、吉祥物、会歌、会旗、宣传画的征集、评选等工作；负责国内外文字、摄影记者的报名、接待和管理；负责运动会的新闻发布会工作；负责主新闻中心的策划、筹建、管理；分新闻中心工作的指导和检查；负责记者手册、记者乘车手册等资料的编印、发放；组织比赛期间优秀新闻、摄影作品、运动员的评选活动；负责运动会会刊、会报的组织工作，编写和下发运动会的宣传提纲、宣传口号、组织社会宣传教育活动；指导比赛场馆和重点地区的环境宣传和窗口单位的文明礼貌职业道德教育；负责筹办体育美术、体育摄影展等活动；根据主办单位制定的体育道德风尚奖评选方案，会同竞赛部制定实施细则，组织评选工作及奖品的计划和制作。

6. 行政接待部

拟定运动会有关财务管理制度、核拨和管理经费开支；负责运动会代表团团部、内宾和组委会人员的食宿安排；负责运动会各代表团联络员的管理安排；协助有关部门做好运动会其他人员接待安排工作。负责后勤物资的采购、发放、管理；负责运动会结束后有关器材、物资的清理及赛后处理工作；落实大会膳食的供应；协助其他部门做好运动会相关大型活动的行政后勤工作。

7. 贵宾接待部

负责党和国家领导人、中央和地方副省（部）级以上领导、国家体育总局领导及其随行人员的接待工作，安排出席开、闭幕式及其他重要活动，负责起草领导出席各项重大活动的重要讲话，制定领导的活动日程方案，经上报审批后组织落实；负责组委会邀请的国际奥委会贵宾、外国体育代表团、境外来宾及港澳人士接待工作，制定接待计划和出席各项重大活动的接待方案、礼宾规格并组织实施；协助办理相关入出境事宜及涉外事项。

8. 交通中转部

负责组委会车辆及驾驶员的征集、调配与管理；负责与有关部门商洽运动会交通相关减免路桥费、停车、制作运动会专用车牌等问题；负责内宾及与会人员离会、返程的交通票务工作。

9. 医疗卫生部

制定运动会医疗救护、卫生监督防病和性别检查的工作方案；指导、检查、督促全省有关市做好本市赛区及驻地的医疗救护、食品卫生、饮用水卫生、旅业卫生、环境卫生、疾病预防控制和除害防病等工作；负责组委会组织的大型活动的现场医疗救护、卫生监督及组委会负责接待的驻地医疗保健、卫生监督，直辖市做好预防与控制传染病等工作；负责对参加女子项目决赛的有关运动员进行女性性别取样及送检等工作。

10. 大型活动部

制定开、闭幕式总体计划和实施方案；组织开幕式大型文体表演的创编、训练、彩排和演出；组织闭幕式文体表演的策划、排练及演出；协同办公室做好开、闭幕式仪式程序的安排落实；协同竞赛部做好闭幕式颁奖工作。

11. 场馆部

负责按标准、规范对运动会比赛场馆进行检查、监督；负责对新建、改建比赛场馆的验收、接管工作的检查和督促；负责对运动会省级场馆特殊设备的增补、采购；负责解决省、市、组委会各部门等有关方面的协调工作。

12. 安全保卫部

制定运动会安全保卫总体方案，开、闭幕式和场馆、住地安全保卫、交通、警卫、消防、处置突发事件等具体工作方案，并组织实施；负责运动会期间和筹备期间各项重大活动的安全保卫工作；加强运动会期间和筹备期间社会面的治安管理；负责各赛区安全保卫工作的检查、督促和指导；比赛场馆建设期间，按照治安、消防、交通等方面的安全要求，负责对各场馆、设施进行检查、验收；负责所有证件的设计、制作、审核、发放和管理工作；对运动会使用的车辆进行安全检查，并负责对安全保卫人员和驾驶员进行技能培训和安全教育。

13. 信息通讯部

拟定运动会电子信息服务系统的总体方案，制定运动会信息通讯部的总经费预算；组织运动会电子信息服务系统的网络建设、软件开发、系统集成、联合调试等工作；负责电子信息服务系统与场馆建设之间的技术协调；负责电子计时计分系统的监理；负责竞赛电子计算机系统的建设服务；负责组织电子信息服务系统各子系统的设计、招标和监理工作；按照电子信息服务系统的总体方案，做好指挥监控、注册登记、官方网站运作、综合成绩处理、多媒体查询、电子商务、新闻信息发布、各竞赛项目的成绩处理及电子计算机设备的购买、租借赞助集资等工作；负责运动会期间的电子信息服务系统的指挥、调度和操作运作；负责运动会常规通讯指挥系统的设计和实施；选定、配置和管理电子信息服务系统的设备；培训、组织、管理信息通信技术人员。

14. 兴奋剂检查部

制定兴奋剂检查条例；编写禁用药物手册；负责与主办单位及竞赛部商定受检人数及抽查范围；负责配置检测器材、仪器及试剂、标准药样；负责检测人员的技术培训。

15. 志愿者服务部

负责运动会志愿者的招募、培训等组织工作；根据组委会各部门、各竞委会的需要派遣志愿人员；配合新闻宣传部组织开展社会宣传工作；负责比赛场馆的文明观众、文明啦啦队的组织工作；组织志愿者机动队伍，配合各部门完成应急性任务。

16. 广播电视部

负责运动会电视广播的宣传策划、转播、节目的编制；协助集资委员会和粤兴公司进行电视转播权拍卖的组织协调和开发工作；负责运动会电视公益广告的宣传策划；负责运动会前期和后期的电影、电视、音像制品的摄制和发行等工作；组织好开、闭幕式电视屏幕和代表团入场的解说词的编写及省长电视讲话和开、闭幕式的直播工作；负责筹划广播电视新闻中心，接待管理好广播电视记者；保障电视转播信号的畅通；提供协调电视记者发稿线路技术等问题；为新闻中心大厅提供各赛区的电视信号；协调电视台、电台等单位进口有关设备；协助做好运动会的通讯工作。

17. 群体部

协助全国群众体育先进集体、个人的评选工作；组织开幕式前群体精品展示表演；组织召开全国群众体育先进表彰大会；组织火炬传递活动；承担全国群众体育先进分子与会的接待工作；负责安排全国群众体育先进代表与会期间的参观活动；组织迎接全运会的全民健身展示活动。

18. 人事部

制定组委会的机构设置及人员配置方案；负责制定运动会所需工作人员的计划；根据组委会决定，承办运动会工作人员职务任免和调配工作；协助竞赛部做好各比赛项目竞委会机构设置、组织落实；负责对运动会各部内设处室工作职责的监督、落实；负责组委会工作人员资格审核；拟定并实施工作人员的薪金酬劳政策。

19. 监察审计部

依照国家对审计工作的有关条例，对运动会的财务收支和有关经济活动进行内部审计、监督；独立行使内部审计职权。根据廉政法规条例和规章要求，对组委会成员及各部门工作人员进行党风廉政建设教育和遵纪守法情况进行检查监督，受理个人或单位对上述人员的举报，并进行核查，提出处理意见。

（二）第十届全国运动会组织结构

第十届全国运动会于 2005 年 10 月在江苏省举行，其主办单位为国家体育总局，承办单位为江苏省人民政府，由主办单位及承办单位共同成立第十届全国运动会组织委员会，同时成立纪律检查委员会，其中第十届全国运动会组织委员会为第十届全国运动会的实际运作管理机构。第十届全国运动会组织委员会的部门设置如图 4.4 所示。

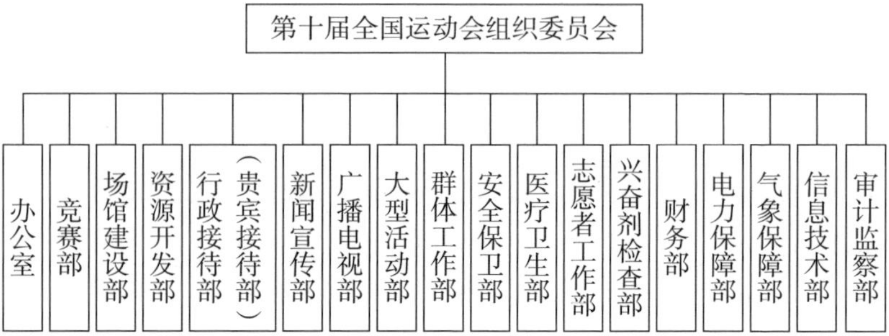

图 4.4　第十届全国运动会组织委员会组织结构图

第十届全国运动会组织委员会组织机构是在第九届全国运动会组织委员会架构上的沿革，与第九届全国运动会组织委员会的组织结构相比，其主要变化在于不再单列集资委员会，而改设资源开发部，由其负责运动会的资金筹集，标志着市场营销与市场开发已成为以全国运动会为代表的国内大型综合性体育赛事运作管理的常规职能之一。此外，增设了财务部、电力保障部、气象保障部，反映了大型综合性体育赛事运作管理中对财务管理、电力保障、气象保障等专业职能需求的增大。

上述连续两届全国运动会的组织机构都采取了职能型组织机构，其职能部门的设置涵盖了一般体育赛事运作管理的全部工作，可以作为其他体育赛事运作管理机构设置的参考与借鉴。但始终要因时、因地、因赛事实际情况而进行分析、选择，灵活采用我们在本章第二节中所介绍的不同组织机构类型，以最有效地发挥赛事运作管理机构的组织效能。

本章思考题

阅读相关链接一和链接二，谈谈 2005 年中国网球公开赛和第九届苏迪曼杯世界羽毛球混合团体赛在赛事组织机构设置上有何独特之处和不足之处。

本章练习题

1. 体育赛事运作管理机构的组织机构设置与哪些因素有关？

2. 比较职能型与网络型体育赛事组织结构的异同，并举例说明。

相关链接一

中国网球公开赛"二年级"为北京奥运探路

2005年中国网球公开赛，经过16天的激战，在跌宕起伏中结束。

尽管只是一项网球赛事，但因为其作为北京2008年奥运会前一项重要的国际大赛，是一项按照政府主导、市场化运作，严格按照国际惯例来进行的大赛。麻雀虽小，却五脏俱全，赛事组织成败与否，对即将举办的奥运会有着特殊的探路功能。

赛事组织：高密度"实战考验"

中国网球公开赛是一项ATP三级赛事和WTA二级赛事和ITF青少年赛组成的国际大赛，今年刚刚进入到"二年级"。尽管赛事级别不高，但由于集中在16天时间内，268人次进行了多达247场比赛，单日场次最多时达到40余场。12名裁判员、100名司线员和80名球童连轴转地投入到比赛中。有的比赛从上午9时开战，一直进行到次日凌晨1点15分。

在此期间，组委会一共举行了74场新闻发布会。来自122家中外媒体的450余名记者，采写了5600多篇稿件，图片近2万张。电视台进行了16天累计300多个小时的直播。

赛期长，比赛密集，参赛选手国际化，世界一流高手集中，国内外媒体云集是本届中网的特点。这也是对赛事组织、食宿安排、接待、交通保障、安全保卫、媒体服务、观众和赞助商接待和疏散等大赛组织工作的全面检验。

25 日晚，俄罗斯美少女基里连科夺得了女单冠军后，本届中网赛事也宣告圆满结束。ATP 和 WTA 对此给予了高度评价，认为“中网非常成功地完成了赛事组织工作”。

连续参加了两届中网报道的众多中外记者，也对本届中网的明显进步给予了肯定。

中网组委会主任孙康林说，中网赛事的市场开发逐渐成形，赛事组织成本趋向合理，中央球场的看球氛围日渐浓厚、观众素质大为提高，这些都是本届中网的“收获”。

机构组织：巧用外力

在本届中国网球公开赛的赛场内外，经常可以看到金发碧眼的外国人在跑前跑后，和别的工作人员一样吃盒饭、啃快餐。这些是组委会专门聘请的“洋打工”。赛事总监艾科是位德国人，已在中国工作生活了十余年，有着丰富国际跨国企业工作经验，他能以一口流利的普通话和组委会的工作人员进行交流。除了他之外，在媒体接待部门、场地保障、赛事医务监督等赛事重要的岗位上，也都出现了不少在打工的“洋人”。

中网执委会主任李晋康介绍，网球是世界上职业化开展得最为规范的体育运动项目之一，有着严格的运作程序和规范。对于年轻的中网组织者来说，从未有过这样的办赛经验。例如媒体接待上，我们去年在首届中网比赛时，就按照惯用的经验，尤其是足球接待的一些做法，效果就很不好。网球运动有它独特的文化积淀和项目特点。今年的中网，压缩了组委会机构和人员，但却加大了借用“外脑”的力度，尤其是聘请一些具有丰富国际经验的跨国专业公司来承担一些相应的工作领域，避免走弯路。

有着丰富国际体育赛事推广经验的国际管理集团，本次被聘为顾问团队介入中网。他们专门从美国的工作团队中抽调了多名网球赛事运作专家赶到北京，从包括饮水用量、赛事用球数量调配在内的赛事细节等为组委会提供意见。还邀请有国际资质的公司改造场地，现在场地已完全达到了举办网球国际大赛的标准。

今年中网的志愿者运作模式，也有一些独到的做法，可为已经启动的奥运会志愿者工作提供借鉴。

去年中网面向社会招募了600多名志愿者，但由于志愿者岗位设置不合理、岗前培训少、对志愿者缺乏有效的管理，造成了志愿者流失量大、人浮于事、脱岗追星等不少问题。

这届中网仅招募了242名志愿者，他们的表现受到了包括球员、ATP和WTA官员、记者和观众的好评。其中最主要的一点是在做法上进行了改进。其一是把志愿者的需求量细化到各个岗位，再根据具体需求选择同具有丰富体育赛事志愿者组织工作的首都体育学院进行合作。通过这家先后在世界大学生运动会、苏迪曼杯羽毛球赛等重大国际赛事中承担了志愿者工作的学校，招募到许多对志愿者事业热爱、又熟悉体育赛事的志愿者，其中许多都有过两三次国际大赛从事过志愿者服务的经验，对所承担的工作流程相当熟悉，工作的有效性大大增强。

交通运输：聚散两难

“二年级”的中国网球公开赛，虽然进步明显，但仍有许多需要改进的地方。在票务推广、球员选择、观众服务等方面仍有值得改进和提高的地方。不过，对于这项国际化的大型体育赛事来说，要想迈上台阶的最大障碍就是交通问题。

“我很想去看中网，但我怎么去看？自己开车吧，那儿很难找到停车的地方。坐车吧，没有地铁。公交车，不仅挤而且那条路堵得一塌糊涂。”住在北京北部亚运村的赵先生是个网球发烧友，但提起看中网就满脸愁容。女单决赛那天，他光在路上就花了3个小时。

不仅球迷赶到球场费时费劲，就连住在西三环香格里拉饭店的参赛运动员们，也因为交通问题，而不得不经常提前出发，影响了休息和调整。

承办中网比赛的场地位于南三环的北京网球中心，拥有一个能容纳1万多名观众的中央球场和11块外场。中网赛场处于一个交通的死角，从南三环下来只有一个容量稍大的出入口，除了平时就车流量大外，还因有一个大型长途汽车站而加剧了拥堵程度。

“在这样的交通背景下，中网的观众来得越多，交通压力就越大，甚至于是个死结，很难解决。”一位赛事推广商这样介绍。他表示：“设计一项赛事时，除了体育场馆的硬件要达标外，更需要考虑到交通的问题。”这位曾经参与过韩日世界杯、今年曼联访华比赛等一系列重大赛事组织和推广工作的专业人士介绍，如果在交通环境暂时无法进行根本性改造的情况下，可以考虑开通专门的“中网循环公共汽车”等方式来吸引观众。他认为：“中网在交通方面遭遇到的难题，应当给北京2008年奥运会时提个醒，因为届时观众、记者等方面的流量会更大。必须及早制订方案加以解决。”

【新华网，www.xinhuanet.com，新华社记者　汪涌　李丽　张寒】

相关链接二

北京苏迪曼杯羽毛球赛　离北京奥运标准有多远?

随着雅典奥运会的闭幕，北京奥运周期正式进入倒计时。第九届苏迪曼杯世界羽毛球混合团体赛15日以中国队夺冠圆满落幕，但作为北京奥运会组织工作的热身，收官之余用奥运会标准盘点，这次练兵有喜有忧，有亮点也有不足。

取消开幕式·扩充新闻中心·寻找微笑

苏杯赛对北京奥运会前北京举办世界顶级赛事的有关组织、

接待、服务和观众水平等方面进行了真枪实弹的“演习”。

首次在中国举办的苏杯赛最值得关注的是赛事组织突出了简洁、实用原则，如取消了原定的简短开幕式。

赛事组织机构上，由国家体育总局、北京市体育局和北京奥组委联合商定组成的奥运协作机制，也在这次赛事组织中首次得到运用和检验，处理和协调比赛的运作能力大为提高。本次比赛按照国际羽联顶级赛和北京奥运会羽毛球赛事标准，以运动员和教练员的训练与比赛为核心开展工作，获得了许多有益经验。

赛事组织上，运动员接待、后勤保障、医疗服务等都是重点，进行全程服务。以医疗保障为例，设置了现场救护中心，观众席和运动员驻地都设立了医务救护点，在定点医院预留了床位。同时，还为参赛选手提供了人身意外保险。丹麦和韩国两名运动员比赛时意外受伤，都在第一时间得到救护，两队为此向组委会深表谢意。

媒体接待上，本次比赛共吸引 501 名中外记者采访，创苏杯新纪录。组委会及时将有 170 个座位的新闻中心扩建至 220 多个，基本满足了记者需要。同时，新闻中心中还为记者提供免费咖啡、小点心等。不过，本次赛事混合区离看台记者席位置过远，一定程度上影响了赛后采访。依国际惯例，新闻发布会后应发布中英文新闻公报，但本次赛事从头至尾未见一条！

安保工作投入相当的财力和人力，但“严肃有余，亲切不足”等瑕疵备受非议。约 500 名安保人员分布在运动员、贵宾、记者和观众出入口等处，他们能坚守岗位，但未必在细节、态度等方面尽了职责。如证件检验存在较大疏漏，同时他们笑脸鲜见直接影响了东道主的印象分。

志愿者·蹩脚翻译·闪光灯

本届苏杯在安全保卫、运动员接待、新闻中心等多项工作中都有志愿者身影。他们共 240 多名，许多有过在大型赛事中做志愿者的经历，他们用“专业知识”对新志愿者进行传帮带，效果较好。

但为本次赛事服务的翻译人员因对体育专业知识了解不多和水平所限，在新闻发布会上出错、“省略、自编”、耍态度时有发生，耽误了记者准确写稿，引起了诸多不满。不同的运动项目有着不同的专业词汇，因此北京奥运能否提供专业的翻译人才已成为突出矛盾。

北京观众此次经历了“考验”。12 日中国和印尼队比赛吸引了近万名球迷到现场助威，半决赛和决赛则几乎座无虚席。其中包括以世界冠军夏煊泽为队长的中国队啦啦队等，充分展示了东道主球迷风采。丹、韩、印尼、荷等国的球迷也为赛馆增添了特殊魅力。

比赛没出现“京骂”。观众们用国旗、喇叭、加油棒等将赛场气氛烘托得非常热烈、喜庆。但同时赛场内也常出现不合时宜使用手机和闪光灯拍照等与羽毛球赛不和谐的现象。此外，中国球迷支持中国队时，对其他球队关心较少，没能充分展示东道主的热情和中国人好客的传统。

缺了吉祥物是一大败笔

苏杯赛是一次市场化办大赛的探索，双星的冠名和不错的票房使赛事实现收支平衡几成定局。

赛事筹备、运作运用了众多市场推广手段，并借用“外脑”。中视体育、北京拓亚、新纪元等公司从筹办初期即介入市场推介工作，他们的营销经验发挥了重要作用。

比赛开发了网络合作伙伴等新商务领域。不过，没有吉祥物是市场开发的一大败笔。围绕吉祥物和会徽进行核心商务开发是举办重大赛事的成功经验。但本次苏杯吉祥物没有推出，不能不说是一大遗憾。

分析上述不足原因，主要在于组织者事前准备不足、缺乏有效培训，在程序设计、场地安排等没能最大化提供方便；没有以人为本，突出“人文奥运”，“重管理，轻服务；令不合理，令行不一”问题较突出；内部协调不够，等等。

比赛告诉我们，实现北京奥运“科技奥运、绿色奥运、人文奥运”三大理念的关键在于“人文奥运”。“人文奥运”意味着人是至上的，对所有参与者都要予以人性化安排与关怀，关键在于“细节”。

如果说改进这些有何妙招，应该是“细些细些再细些，软些软些再软些，服务服务再服务”。

【新华网，www.xinhuanet.com，2005 年 5 月 15 日，记者曾志坚　汪涌李丽】

第五章 体育赛事运作的人力资源管理

本章学习要点：

- 体育赛事运作的人力资源管理的定义
- 人力资源管理在体育赛事运作管理中的地位
- 体育赛事运作人力资源管理的特征
- 体育赛事运作人力资源管理计划的原则
- 体育赛事运作人力资源管理计划的制定
- 体育赛事运作中工作团队的建立与建设
- 体育赛事付薪工作人员的管理与激励
- 体育赛事志愿者的招募与培训

第一节 体育赛事运作人力资源管理概述

一、体育赛事运作人力资源管理的定义、特征与地位

（一）体育赛事运作人力资源管理的定义

人力资源管理，是指组织为实现组织一定时期的战略目标而对组织内的人员实行科学合理的更新、配置、使用、开发和激励的一系列重要过程。人力资源管理的对象是组织中的人员，人力资源管理的特点是由组织的战略目标和人员的特征决定的。

体育赛事运作的人力资源管理，则是指体育赛事运作机构为

了成功举办一项体育赛事，实现体育赛事的特定目标，在体育赛事运作管理过程中组建、培训、调配、激励、保持工作人员的管理过程。这里的工作人员主要包括借调或委派人员、专职工作人员、合同商工作人员和志愿者。

（二）体育赛事运作人力资源管理的特征

与企业经营运作的长期性、持续性相比，体育赛事运作是一个起点与终点更为明确、临时性的项目过程。正是体育赛事运作这种鲜明的项目性特征决定了体育赛事运作人力资源管理过程必然是一个变化迅速的动态过程。在这个过程当中，体育赛事运作管理机构的人员数量及结构都会发生巨大变化，大型体育赛事的运作管理机构甚至可能由赛事申办阶段的寥寥数人组成的简单团队发展成为容纳数千人的复杂机构。因此，体育赛事运作的人力资源管理具有人员数量与规模扩大迅速、人员类别众多、背景复杂、流动迅速，组织文化难以建立，以及专业人才难以长期保留等多方面特征，同时这些也是体育赛事运作的人力资源管理所面临的挑战。

（三）人力资源管理在体育赛事运作中的地位

人力资源管理在体育赛事运作中属于核心战略地位。人力资源是体育赛事运作的首要资源，任何赛事运作都可以制定宏大战略、尝试创新举措，但是如果没有合适的工作人员将其付诸实施，一切都不可能实现。对人力资源进行前瞻性、系统性的管理，既是赛事运作竞赛、市场、后勤等各组成部分得以顺利实施的基础，也是为赛事获得竞争优势，实现赛事战略目标的前提。

正因为体育赛事运作人力资源管理关系到赛事的成败，赛事运作管理机构需要对人力资源管理进行周密、谨慎的计划。

二、体育赛事运作人力资源管理计划

（一）体育赛事运作人力资源管理计划的定义

体育赛事运作人力资源管理计划是指根据赛事的战略目标，通过对赛事筹备及组织阶段人力资源的需求和供给状况的分析及估计，对运作管理机构的职务编制、人员配置、教育培训、人力资源管理政策、招聘和选择等内容进行的职能性计划。简而言之，体育赛事运作人力资源管理计划是对赛事运作管理机构人力资源部门未来要做的工作内容和工作步骤的详细说明。

体育赛事人力资源管理计划根据时间的长短不同，可分为长期计划、中期计划、年度计划和短期计划四种。长期计划适合于大型综合性运动会，比如奥运会、全国运动会，往往是4~8年的规划；中期计划适合于大型单项赛事或者区域性的综合性运动会，一般的期限是2~4年，比如省一级的运动会；年度计划适合于较小规模的赛事，也是所有赛事运作人力资源管理应做的计划，它每年进行一次，通常是赛事年度工作计划的一部分；短期计划适用于短期内赛事人力资源变动加剧的情况，是一种应急计划，比如，一项金额巨大的赛事商业赞助协议签订后，赛事运作机构往往需要增加客户服务人员，为特定的赞助商提供专业化的服务，以提高赞助商的满意度，建立并保持与赞助商良好的长期合作关系。

（二）体育赛事运作人力资源管理计划的基本原则

在制定体育赛事运作人力资源管理计划时，要遵循以下四点原则：

1. 紧密围绕赛事运作战略目标和总体计划

体育赛事运作人力资源计划无论多么重要，它都必须服务于赛事运作的战略目标，它是达成赛事运作战略目标及实现赛事总体计划的重要部分之一，任何时候都不应该与赛事运作的战略目标及总体计划相背离。比如，如果赛事运作的战略目标是要向社会展示高度专业化、国际化的赛事运作水准，人力资源计划中却表明计划聘用的专业赛事运作人员只占有相当低的比例，并且只给予较低层级的职务与职权，那么这样的人力资源计划无疑是与赛事运作的战略目标南辕北辙的。

2. 充分考虑赛事运作内外部环境的变化

体育赛事运作人力资源管理计划不是脱离赛事实际情况的空想，只有充分考虑赛事运作的内外部环境，才能得以有效地实施。影响人力资源管理计划的赛事运作的内部环境主要包括赛事的发展阶段、赛事的资金预算、赛事承办单位的经验、赛事的现有人力资源情况等等，赛事运作的外部环境则包括政府对赛事的支持力度、赛事运作人才的市场供求情况、其他赛事或活动的同期举行等等。为了更好地适应这些环境的变化，在人力资源管理计划中要实行动态管理，根据赛事筹办工作的阶段性特征，对各阶段可能出现的情况做出预测和分析，制定相应的策略。比如，当赛事举办区域有其他赛事或大型活动举办时，将对赛事志愿者的招募产生较大冲击，因此需要对招募宣传工作更早地进行计划。

3. 确保赛事运作的人力资源保障

赛事运作的人力资源保障问题是人力资源管理计划中的核心问题，即在赛事运作的全过程保证人力资源的基本供给，力求做到“定职能、定岗位、定人员”。它包括赛事工作人员的流入预测、流出预测、人员的内部流动预测、社会人力资源供给状况分析、人员流动的损益分析等。只有在人力资源保障的基础上，才可能进行更深层次的体育赛事运作管理的人力资源管理。比如，在大型综合性赛事运作的前期筹备阶段，工作人员多数由政府机构借调而来，这常常导致工作人员身兼多职，无法全身心投入到赛事筹办工作中，以至于形式上人力资源供给充足，实质上却是人力资源匮乏，针对这样的问题，要确保借调人员专人专责，到岗到位，尤其是借调人员的绩效考核也应直接与赛事工作直接挂钩，才能使借调人员真正做到“身心合一”，全心全意地投入于赛事的筹办工作中。

4. 重视赛事运作工作人员的利益

在第三章里我们谈到体育赛事运作管理的利益相关者，包括赛事的主办单位，举办地区（社区）、运动员、观众、赞助商、媒体及供应商，而从事体育赛事运作管理的工作人员可以定义为赛事运作的内部利益相关者。因此，人力资源管理计划不仅是面向赛事运作管理机构的计划，也是面向工作人员的计划。赛事的成功和工作人员的利益是互相依托、互相促进的关系。同时必须认识到“利益”是一个因人而异的概念，既可能是薪金、荣誉、晋职，也可能是经验获得、社会交往及个人成长等等。重视工作人员的利益要求赛事运作的人力资源计划必须坚持“以人为本”，通过制定能有效满足工作人员不同利益需求的方案来激励工作人员为赛事战略目标而努力。

（三）体育赛事运作人力资源管理计划的内容

体育赛事运作人力资源管理计划可以分为战略计划和策略计划。战略计划阐述赛事人力资源管理的总目标，通常包括在赛事运作总体计划中；策略计划则是在战略计划的基础上，对人力资源管理每项工作的具体实施计划和操作步骤的阐述。策略计划一般包括：

1. 职务编制计划

职务编制计划包括体育赛事运作管理的组织机构、职务设置、职务描述和职务资格要求等内容。

2. 人员配置计划

人员配置计划包括体育赛事运作管理机构中每个部门及职务的人员数量、职务变动、职务协调等内容。

3. 人员需求计划

人员需求计划通过职务编制计划、人员配置计划得出具体的人员需要计划，是借调、招聘、招募工作人员的基础性文件，应包括需求的职务名称、职务级别、职务资格要求、人员数量、到岗时间等。

4. 人员供给计划

人员供给计划是人员需求计划的对策性计划。主要包括人员供给的方式（借调、外部招聘、内部招聘、招募志愿者等）、人员内部流动政策、人员外部流动政策、人员获取途径及实施计划等。

5. 薪酬福利计划

薪酬计划是人力资源计划中必不可少的核心组成。主要包括制定薪资制度的指导原则（最低工资、反性别歧视等）、薪资制度与方案（工资体系、工资结构、工资形式等）、福利制度（意外伤害保险、失业保险、养老保险、医疗保险等）、员工激励政策与具体方案等。

6. 教育培训计划

教育培训计划包括不同职务的教育培训需求、培训内容、培训形式、培训考核等。

7. 经费预算计划

经费预算计划包括但不限于上述各项人力资源管理工作的费用预算。

（四）体育赛事运作人力资源管理计划制定程序

体育赛事运作人力资源管理计划的制定程序一般可遵循以下

四个步骤。这四个步骤可应用于不同类型、不同规模的赛事，但每个步骤所需时间和复杂程度，会因赛事的独特情况而有所不同。这四个步骤分别为：

1. 收集和整理涉及体育赛事运作战略目标和体育赛事运作内外部运作环境的各种信息

体育赛事运作战略目标和体育赛事运作管理的内外部环境是制定赛事运作人力资源管理计划的约束条件。需要强调的是，一定要对赛事运作的总体计划进行分析，因为总体计划是对赛事运作战略目标的具体体现，是了解赛事运作战略目标、赛事的内外部环境、赛事的资源等相关因素的直接、准确而有效的方法。

2. 评价赛事运作管理机构的人力资源现状

人力资源管理计划制定者要对赛事运作管理机构的现有人力资源状况进行全面综合的考察与评价。这通常以开展人力资源调查的方式进行。调查的内容包括赛事运作管理机构现有工作人员的姓名、学历、所受培训、工作经历、语言、能力及专长等等。人力资源评价的另一重要内容是对赛事运作进行工作分析，对运作管理机构的现有职务及有待增设的职务进行分析，明确各项职务的职责是什么，需要担任该职务的人具备什么样的知识、技术与能力，并形成文字性的界定及说明，也就是编写职务说明书。职务说明书的编写过程既是对赛事运作管理机构现有职务、岗位的一次盘点，也是对赛事运作流程的一次梳理，只有将人力资源现状调查与职务分析结合起来进行比较分析，才能对赛事运作管理机构的人力资源现状做出客观、准确的评价。

3. 预测赛事运作管理机构的未来人力资源需求

满足赛事运作管理机构的未来人力资源的需求正是人力资源管理计划制定的直接目标。赛事运作的人力资源需求是赛事运作发展状况的一种反映。基于对赛事运作不同阶段工作量的估计，人力资源管理部门要为赛事运作各部门配备相应数量和知识结构的人力资源。赛事运作的人力资源需求变动程度大，但并非无章可循，应根据各部门、各项目的运作计划及进度进行合理预测。比如全国运动会的开幕式大型文艺演出一般于赛前 4~6 个月开始排练、合练，由此可以预测此阶段对于参加大型团体操节目的志愿者的需求将达到高峰期。如表 5.1 所示，某大型综合性运动会根据竞赛组织的一般规律拟出的竞赛部人员配备计划表。

表 5.1　竞赛部人员配备计划表（某大型综合性运动会）

处室＼时间	赛前四年	赛前三年	赛前二年	赛前一年	总数
场地器材处	5	9（4）	12（3）	15（3）	15
竞赛处	2	4（2）	7（3）	10（3）	10
秘书处	2	4（2）	6（2）	8（2）	8
编排记录处	1	3（2）	5（2）	8（3）	8
竞赛展示处	0	0	4（4）	6（2）	6
颁奖礼仪处	0	0	4（4）	8（4）	8
小计	10	20（10）	38（18）	55（17）	55

注：（　）内为当年增加人数

4. 制定面向未来的人力资源管理计划

在对体育赛事人力资源现状进行评价和未来需求作出预测以后，人力资源管理部门就可测算出现状与未来需求之间的差距，即人力资源管理需要解决的问题——可能是人力资源的短缺，也可能是某些部门的人力资源冗余。在找出所有的人力资源问题后，必须对这些问题进行重要性及紧急性排序，并决定所需采取的主要行动，从而制定出人力资源管理具体计划。需要强调的是，此步骤的工作必须有运作管理机构的高层管理人员参与，以保证计划不偏离赛事运作的整体目标与行动方向。

人力资源管理计划的制定工作，可由赛事运作管理机构内部人员实行，或者外聘专业的人力资源顾问协助执行。需要强调的是，制定体育赛事人力资源管理计划时，使计划相关的群体及个人能有效参与进来，将有利于人力资源管理计划在后续实施阶段中得到更多的认同及支持，减少可能的阻碍。

第二节　体育赛事运作人力资源管理的主要内容

一、体育赛事运作人力资源管理的组织结构

体育赛事运作人力资源管理的组织结构根据赛事实际情况而有所不同。

对于单项或者小型体育赛事而言，人力资源管理部门的组织架构相对简单，一般由部门主管及工作人员组成，部门内部不再分设处室，所有的部门工作人员直接受部门主管领导。在此种情况下，一方面需要进行相对明确的职责分工，使工作人员分别承担招募、薪酬、培训等各项工作，另一方面要强调工作人员之间的协同合作，通常采用的方式是由每个工作人员负责 1~2 项工作，同时协助其他 1~2 项工作。如图 5.1 所示。

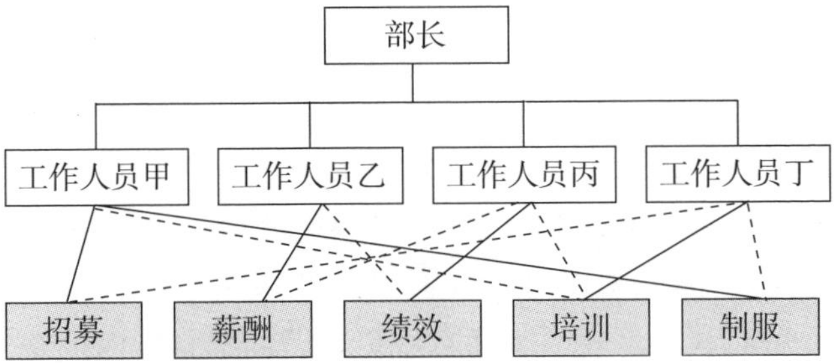

（注：实线表示负责此项工作；虚线表示协助此项工作）

图 5.1　单项 / 小型体育赛事人力资源管理部门组织结构

对于大型综合性体育赛事而言，人力资源管理工作时间跨度大、涉及面广、工作量大，相应地，其组织设计比较复杂，一般采取职能型的组织架构，部门内部根据人力资源管理的职能划分设立不同处室，配置工作人员。如图 5.2 所示。

各处室分别承担人力资源管理的一定职能领域内的工作。处室设有处室主管，他直接向部门主管汇报工作，并管理和领导处室内部工作人员。以图 5.2 为例，各处室的职责分别为：

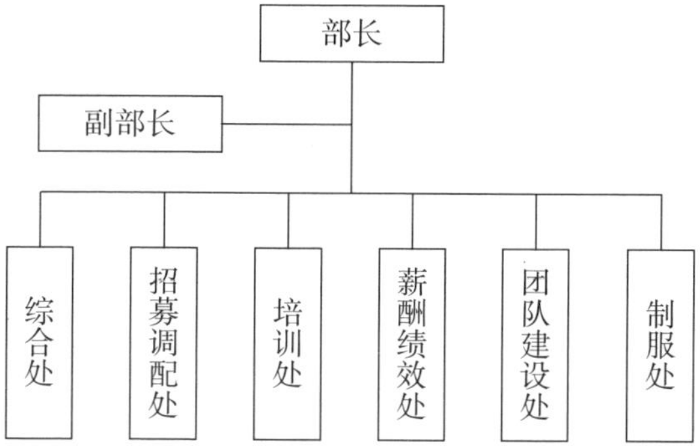

图 5.2　大型综合性体育赛事人力资源管理部门组织结构

1. 综合处

综合处是人力资源管理部门的组织、管理与协调处室，包括制定人力资源管理部门各项制度；编制人力资源管理工作流程；制定人力资源管理计划；组织召开人力资源管理各类会议；对内协调部门内部各处室的行政、业务关系；对外联络人力资源管理部门与赛事运作管理机构其他部门之间、与赛事运作管理机构以外的组织机构之间的关系；统筹安排部门各处室工作经费等。

2. 招募调配处

招募调配处的主要职责是根据赛事运作管理机构的人力资源现状和需求，为各部门招募、调配人力资源。包括根据人力资源现状和职务说明书制定并实施人员招募计划；向政府机关、事业、企业单位借调专业人才和干部；审核合同商工作人员资格；建立赛事运作管理工作人员档案库；协助、配合志愿者招募计划的制定、实施；根据赛事运作管理机构人力资源需求的变化任免、调配领导干部和工作人员等。

3. 培训处

培训处是负责赛事运作管理机构培训工作的机构，其主要职责是规划、管理、组织、指导各类工作人员的培训。包括制定赛事工作人员培训总体计划、志愿者培训计划、合同商工作人员培训计划；组织赛事公共知识培训、管理技能培训、沟通技巧培训；配合、协调各部门组织专项业务培训；监督、协调合同商工作人员的培训等。

4. 薪酬绩效处

薪酬绩效处的主要职责是确定赛事运作管理机构工作人员的薪酬体系，考核工作人员绩效。包括制定薪酬制度，确定薪酬体系；收集当地及行业薪资水平信息，制定和调整薪酬管理政策；制定、实施工作人员福利、保险方案；编制各部门薪酬福利发放明细表，报部门主管审核后交由财务部发放；制定绩效考核方案，协助各部门对工作人员进行绩效考核；依据工作人员绩效，制定并实行薪酬激励方案等。

5. 团队建设处

团队建设处的主要职责是在赛事运作管理机构内部营造良好的工作环境和工作氛围，增进各部门工作人员之间的沟通，培养和巩固团队精神，形成和谐的人际关系和工作关系。包括制定团队建设总体方案；宣传团队精神和互助合作的组织文化；组织各种文娱、体育活动，推动部门内部、部门之间的工作团队的建设等。

6. 制服处

制服处是负责赛事制服装备工作规划和管理的部门。主要职责包括分析赛事运作管理机构各部门工作人员的制服需求；设计和选择制服的颜色、款式、种类，统计数量；采购制服；监督制服的制作生产；制服的验收、存储、分发等。

二、体育赛事运作人力资源的构成

体育赛事运作人力资源主要由四部分人员构成，即直接参与体育赛事运作管理的工作人员一般包括以下四类。

（一）付薪工作人员

付薪工作人员包括借调及委派人员、专职工作人员、兼职工作人员。在我国的体育赛事管理体制下，面向社会的各项体育赛事的主办单位通常为体育行政主管部门或其他政府机构，这使得在体育赛事运作中，从政府机构、行政事业单位借调或委派的工作人员一直占有相当大的比例。专职工作人员是指根据劳动合同，在合同规定时间内为赛事运作提供服务，领取薪酬，并以赛事运作为主要职业的人员，随着我国体育赛事运作管理的专业化、市场化进程，专职工作人员的比例正逐步提高。专职工作人员招聘的前提是对赛事专职人才的需求有全面的了解，根据赛事运作各职能领域所需专职人员的数量、技能要求，定出专职工作人员需求计划，同时，此计划需要根据赛事运作的不同阶段进行调整。这就需要人力资源管理部门与赛事运作的其他部门保持良好及时的沟通与协调。兼职工作人员是与专职工作人员相对的概念，是指为赛事运作提供一定时间或数量的服务，接受一定报酬，但不以赛事运作为其主要职业的人员。

（二）志愿者

志愿者是指在体育赛事运作过程中自愿提供无偿服务的工作人员。随着社会的发展，文明的进步，志愿者对各种体育赛事参与日益活跃，也发挥出越来越重要的作用。我们将在下一节专门阐述志愿者的管理与激励。

（三）合同商工作人员

合同商工作人员是指在体育赛事运作过程中，受赛事的供应商、赞助商及其他签订合同单位委派，提供产品和服务的工作人员。合同商工作人员在劳动关系上不归属于赛事运作管理机构，他们为赛事提供产品与服务是产生于其所属组织机构与赛事运作管理机构之间的合同关系，即一种双方协商基础上达成的契约关系。但由于这种契约关系对赛事的运作管理有直接甚至极为重要的影响，因此对合同商工作人员的管理也应纳入赛事运作人力资源管理系统中。与对合同商工作人员进行管理的依据既包括赛事的规章制度，也包括合同商与赛事运作管理机构签订的合同条款。在对合同商工作人员进行管理的过程中，由于赛事运作管理者和他们之间不是直接领导和被领导的关系，需要更多的采用协商和激励的方式，如果与合同商工作人员个人产生矛盾或者冲突，应与合同商进行正式的文件或者会议沟通，及时告知情况，避免合同商工作人员个人因素导致的误会、分歧，甚至损失。

（四）技术官员

技术官员是指竞赛裁判员、辅助裁判员及相关技术人员。这是体育赛事运作过程中的与竞赛直接相关的人员，也可归类于体育赛事运作管理的工作人员。技术官员的管理将在第六章竞赛管理部分再作详细介绍。

三、体育赛事运作人员的团队建设

基于我们在本节开始时所谈到的体育赛事运作人力资源管理的特征，赛事的运作管理机构往往组成迅速，持续的时间短，人员数量及结构变化很快。这种情况下，如何建立富有信任、合作精神及以工作为导向的工作团队对于赛事运作管理机构的每一个管理者而言都是必须面对的挑战。

约翰·艾伦在《大型活动项目管理》一书中，基于国际承认的志愿人员计划的权威人士 Nancy McDuff 的方案，概括出有效建立和保持团队精神的 14 个要素，对于赛事运作中工作团队的建立与激励同样适用。转述如下：

1. 工作团队的规模要适于管理

效率最高的团队人数是 2~25 人，主要人员不超过 10 人。具体的人数要根据工作性质、人员素质等具体情况而定。

2. 工作团队人员要经过恰当的挑选

挑选成员时，应当注意根据他们不同的技巧、个性、交际方式、工作能力、掌握的不同技能进行组合，这样可以增加团队取得胜利的机会。

3. 工作团队的领导要经过培训

如果一个领导人不会把任务委托给他人或者任何事情都自己做，那么他不是一个好的领导。应当让领导人在监督技巧方面获得培训。

4. 工作团队要经过培训来执行任务

让团队不接受任何培训就可以有效地完成任务是不现实的。培训的内容应当包括团队在整个活动中的角色，以及团队的作用对整个赛事成功的意义。

5. 工作团队受到运作管理机构的支持

团队必须感觉运作管理机构的管理部门在全力支持他们的努力，而不是在为他们设置障碍。

6. 工作团队要有明确目标

建立一个可衡量的目标及实现目标的阶段性计划，有助于凝聚团队人员。

7. 不同类别的工作人员之间的互相信任

付薪工作人员、志愿者及合同商工作人员等各类工作人员之间需要互相信任。而信任建立的基础是基于对赛事及团队目标的了解与认可。

8. 增进工作人员在水平和垂直两个层面上进行沟通

沟通意味着传达信息和互相理解，在沟通的过程中，需要积极地和持续地听取意见，利用反馈来获取信息，解决工作中存在的问题。

9. 组织结构与组织政策促进工作人员之间的沟通

赛事运作管理机构的组织结构、政策需要允许并鼓励组织内工作人员与他们的同事、主管和其他部门的成员进行沟通，这样有助于创造一种和谐的合作气氛，有助于实现共同目标。

10. 使工作团队每一个成员真正承担责任

让每一个工作人员真正承担责任，意味着授予雇员一定的权力，让他们在一定范围内对自己的工作方式、方法作出决策。

11. 使工作团队在完成任务的过程中共享乐趣

团队的领导应当努力在团队中营造一种有乐趣而且充满友爱的气氛。比如举行一些团队活动或者小的庆祝会等。

12. 要对工作团队每一个成员所做贡献予以认可

对团队中的每一个成员的贡献给予认可，尤其是对于志愿者工作的认可要及时、公开和明显，以使他们明确自身工作价值。

13. 工作团队要庆祝工作中的成功

团队管理者应当鼓励团队成员自发举行轻松的团队活动，庆祝团队阶段性目标的实现，以提高团队士气。

14. 鼓励团队全部成员参与到团队建设

使团队的每一个成员都把自己看作团队的一分子，并积极地促进这种关系的发展。

体育赛事运作管理的团队建立是一个时点性的工作，团队的建设却是一个持续不断的工作，管理者需要随时观察团队中出现的新的变化，与团队成员保持畅顺的沟通，评价他们的工作表现和工作绩效，衡量团队目标的实现程度。

四、体育赛事运作人员的制服管理

制服既是体育赛事工作人员开展工作、识别身份、明确职责的需要，同时也是赛事整体形象和工作人员精神面貌的统一体现。

制服管理工作主要包括制服需求分析（数量、种类、款式等）、设计（款式、颜色和面料等）、采购和分发。制服可分为赛前制服、测试赛制服和赛时制服。赛时制服和装备至少应包括帽子、T 恤、上衣、裤子、皮鞋、志愿者的装备还包括腰包和水壶。赛事运作管理机构还至少应该为裁判员和技术官员提供正装和皮鞋。

制服的发放范围通常包括全体付薪工作人员、裁判员、技术官员和志愿者。合同商工作人员一般不属于制服和装备发放对象，但如果需要现场工作人员有统一形象时，应该向有现场工作的合同商工作人员发放制服。

第三节　体育赛事志愿者管理与激励

一、体育赛事志愿者概述

志愿服务是指自愿、无偿地服务他人和社会的行为，是公众参与社会生活的重要方式，也是个人表达其对人类和社会的爱心与责任感的一种方式。

志愿者是指自愿贡献个人时间和精力，在不计物质报酬的前提下，为推动人类发展、社会进步和社会福利事业而提供服务的人员。志愿服务是公众参与社会生活的一种重要方式。

广义上，体育赛事志愿者是指在体育赛事全过程中以自愿为原则，以志愿服务为基本形式，在赛事运作管理体系内，服务他人、服务社会、服务赛事的人员。从赛事运作管理的层面上而言，赛事志愿者应指由赛事运作管理机构直接或者委托招募，需要明确身份，制作相关证件，赛事期间承担相应岗位职责，在赛事运作管理机构指定的时间和岗位上工作,接受赛事运作管理机构统一管理，义务为赛事服务的人员。

随着现代体育赛事的规模日益增大及举行日趋频繁的趋势，赛事对志愿者的需求越来越大，同时赛事运作管理专业化程度的提高对志愿者的素质与技能也不断提出新的要求。

良好的志愿者对于体育赛事的成功举办具有至关重要的作用。志愿者个人参与体育赛事的筹备与组织源于对于赛事的热情或使命感。志愿者能为体育赛事提供不可估量价值的服务，从赛事的申办、筹备到举行，他们能在礼宾接待、语言翻译、交通运输、安全保卫、医疗卫生、观众指引、物品分发、沟通联络、竞赛组织支持、场馆运行支持、新闻运行支持、文化活动组织支持等领域提供服务。无论是运动员、官员、观众、赞助商、媒体，他们无疑都会接触到志愿者。因此，对志愿者进行良好的管理与激励无疑对赛事运作管理的成败相当重要。

志愿者为赛事运作管理弥补了人力资源的不足，通过向赛事运作管理的各个部门派遣志愿者、提供各类志愿服务，提高了各部门的工作效率；扩大了赛事的参与面；通过宣传各类志愿服务，能够扩大赛会的影响力；同时也降低了赛事的运营成本。如图 5.3 所展示的，历届夏季、冬季奥运会志愿者人数与经费的节约之间有着正相关的关系。

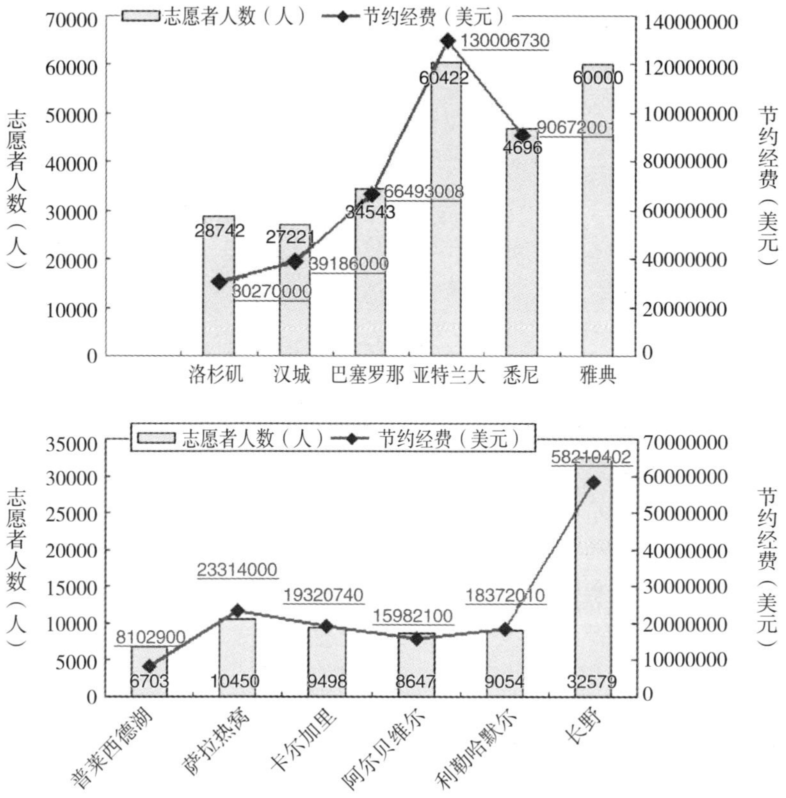

图 5.3　夏季、冬季奥运会志愿者人数一览表

【数据资料来源：Miguel De Morngas, Ana Be Len Moreno, Raul Pani-atgua, The Evaluation of Volunteers at the Olympic Games.】

志愿者在体育赛事运作中所具备的重要作用及价值，使志愿者成为体育赛事人力资源不可或缺的组成部分，是体育赛事工作团队的重要构成，所有部门和工作人员应充分重视志愿者的重要地位，公平看待志愿者，人力资源管理者则有责任及义务对志愿

者进行良好的管理与激励，最充分地发挥志愿者的价值。

二、体育赛事志愿者的招募

（一）招募计划

志愿者为体育赛事运作提供的服务是自愿、无偿的，但这不等同于对志愿者招募是随意的。制定周详的志愿者招募计划既是对志愿者服务体育赛事良好意愿的尊重，也是招募到合适的赛事工作人员的保证，而拖拉松散或者脱离实际需求的招募计划不仅会浪费志愿者和赛事运作管理机构的时间与精力，更可能破坏赛事在志愿者心目中的良好形象。

志愿者招募计划首先要明确的是所需的志愿者数量。对于数量的估计，有两种最经常使用的方法。其一是依据体育赛事过去的经验数据和通行惯例，其二是由运作管理机构的组成部门提供各自所需志愿者人数。使用第一种方法要注意赛事内外部环境变化对志愿者需求数量的影响，比如赛事规模的扩大将需要更多志愿者；使用第二种方法则需要制定有关约束政策以避免各部门夸大志愿者需求数量，比如要求各部门对志愿者承担一定培训、考核的责任；将这两种方法结合起来使用将获得更为准确的志愿者需求数量。需要明确的是，志愿者数量并不是一个需要一次性确定的数字，在赛事运作的启动阶段就确定整个赛事运作所需的志愿者数量不一定就是明智的行为，分阶段确定所需志愿者数量更有利于对志愿者的管理和激励。

确定了志愿者招募数量后，需要进行结构性的划分，即确定专业志愿者和非专业志愿者数量。非专业志愿者一般只要求遵守国家法律法规，热心公益事业，具有基本的体育赛事常识，符合赛事运作管理者对于志愿者所申请岗位的时间要求等；专业志愿者则要求志愿者具备一定的专业技术和专门技能。

结构性划分的进一步是要对志愿者作出具体岗位要求及不同岗位应配置的具体数量。不仅需要对专业志愿者详细地规定和准确地描述所需技能、技巧、资格等要求，对于非专业志愿者也需要列明性格、语言等与志愿工作直接相关的因素。

在明确了所需志愿者的数量、结构及要求后，我们还需要对如何才能快速、有效地获取这些志愿者做出计划。至少要回答的两个问题是“从哪里招募”与“何时招募”。志愿者的传统来源通常是学校，因为学生年纪轻，精力充沛，学习能力强，业余时间相对充足，的确是志愿者的良好人选。但学校并不是唯一的来源，有时甚至并不是最好的来源。比如，对于从事体育赛事接待工作的志愿者，年纪较长，身体状况良好，社会经验丰富，对赛事举办地的人文地理熟悉的退休人员常常是更为合适的人选。又如，现在有许多知名企业都有鼓励员工参与社会公益事业的政策，这些企业的员工一般具有较好的综合素质，责任感强，又大多具备某方面的专业技能。如果赛事运作管理者能有针对性地与这些知名企业进行洽谈，将有利于招募到高素质的专业志愿者。

（二）招募宣传

为了招募到最好、最适合及足够数量的志愿者，赛事运作管理者在实施招募计划前，需要对赛事进行宣传，简而言之，要使赛事对于潜在的志愿者人选富有吸引力。对于某些人来说，参与赛事的筹办意味着获取一段独特的人生体验，而对于另外的一些人而言，他们可能需要一些开始职业生涯前的工作经验。无论人们怀有怎样的意愿，赛事运作管理者对以下几个方面进行强调都是有利于招募志愿者的：

1. 可以成为一个精彩赛事筹办的亲身参与者；
2. 可以拥有与来自其他省市、地区或国家的人交流的机会；
3. 可以学习到自身所欠缺的技能，获得宝贵经验；

4. 可以为自己居住的社区、城市做出贡献，体现个人价值。

对体育赛事的宣传不应该被设计成过于夸张或者煽情的广告，缺乏真诚与真实的宣传可能会使志愿者对于参与赛事工作以获得美好经历的期望值过高，而忽视了志愿者工作中需要承受的辛苦、单调及困难。因此，对体育赛事的宣传更应被定位为与潜在志愿者人选的信息沟通过程，使他们充分了解到赛事的相关信息，了解参与赛事的价值所在，激发他们参与赛事的愿望。

（三）招募基本流程

志愿者招募的流程一般包括：申请人报名、材料审核、初步选择、面试、确定岗位、发出录用通知、签订服务协议等步骤。

志愿者的报名工作与招募计划中招募来源紧密相关。报名的方式多种多样。可以有针对性地在学校、单位设立招募点，接受团体或个人报名；在大型广场举行宣传活动来进行公开招募，接受社会各界人士报名；开通志愿者招募热钱，接受热线报名；现代网络技术的发展使得网上申请成为高效便捷的报名方式，但应与传统的书面报名方式相结合，以免志愿者招募的人选范围过于局限。报名表格是赛事运作管理者对申请人进行初步了解的工具，表格的设计应与赛事的实际情况相适应。比如，如果赛事是知名的国际赛事，预期会有大量的申请人，一份设计相对复杂的报名表格有利于获得申请者更多的个人信息，提高选择的效率及效果，但如果只是一项简单的赛事，太过复杂的表格可能会令申请人感到厌烦。

在接受了志愿者报名后，要对报名资料进行初步筛选，安排面试。面试过程中，邀请相关运作部门人员参加是非常必要的。各部门有其不同的技能要求，比如制证部门可能对计算机技术会有特殊要求，因此，部门人员的参与有利于提高志愿者招募的有效性。对于志愿者来说，也可以在面试时了解更多的关于赛事志愿工作的内容，增加他们对工作的归属感。

一旦确定了符合招募条件的申请人，就需要确定其正式岗位，并通过邮件或其他方式通知申请人。与录用的志愿者签订服务协议是必要的，因为虽然志愿者提供的服务是自愿、无偿的，但志愿者与赛事运作管理机构之间仍然需要明确各自的义务与责任。服务协议至少包括以下内容：志愿者服务部门、岗位名称、上级主管、工作内容、工作责任、工作日期、可享受的餐饮交通待遇等。

三、体育赛事志愿者的培训

培训是为了使工作人员获得从事一项工作所必需的专业技能，或者改进已有的工作技能，改进行为方式，提高工作绩效。志愿者所具备的与赛事相关的知识与技能相对于受薪工作人员而言要薄弱，因此，对志愿者的培训是必不可少的。

志愿者培训可以视同于志愿者管理中一个单独的项目，同样起始于需求的识别与评估。根据不同的培训需求与培训内容可将志愿者培训分为三类：通用培训、专业培训和岗位培训。

通用培训的主要内容是介绍赛事基本知识，志愿者的权利义务，志愿者基本礼仪规范，应对紧急情况等方面的知识，培养志愿者的大局意识、服务意识、形象意识和责任意识。通用培训可以采取讲座形式，辅之以志愿者手册等书面材料。

专业培训的主要内容是根据服务岗位的具体要求，培训志愿者相关的专业知识和技能。专业培训将以面授为主。

岗位培训的主要内容是介绍岗位的基本情况、工作任务、业务流程和工作场地的相关情况、紧急情况的处理措施和志愿者团队管理等方面的内容。岗位培训可采用的方式有面授、角色扮演等。

志愿者培训的实施需要结合多方面力量。通常情况下，由赛事运作管理机构的人力资源管理部门（或者志愿者管理部门）进行统筹计划，实施通用培训及部分专业培训；由各职能部门对本部门的志愿者实施相关专业培训及岗位培训；在条件允许的情况下，也可由外部的专业培训机构来组织实施志愿者培训。

四、体育赛事志愿者的激励

体育赛事运作管理机构应通过相关保障及激励措施，确保志愿者队伍的相对稳定，提高志愿者的工作绩效。

志愿者激励方式以精神鼓励和普遍激励为主，激发志愿者的内在热情，保持志愿者较高的工作积极性，使志愿者获得有价值、令人愉快的工作经历。

在志愿者管理过程的一开始就需要建立开放公平的表彰体系，对志愿者工作进行全程评估，而并非到赛事结束后才给出评估的标准。在赛事筹办的过程中，运作管理机构可以通过内部的简报、表扬信，外部的电视、报纸、网站等多种渠道对志愿者服务的内容及成就进行宣传，增强志愿者的个人成就感，激励志愿者继续为赛事运作尽心工作，同时也有利于新的志愿者的招募。

体育赛事结束后，赛事运作管理机构应举办志愿者答谢活动，对参与赛事的所有志愿者进行肯定和感谢；对做出突出贡献、表现优异的志愿者集体、个人以及志愿服务项目给予表彰及奖励。

本章思考题

谈谈你对体育赛事运作中如何有效激励付薪工作人员及志愿者，两者之间有何异同。

本章练习题

1. 体育赛事运作管理的人力资源管理有何特征?
2. 体育赛事运作管理的志愿者招募的一般程序是什么?

相关链接一

第九届全国运动会筹委会机构、编制的管理原则和办法

九运会筹委会工作机构分为两类:

一是筹委会各职能部（室），二是各项目赛区竞赛委员会（机构设置另定）。现就各职能部（室）的机构设置、人员编制以及领导干部的职数配备，提出以下管理原则和办法。

一、机构设置原则

筹委会机构应根据九运会工作任务的实际需要，按照职能分解的原则，科学、合理设置，避免职能交叉和任务相近的机构重叠，做到职能明确、层次简化、精干效能，便于协调管理，同时考虑今后组委会的工作机构的设置。

二、人员编制的管理原则和办法

（一）筹委会各部（室）的人员编制，根据任务和机构确定，贯彻精简效能、节约的原则，实事求是，不设虚职，岗位到人，职责分明。参照七运会、八运会拟核编制的情况，结合九运会参赛项目增加，所承担的工作量增大的实际情况，拟设总编制数控制在 750 名以内，部（室）编制数控制在 500 名以内（含部领导）。

（二）各部工作人员要实行计划和动态管理，根据阶段工作需要分期分批配备。1999 年底筹委会工作人员控制在 250 人之内，2000 年底控制在 400 名左右，2001 年上半年前逐步配齐。

（三）严格按照岗位条件，确保进人质量，对专职与兼职人员实行分类管理，合理控制各类人员的比例结构，按工作需要，有计划地配备各类人员。

（四）核定各部门编制数，按职责范围实行“三定”（定职能、定岗位、定人员）的原则，实行编制总额控制，统一管理。

三、部（室）领导职数的配备

（一）各部（室）领导干部的配备，应本着实事求是、工作需要的原则，有利于全面工作的组织领导和任务的贯彻落实。对专、兼职人员要有适当的比例，保证多数领导干部能在岗位工作。

（二）部级干部的职数按以下标准掌握。根据工作负荷量和社会工作的覆盖面，将筹委会各部（室）分为两类：一类部（室）为办公室、行政部、竞赛部、大型活动部、新闻宣传部、安全保卫部、场馆建设部、广播电视部，配备部领导职数一正三至十副；其余为二类部，配备领导职数一正二至六副。如兼职领导职数较多，可适当放宽。

（三）内设机构统一称处，一类部（室）可内设 1~6 个处，二类部可设 1~3 个处。内设机构领导职数按以下标准掌握：定编 3~5 名工作人员的，配备一正一副；定编 6~10 名工作人员的，配备一正二副，定编 11 名以上工作人员的，可配备一正三副。个别部（室）因特殊情况超核编数的需报筹委会领导批准。

四、机构编制的审批和领导干部的任免权限

（一）各部（室）的机构设置、部级及其以上干部的任免，征得体育总局同意后，由省政府审批。

（二）各部（室）的人员编制、部（室）内设机构的设置、副部级干部的任免，由各部（室）提出意见，报人事部汇总审核后，由筹委会审批。

（三）内设机构处级干部的任免，由各部提出意见，报人事部审批。各处人员编制及人员配备，按核定编制数，由各部提出名单（如部、室未能配备的，则由人事部安排）报人事部审核，由筹委会审批。

（四）各部内设处的工作职责由各处根据本处的工作职责范围制定，报人事部备案。

（五）凡涉及九运会机构编制、人员配置等问题，要按规定处理，认真履行报批手续，未按规定办理报批手续而自行设置的机构编制、人员配置均为无效。

五、筹委会项目竞赛委员会的机构编制管理根据以上原则由竞赛部提出方案，人事部协助初审，报筹委会审批。各项目赛区竞赛委员会的机构由各承担市提出方案，报秘书长会议研究审批，并报人事部备案。

六、组委会成立后需增加的部（室）及其设置由组委会另行通知。

附：1. 九运筹备部（室）内设机构领导职数核定表（略）

2. 九运筹备部（室）人员编制核定表（略）

3. 九运筹备部（室）内设机构设置表（略）

【《第九届全国运动会文件汇编》，201 页】

相关链接二

北京奥运会志愿者行动计划

序　言

百年奥运，中华圆梦。

奥运会是全世界人民共享的节日。奥林匹克运动诞生百年以来，始终以“更快、更高、更强”的格言与“和平、友谊、进步”的宗旨，激励着人们挑战自我、挑战极限，追求身心和谐发展的境界；激励着人们相互了解、彼此信任，追求超越种族、超越地域、超越文化的友谊和团结；激励着人类维护和平、促进发展，不断追求美好生活。

从奥林匹亚到万里长城，奥运百年神韵，中华千载文明。中国人民将以最诚挚的热情、最广泛的支持和参与，同来自世界各地的朋友一起在中华大地燃起奥运圣火，共同托起奥林匹克的明天。源远流长、博大精深的中华文明将与奥林匹克运动交相辉映，留下独特的精神遗产。

实践“绿色奥运、科技奥运、人文奥运”理念，举办一届“有特色、高水平”的奥运会，是中国和北京的庄严承诺，也是全世界的共同期待。中国人民创造了五千年的悠久历史和灿烂文化，谱写出人类文明的辉煌篇章。今天的中国朝气蓬勃、日新月异，改革开放的巨大成就吸引着全球的关注，聚焦着世界的目光。历史文化名城北京在浓烈的现代气息中时刻透射出深厚的文化底蕴，在传统与现代的完美结合中展示出精彩与魅力。

奥运会是运动员的盛会，也是志愿者的盛会。有着光荣传统的北京志愿者将与来自海内外的志愿者携手奥运，通过志愿服务，为北京奥运会增添无上光彩。志愿者真挚的笑容、友善的行为将唤起每一位奥运会参与者的心灵共鸣，跃升为一道连接中华文明与奥林匹克文化的亮丽彩虹，永载奥运史册。

北京奥运会志愿者将坚持以人为本，践行“服务至上、和谐至上”的行动理念。倡导服务精神，激发服务热情，提升服务能力，以创新的勇气、精神和方法，为奥运会和残奥会提供“有特色、高水平”的志愿服务。以和谐为导向，尊重多样化和差异性，促进不同种族、地域、文化的人们之间的相互尊重理解，推动人与自然的和谐共处，推动人与社会的协调发展。

2008 年奥运志愿者的微笑就是北京最好的名片！

一、总 则

本计划依据《北京奥运行动规划》《北京奥运会志愿者战略计划》等制定，用以指导北京奥运会志愿者行动各项目和各运行计划的制定和实施。

志愿者是指自愿贡献个人时间和精力，在不计物质报酬的前提下，为推动人类发展、社会进步和社会福利事业而提供服务的人员。志愿服务是公众参与社会生活的一种重要方式。

北京奥运会志愿者行动所称的志愿者是指从现在起到2008年，在奥运会、残奥会筹备和举办全过程中以自愿为原则，以志愿服务为基本形式，在北京奥运会志愿者行动项目体系内，服务他人、服务社会、服务奥运的志愿者。

北京奥运会志愿者行动包括四个项目："迎奥运"志愿服务项目、奥运会赛会志愿者项目、残奥会赛会志愿者项目、奥组委前期志愿者项目。

（一）北京奥运会志愿者行动目标

为2008年奥运会和残奥会提供"有特色、高水平"的志愿服务是北京奥运会志愿者行动最直接、最重要的目标。通过组建一支规模宏大、参与面广、代表性强、服务水平高的志愿者队伍，倡导志愿服务精神、创新服务形式、丰富服务内容、提升服务品质，为北京奥运会和残奥会提供人性化、个性化、专业化的服务，努力构建富有中国特色、符合奥运规则、体现国际水准的志愿服务理论和实践体系，为奥林匹克运动留下浓郁的中国韵味，形成鲜明的北京印象。

（二）北京奥运会志愿者行动准则

1. 坚持以人为本。充分体现"尊重、发展、保护"的要求，倡导公众自愿参与，保护公众参与热情，科学设计公众广泛参与的途径、方式和项目，把志愿者的参与过程作为有效提升其素质和能力的人力资源开发过程。重视和保护志愿服务资源，尊重志愿者的劳动，调动志愿者的积极性、主动性和创造性，通过表彰激发志愿者的荣誉感和成就感。尊重志愿者的权利和愿望，维护志愿者的合法权益。奥运会志愿者应树立服务他人、服务社会的意识，通过志愿服务切实使公众受益、社会受益。让每一位奥运会参与者，都能享受到热情周到、细致得体的服务。

2. 坚持大众参与。在筹备奥运会的过程中体现开放性，推广“迎奥运”志愿服务项目和公益实践计划，设计丰富多彩的奥运志愿服务活动，为各界参与奥运会志愿者工作创造条件、提供机会。广泛吸纳奥运协办城市及其他省市自治区、港澳台侨、少数民族、残疾人等各界代表人士的踊跃参与。采用社会化的运作机制，认真听取社会各界对于北京奥运会志愿者工作的意见和建议，保证工作的开放透明，努力实现社会认同。

3. 坚持奥运规则。遵循奥运规则，借鉴历届奥运会志愿者工作的有益经验，以开放自信的胸怀引进和吸收国际通行的思想观念、方式方法和运行机制，努力使北京奥运会志愿服务符合国际通行标准。积极吸纳国际友人参与奥运志愿服务，接受国际志愿服务机构的合理化意见和建议，自觉接受相关国际机构对奥运会志愿服务的考察和评估。

4. 坚持科学高效。深入研究历届奥运会志愿者工作的机制与模式，全面总结北京举办大型活动的成功经验，客观分析中国和北京的社会特点、公众基础、历史传统、综合优势等，努力形成北京奥运会志愿者工作的思想理念、组织体系、管理模式和运行机制。通过科学合理的组织设计和制度安排，理顺不同部门、不同群体、不同环节、不同阶段之间的关系，保证志愿者工作的有序高效。构建奥运会志愿者工作信息平台，实现数字化运行和管理。建立开放公平的志愿者评估体系，对奥运会志愿服务项目和志愿者工作进行全程评估。

5. 坚持中国特色。突出“人文奥运”理念，弘扬中国文化，加强与世界各国的文化交流与融通。发挥组织动员能力强、社会参与热情高、人力资源丰富的综合优势，以现有组织体系为基础，把自身优势转化为对奥林匹克运动的直接贡献。大力宣传中国改革开放取得的辉煌成就，展示北京现代化建设成果，充分体现中国特色社会主义道路的优越性。

（三）北京奥运会志愿者行动方向

1. 促进全民广泛参与。依靠社会公众的有力支持，通过在各个领域开展志愿服务活动，倡导诚信友爱，深化精神文明建设，使奥运会志愿服务成为全民参与奥运、提升素质的主要方式，形成全民共同做好奥运志愿服务工作的生动局面，促进构建和谐社会目标的实现。积极争取各级政府的支持，为各界参与奥运志愿服务工作和志愿者发展创造有利条件。

2. 促进志愿服务事业发展。倡导“奉献、友爱、互助、进步”的志愿精神，普及志愿服务理念，树立志愿者形象，提高社会对志愿服务的认可程度。创新社会动员机制，推进公益社团组织的发展，促进志愿服务工作的经常化和规范化，拓展志愿服务领域，扩大志愿者规模。推动志愿者立法工作，为志愿服务事业提供法律保障和支持。

3. 促进志愿者全面发展。重视奥运志愿服务对志愿者发展的积极作用，促进志愿者的自我完善。发挥志愿者服务社会的示范作用，吸引更多的人关注和参与志愿服务。加强对志愿者的指导、服务和帮助，提升志愿者的学习、实践和创新能力，增强志愿者的服务精神，促进志愿者的成长进步。

4. 促进中外文化交流。把奥运会志愿者作为文化交流的使者，介绍和宣传中外优秀文化，展示中华民族的灿烂文化和当代中国人民的精神风貌。学习借鉴人类一切优秀文明成果，促进中外文化的和谐对话和交融，提高全民的国际化意识、素质和能力，促进中外人士的交流和友谊，让中国更了解世界、让世界更了解中国。

二、“迎奥运”志愿服务项目

“迎奥运”志愿服务项目是在奥运会筹备过程中，实践“新北京、新奥运”战略构想和“绿色奥运、科技奥运、人文奥运”

理念，营造全民迎奥运的浓厚社会氛围，动员广大市民广泛参与的、形式多样的志愿服务活动。

2008年奥运会期间，“迎奥运”志愿服务项目体现为奥运会城市志愿者开展的志愿服务活动，为赛会期间城市运行的良好秩序提供保障，为各国友人提供良好服务，树立和展示北京热情、好客的城市形象。同时，“迎奥运”志愿服务项目为奥运会赛会志愿者的“公益实践计划”提供平台。北京奥组委将从“迎奥运”志愿服务活动中选拔、培训一批符合条件的志愿者作为奥运会赛会志愿者。

（一）主要任务

普及奥林匹克运动和志愿服务理念，提升公众的认知水平和参与热情；引导市民、社会团体、企事业单位及各界人士关注、支持和参与志愿服务事业，促进个人发展与关心他人、奉献社会的有机结合；提高市民志愿服务水平，建立广泛的群众志愿活动参与机制；提升市民的文明素质，全面塑造和展示北京的新形象，推动社会的和谐发展。

（二）人员构成

各行各业、各族各界中关心奥运、热心公益事业、愿意为奥运会贡献力量的个人、家庭、团体和单位均可参与“迎奥运”志愿服务活动。

（三）主要工作内容

通过组织义务宣讲、演说论坛和课堂教学等系列活动，利用各种传媒，传播奥林匹克文化，普及奥林匹克知识，推广志愿服务理念，倡导志愿服务精神。

采取多种方式积极引导社会公众到公益机构、街道社区等，开展环境保护、科学普及、社会公益等志愿服务活动，实现参加志愿服务与迎接奥运的有机结合。

利用奥运会倒计时的重要时点举行“志愿者迎奥运”主题活

动。在“3·5中国志愿者日”“5·4青年节”“国际助残日”“7·13申奥成功纪念日”“12·5国际志愿者日”等重要纪念日举办志愿者活动，在全社会持续掀起参与奥运会志愿服务热潮。

以“北京2008奥运志愿宣讲团”“青春奥运志愿服务团”为载体，组织志愿者参与北京奥林匹克文化节、青春微笑行动等活动，树立北京和中国开放进步的国际形象。

培育和发展志愿服务社团，引导和扶持其参与“迎奥运”志愿服务活动。积极培育志愿服务家庭，推广以家庭为单位提供志愿服务的模式。通过设立志愿者主题公园、组织志愿者国际论坛、开通志愿者网站等活动，开展国内外志愿者交流活动，建立志愿者之间交流与共享的常设平台。

（四）奥运会城市志愿者工作

奥运会期间，从参与“迎奥运”志愿服务活动的市民中选拔、建立和培训一支奥运会城市志愿者队伍，在全市各个主要交通枢纽、旅游景点、饭店宾馆、商铺市场等场所，提供文明督导、交通协管、治安联防、指引向导、翻译接待、导游导购和医疗救助等多方面的志愿服务。

三、奥运会赛会志愿者项目

奥运会赛会志愿者是指由北京奥组委直接或者委托招募，需要制作奥运会身份证件，奥运会期间承担相应岗位职责，在奥组委指定的时间和岗位工作，接受北京奥组委管理，义务为北京奥运会服务的人员。

（一）主要任务

通过开展宣传发动、招募选拔、教育培训、公益实践、激励表彰等一系列工作，建设一支数量充足、训练有素的志愿者队伍，奥运会期间为奥林匹克大家庭成员、媒体记者、观众和其他相关人员，提供优质的志愿服务。

赛会志愿者服务岗位主要涉及礼宾接待、语言翻译、交通运输、安全保卫、医疗卫生、观众指引、物品分发、沟通联络、竞赛组织支持、场馆运行支持、新闻运行支持和文化活动组织支持等领域。

北京奥组委将参照奥运会通行惯例和标准，结合北京实际设置奥运会赛会志愿者工作岗位。奥运会赛会志愿者预计约7万人。

（二）奥运会赛会志愿者构成

奥运会赛会志愿者来源于遵守中国法律法规、符合奥组委对志愿者年龄等方面的限制性规定、具备指定岗位要求的能力和素质、自愿为北京奥运会提供义务服务、接受北京奥组委领导和管理的各方面人士。赛会志愿者队伍以北京高校学生为主体，同时广泛吸纳北京市民、全国各地各民族群众、港澳台同胞、海外华侨华人和国际友人等各界人士。

志愿者按照岗位需求情况分为专业志愿者和非专业志愿者两类。北京奥组委将按照以下人员构成，设立奥运会赛会志愿者项目，按照项目管理的原则和方法，逐步推进招募、培训、定岗、赛会服务等一系列工作。

1. 大学生志愿者

北京奥组委将面向在京各高校（含民办高校）招募志愿者（含在京港澳台大学生）。各高校经授权，按照奥组委确定的资格条件，分阶段招募志愿者并建立相应的培训、组织、管理体系，以学校为单位接受奥组委分配的任务。

2. 中学生志愿者

北京奥组委将面向北京部分职高、中专、普通中学招募志愿者。相关学校经授权，按照奥组委确定的资格条件在校内招募志愿者。

3. 社会志愿者

北京奥组委将面向社会公开招募志愿者。奥组委将通过委托授权等形式，以互联网报名等多种方式直接接收个人报名申请，同时接收社区、社团、企事业单位等集体报名申请。奥组委将按照确定的资格条件从报名者中选拔录用志愿者。

4. 各省市自治区志愿者

北京奥组委将面向全国各省市自治区招募志愿者。各省市自治区相关机构经授权，按照奥组委确定的资格条件，在当地招募志愿者。志愿者应接受奥组委统一安排的培训、考核和管理，筹备期间在当地开展公益实践活动，奥运会期间将在北京参加赛会志愿服务。

5. 京外赛区城市志愿者

北京奥组委将面向青岛、天津、上海、沈阳、秦皇岛等京外赛区城市招募志愿者。京外赛区城市按照与北京奥组委签署的原则协议，由各城市赛事组织部门协调地方政府，根据筹备和举办赛会的实际需要确定志愿者的来源构成，建立相应的志愿者招募、培训、组织、管理体系，参加所在城市的赛会志愿服务。

6. 港澳台志愿者

北京奥组委将面向香港特别行政区、澳门特别行政区和台湾地区招募志愿者。在国家有关部门的支持下，北京奥组委委托当地有关机构，按照奥组委确定的资格条件在当地招募志愿者，建立志愿者的培训、组织、管理体系。奥运会期间，港澳台志愿者将在北京参加赛会志愿服务。

7. 海外华侨华人志愿者

北京奥组委将面向海外华侨华人、中国留学生招募志愿者。在国家有关部门的支持下，北京奥组委将委托海外有关机构，按照奥组委确定的资格条件进行志愿者的招募、培训和管理工作。奥运会期间，海外华侨华人志愿者将在北京参加赛会志愿服务。

8. 在京外国人志愿者

北京奥组委将面向在京外国人招募志愿者。在国家有关部门支持下，委托相关部门或机构，按照奥组委确定的资格条件招募以外国留学生为主体的在京外国人志愿者。筹备期间，在京外国留学生志愿者将通过多种形式介绍相关国家的语言、文化、风俗、礼仪等，奥运会期间，主要为相关国家的代表团、媒体、观众、游客等提供服务。

9. 国际志愿者

北京奥组委将面向世界各国家、地区招募志愿者。在国家有关部门的支持下，按照奥组委确定的资格条件，委托当地机构或社团进行志愿者的招募及必要的培训、管理工作。奥运会期间，国际志愿者将在北京参加赛会志愿服务。

10. 专业志愿者

北京奥组委将面向以上九类人员及相关专业社团、机构、企业、高等院校和科研院所等，按照奥运会专业岗位的要求和确定的资格条件招募专业志愿者。专业志愿者由北京奥组委统一管理、培训和使用，奥运会期间，将主要从事专业性强、技术技能要求高的志愿服务工作。

（三）运行计划

1. 宣传运行计划

在北京奥组委总体宣传计划的框架内，通过广播、电视、报刊、网络等媒体，分阶段、有重点地向公众宣传介绍奥运会赛会志愿者工作的重要意义、相关知识、工作规划、工作进展和需求信息等内容，扩大信息覆盖面，提高公众知晓率，凝聚社会力量，增强社会动员能力。

宣传运行计划分为四个阶段。2005 年 6 月~2006 年 7 月为前期宣传阶段，主要面向全社会普及奥林匹克知识、推广志愿服务理念，倡导奉献友爱精神，介绍奥运会志愿者工作的总体安排等。2006 年 8 月~2008 年 4 月为招募宣传阶段，主要宣传参与奥运会志愿服务的意义，介绍招募的方式方法、资格条件要求及服务的场所和领域，动员各界人士积极报名参加赛会志愿者项目。2008

年 4 月~7 月为赛前宣传阶段，主要宣传介绍志愿者工作的进展情况，提升社会对赛会志愿者的关注度。2008 年 8 月~9 月为赛时宣传阶段，主要宣传报道赛会志愿者的出色表现和优秀事迹。

2. 招募选拔运行计划

奥运会赛会志愿者招募的一般程序包括：申请人报名、材料审核、工作预分配及面试、初步确定岗位、发出录用通知、志愿者接受任务、背景核实等步骤。

奥运会赛会志愿者的招募工作将主要采用定向招募与公开招募相结合、集体报名与个人报名相结合、网络申请与书面申请相结合的方式，建立高效便捷的招募机制，按照有关程序分阶段、分人群进行招募。

奥运会赛会志愿者原则上应具备以下条件：遵守中国法律法规，热心公益事业，具有基本的体育运动常识，具备一定的外语交流能力，符合奥组委对于志愿者所申请岗位的资格要求和时间要求。其中，专业志愿者除满足以上基本要求外，还应具备特定岗位所要求的专业技术和专门技能。

奥运会赛会志愿者招募工作将于 2006 年 8 月底正式启动，到 2008 年 4 月结束。

3. 公益实践计划

公益实践计划旨在通过开展社会公益活动，把日常志愿服务与奥运会志愿服务有机结合起来，实现志愿服务的日常化，增加志愿者的服务经验和服务技能，满足奥运会对志愿者的素质要求。根据奥运会筹备进程，每年确立一个公益实践主题，在全市设立一批奥运会志愿者实践基地，围绕城市建设和社会发展，开展环保、科普、文化等志愿服务活动。

4. 培训运行计划

奥运会赛会志愿者的培训主要分为三类：通用培训、专业培训和岗位培训。培训工作应发挥北京的教育资源优势，争取多方支持。

通用培训的主要内容是介绍奥林匹克知识、国情市情、传统文化和礼仪规范、志愿者的权利义务、应对紧急情况等方面的知识，培养志愿者的大局意识、服务意识、形象意识和责任意识。奥组委将组织专家学者编写相关文本教材和多媒体教程课件，依托互联网远程教育或课堂教学方式进行培训。

专业培训的主要内容是根据服务岗位的具体要求，培训志愿者相关的专业知识和技能。专业培训将以面授为主，主要由奥组委及指定的培训机构来组织实施。

岗位培训的主要内容是介绍岗位的基本情况、工作任务、业务流程和工作场地的相关情况、紧急情况的处理措施和志愿者团队管理等方面的内容。

5. 激励保留运行计划

北京奥组委将通过表彰奖励和相关保障措施，确保志愿者队伍的相对稳定。志愿者的激励表彰以精神鼓励为主，激发志愿者的内在热情，保持志愿者较高的工作积极性，使志愿者获得有价值、令人愉快的工作经历。主要实施以服务时间和服务效果为基本依据的普遍激励。开设志愿者维权热线和心理热线，切实维护志愿者合法权益。对做出突出贡献、表现优异的志愿者集体、个人以及志愿服务项目给予特别奖励。奥运会结束后，开展志愿者评比表彰及纪念活动。

6. 岗位运行计划

根据赛时岗位的具体需求，结合赛会志愿者的服务意向、专业技能和在参与公益实践活动中的表现，为志愿者安排适当的固定工作岗位、分配相应的工作任务，指定固定的工作联系人，确保岗位清晰、职责明确，保证志愿者与工作岗位的准确对接，实现志愿者的转型定岗。岗位明确后，奥运会赛会志愿者应按照指定工作岗位的要求接受相关培训。

7. 赛会运行计划

赛会期间，北京奥组委负责赛会志愿者的指挥调配工作，建立工作指挥体系，转入场馆及区域、领域运行管理体系，逐级落实工作任务，切实做好志愿者的上岗、考勤、轮休、评价等管理工作，努力做到指挥有力、反应灵敏、行动迅速、信息顺畅、配合默契、保障有力。各需求场馆和部门应指定专门联络员，按照自身职责，及时提供准确的志愿者需求信息,建立有效的人岗对接机制，落实调配任务。

四、残奥会赛会志愿者项目（略）

五、奥组委前期志愿者项目

奥组委前期志愿者是指在奥运会筹备阶段，经过招募选拔，参与奥组委的日常工作或专项活动，义务为奥组委提供服务的人员。

（一）主要任务

吸纳一定数量的社会各界人士直接参与奥组委的日常工作，并通过开展奥组委前期志愿者的宣传、招募、培训、日常管理、评价激励等系列工作，积累相关经验，为奥运会赛会志愿者工作的成功开展奠定良好基础。

（二）前期志愿者构成

奥组委前期志愿者来源于遵守中国法律法规、符合奥组委规定和标准、具备指定岗位要求的能力和素质、自愿为北京奥组委提供义务服务、接受奥组委领导和管理的社会各界人士。大学生志愿者、专业志愿者将构成奥组委前期志愿者的主体。

（三）前期志愿者的招募、培训和管理

北京奥组委将根据实际需求，直接或委托相关机构招募前期志愿者。

奥组委将根据前期志愿者的岗位职责，开展通用培训和相应的专业培训，使前期志愿者了解奥组委整体情况，尽快适应工作环境，满足岗位要求，发挥应有作用。

前期志愿者的管理工作纳入到奥组委日常管理体系之中，对前期志愿者的工作情况进行定期的评估和考核，并根据工作表现，给予适当表彰奖励。

奥组委前期志愿者工作已于2004年3月开始，计划到2008年8月初结束。奥组委将根据实际工作需要和前期志愿者的条件、工作表现等，选拔一批前期志愿者作为赛会志愿者。

六、北京奥运会志愿者行动保障

（一）领导机构与工作机制

北京奥运会志愿者行动的领导机构为北京奥运会志愿者工作协调小组（简称协调小组）。协调小组负责建立奥运会志愿者组织指挥领导体系，为志愿者工作任务的圆满完成提供可靠的组织保证。

协调小组根据奥运会志愿者工作的推进，在社会动员、组织指挥、教育培训、联络协调、新闻宣传、后勤保障、技术支持、安全保卫、法律事务、理论研究等领域设立相关工作部门，建立日常工作机制，按年度和阶段研究、落实奥运会志愿者行动各工作项目和运行计划。

（二）支持与保障

坚持节俭办奥运，科学测算奥运会志愿者行动必备的经费和物质需求，切实保障奥运会志愿者行动在实际工作中的经费和物质投入，认真做好志愿者经费和物资使用的稽核审计，保证志愿者经费的合理使用。建立和完善一套科学高效的志愿者工作管理系统，保障志愿者工作信息真实准确、协调指挥有力、管理调配规范、环节衔接紧密，整体运行高效。

《北京奥运会志愿者行动计划》是北京奥组委对外公开的正式工作文件。北京奥运会志愿者工作协调小组对《北京奥运会志愿者行动计划》拥有解释权，并将根据奥运筹备过程中形势和任务的变化，对该计划的内容予以丰富、完善和发展。

【北京奥运会组委会网站 www.beijig2008.com】

第三篇

体育赛事运作管理的实施

第六章　体育赛事的竞赛管理

本章学习要点：

- 体育赛事竞赛管理的定义
- 体育赛事竞赛管理在赛事运作中的地位
- 体育赛事竞赛管理的目标
- 我国体育赛事竞赛管理制度
- 竞赛管理中主办单位与承办单位的职责划分
- 体育赛事竞赛管理主要文件的编撰
- 体育赛事场馆、器材的管理
- 体育赛事运动员的管理
- 体育赛事裁判员的管理

第一节　体育赛事竞赛管理概述

一、竞赛管理的定义、地位与目标

（一）竞赛管理的定义

体育赛事竞赛是赛事中各项比赛的集合，运动员、教练员、裁判员是竞赛的直接提供者，其中运动员是竞赛的核心。

体育赛事竞赛管理是在赛事全过程中为组织比赛而进行的前期筹备、现场运行和赛后收尾等工作的集合。

（二）竞赛管理的地位

体育赛事运作管理是一个由许多分系统、子系统及项目组合而成的网络系统，各分系统、子系统、项目之间互为前提，紧密联系，交叉作用。

竞赛管理是体育赛事运作管理这个网络系统的基础与核心，这是因为：

1. 它是赛事其他系统和项目存在与运作的基础。在整个赛事系统当中，竞赛是赛事运作的出发点和归宿；没有竞赛，就没有赛事的存在，没有竞赛管理，也就没有赛事其他系统与项目管理的存在。

2. 它是赛事其他系统与项目提供支持与服务的对象。赛事运作中的场馆、新闻宣传、广播电视、天气服务、住宿接待、安全保卫、信息技术等等，都是围绕竞赛管理开展工作，为竞赛的安全、有序进行提供保障服务。

3. 它是衡量赛事运作是否成功的基准。赛事最核心的目的是为运动员提供公平竞技的平台，竞赛管理的好与坏必然是赛事运作成功与否的最根本标准。同时，竞赛管理的工作成果也是能否发挥赛事综合效应与影响的基础，是赛事取得整体成功的前提。

（三）竞赛管理的目标

竞赛管理的最根本目标是建立公开、公平、公正的竞争机制，为运动员提供展示与竞争运动技术水平的平台，促进体育竞技水平的发展。为达到这个根本目标，竞赛管理至少要保证以下目标的实现：

1. 以公开、公平、公正的原则制定、执行竞赛规程、规则，确保竞赛的严肃性和公正性，从根本上保障竞赛的直接提供者，特别是运动员的权益。

2. 提供安全、完备、性能良好的竞赛环境，包括符合规程、规则要求的场馆、器材、设备及其他条件，为竞赛的顺利进行和运动员安全提供保障，同时为创造更好竞技成绩提供良好的物质环境。

3. 进行科学合理的竞赛编排，为赛事各利益主体提供良好的竞赛服务，既要保证竞赛质量，又要提高竞赛的观赏性。

4. 建立严谨、周密、及时的竞赛成绩统计、公布体系，确保竞赛成绩统计的准确性和成绩公布的时效性。

二、我国的竞赛管理制度

（一）竞赛计划和审批登记

依照我国《全国体育竞赛管理办法（试行）》（见本章相关链接一）规定，在我国举办体育竞赛实行审批登记制度。这里的“体育竞赛”是指由国务院体育行政部门和县级以上地方各级人民政府体育行政部门批准的，在中华人民共和国境内举办的国际或国内各级、各类综合性运动会、单项体育竞赛和体育表演活动，一般不包括各单位、各系统、各行业举办的内部体育竞赛。

国务院体育行政部门负责审批在中华人民共和国境内举办的全国性和国际性体育竞赛；县级以上地方各级人民政府体育行政部门负责审批地方性体育竞赛。解放军、各行业和各院校举办的内部体育竞赛，可以依据本办法制定相应的审批登记制度。我国体育竞赛工作由国务院体育行政部门主管，县级以上地方各级人民政府体育行政部门主管本行政区域内的体育竞赛工作。体育竞赛项目由国务院体育行政部门确定。开展新的体育竞赛项目，必须报经国务院体育行政部门批准立项，并审核确定该项目的竞赛规则、规程和竞赛计划，各级体育行政部门方能批准举办该项目各级体育竞赛。

（二）竞赛管理和督察

在我国境内举行，由体育行政部门批准的体育竞赛，由各级体育行政部门对申请举办体育竞赛的申办人行使监督管理职能，包括：

1. 监督申办人是否履行审批、登记手续；
2. 监督申办人是否遵守有关体育竞赛的法规；
3. 监督申办人是否依据审批登记中载明事项和条件的范围内进行活动。

同时，体育行政部门对由其批准的体育竞赛实行督察员制度。督察员由国务院体育行政部门派出，负责监督检查全国各项体育竞赛中的赛风、赛纪和裁判员执法中的有关情况。全国性单项体育竞赛的督察员也可以由全国单项体育协会派出。

（三）体育项目设立

为了适应体育项目不断扩大趋势，加强对我国体育项目的管理，国家体育总局竞技体育司制订并发布了《关于设立正式开展的体育项目管理办法》，对在我国设立正式开展的体育项目做出了明确规定。这里的“正式开展的体育项目”是指奥运会比赛项目的大项及小项，单项世界锦标赛比赛项目的大项及小项，洲际比赛项目的大项及小项，在我国群众中普及的项目和民族传统性项目。未经批准列为正式开展的体育项目，不得冠以“全国锦标赛”或“全国冠军赛”的名称，不得授予运动员、裁判员运动技术等级称号。

我国对于正式开展的体育项目的设立既考虑群众喜爱与普及的程度，又力求促进和提高我国竞技体育水平，提高国际竞争力。因此，申请设立正式开展的体育项目必须符合以下条件：

1. 在我国已开展3年以上；

2. 从国际上引进到我国的体育项目，必须有该项目单项国际（亚洲）体育组织，有统一的名称并设有正式的国际和洲际比赛；

3. 有竞赛规则和裁判法；

4. 拥有运动员和教练员队伍以及精通竞赛规则和裁判法的管理人员和裁判员队伍；

5. 有能力自筹经费举办比赛；

6. 必须是健康、文明不含迷信色彩和有悖人道的成分。

设立正式开展的体育项目申请、审批程序为：

1. 各项目管理中心（或全国性的单项体育协会）起草书面申请报告，报国家体育总局竞技体育司；

2. 国家体育总局竞技体育司审核后报总局领导批准；

3. 总局领导批准后，由竞技体育司行文批复该项目管理中心（或全国性的单项体育协会）；

4. 向全国通告新设立的体育项目。

三、主办、承办单位竞赛管理职责划分

（一）主办、承办单位的确定

由于我国实行由体育行政部门主管竞赛的管理制度，除各单位、各系统、各行业举办的内部体育竞赛外，几乎所有的体育竞赛主办单位都必须是体育行政部门或者其他政府机关，即通常是“谁审批谁主办”。

体育竞赛的承办单位可能是体育行政部门、其他政府机关、企事业单位、社会团体及个人。根据《全国体育竞赛管理办法（试行）》，申请举办体育竞赛的组织和个人必须具备以下条件：

1. 能够独立承担民事责任；

2. 拥有与竞赛规模相当的组织机构和管理人员；

3. 已经制定具体的竞赛规程和比赛组织实施方案；

4. 拥有与竞赛规模相适应的经费；

5. 已经确定体育竞赛所需的场地、设施和器材。

当组织和个人向体育行政部门递交的竞赛申请书得到审批，获得了所申请竞赛的承办权后，申请人即成为竞赛的承办单位。

主办单位与承办单位是竞赛管理工作的共同运作者，应签订竞赛承办合同或者有关文件，以明确双方在竞赛管理中的职责划分，以保证各尽其责，协同配合，使竞赛能高效、有序、协调进行。

（二）主办单位竞赛管理职责

主办单位负责领导、协调和监督竞赛管理工作。一般而言，主办单位的竞赛管理职责包括但不限于：

1. 制定和解释竞赛规程总则（如有单项竞赛，则包括制定和解释单项竞赛规程）；

2. 确定竞赛的起止时间和开、闭幕式时间；

3. 审定竞赛日程和竞赛编排方案、抽签办法、训练日程；

4. 审定竞赛总秩序册（如有单项竞赛，则包括单项秩序册）；

5. 审定与竞赛相关的重要活动的方案及日程安排；

6. 提供竞赛场馆及设备、器材的规格、标准和数量要求；

7. 审定竞赛场地、器材、计时和记分系统和设备；

8. 检查和验收场馆建设与改造情况；

9. 组织运动员报名、注册，审定运动员资格；

10. 审定竞赛重要技术官员人选，包括裁判长、副裁判长等；

11. 审定竞赛创超纪录审批、公布办法；

12. 审定竞赛成绩公报方案；

13. 审定颁奖工作方案；

14. 建立仲裁委员会，处理竞赛争议问题；

15. 检查竞赛的试运转、测试赛；

16. 检查竞赛各项筹备工作进度，向承办单位提供竞赛有关的指导与支持；

17. 组织竞技发展有关调研活动。

（三）承办单位竞赛管理职责

承办单位在主办单位的领导下负责竞赛管理工作的计划、筹备和实施。一般而言，承办单位的竞赛管理职责包括但不限于：

1. 按照主办单位提供竞赛工作进度安排开展工作；

2. 制定和竞赛相关的总体方案，报主办单位审批；

3. 制定竞赛、训练编排方案，报主办单位审批；

4. 制定竞赛秩序册、成绩册清样，报主办单位审批；

5. 制定成绩公报方案，报主办单位审批；

6. 制定颁奖工作方案，报主办单位审批；

7. 制定与竞赛相关的其他重大活动方案与日程安排，报主办单位审批；

8. 根据主办单位提出的规格、标准、数量和要求，提供竞赛、训练用场馆、设备及器材；

9. 收集、整理、编印场馆、竞赛指南及其他有关竞赛信息，提供给主办单位；

10. 协助主办单位做好运动员报名、注册及资格审定工作；

11. 选派和培训辅助裁判员；

12. 根据竞赛情况，建立竞委会，执行具体竞赛管理工作；

13. 对竞赛管理相关工作人员进行培训；

14. 组织竞赛的试运转、测试赛；

15. 建立竞赛现场指挥系统，负责竞赛现场组织；

16. 为主办单位的调研活动提供工作条件；
17. 为赛事运作的其他系统提供竞赛信息采集和传递服务；
18. 提供竞赛管理的工作报告及总结。

第二节　体育赛事竞赛管理的主要工作

一、竞赛管理组织机构设置

（一）竞赛管理机构设置的基本要求

明确了主办单位与承办单位在竞赛管理中各自的职责后，承办单位要根据竞赛需要和自身情况，建立相应的竞赛管理组织机构。

竞赛管理组织机构没有固定的模式，与竞赛的规模、规格、复杂程度、历史传统及主办单位的要求有关，也与承办单位所拥有的人力、物力及财力资源情况有关。但无论采取何种形式的竞赛管理组织机构，都要以精简、统一、高效为原则，机构设置要合理，职能划分要明确，人员安排要专业，信息沟通要顺畅。

（二）综合性赛事的竞赛管理组织机构设置

综合性赛事由于规模较大，项目较多，其竞赛管理机构相对复杂，一般包括组委会竞赛部和各竞赛委员会（以下简称竞委会）两个主要组成部分。

竞赛部是组委会中竞赛工作的统筹机构，主要任务是负责制定、管理和实施竞赛工作的计划、方案，指导、管理竞委会的竞赛组织工作。竞委会则是具体负责各单项比赛筹备及竞赛组织的部门。

竞赛部及竞委会可以根据竞赛需要完成的各项任务，依职能设置内部部门和处室。竞赛部及竞委会工作人员配置要以工作计划和工作进度为依据，同时竞赛管理工作是专业性很强的工作，要求工作人员经验丰富、能力全面。

下面我们以第五届全国农民运动会的竞赛管理组织机构设置为例进行说明（图 6.1）。

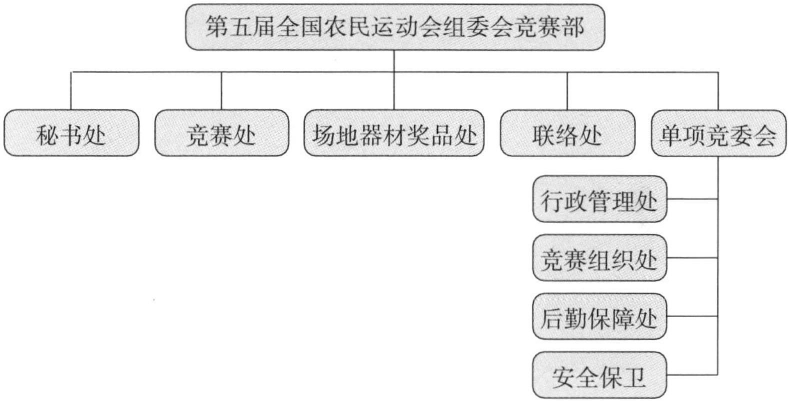

图 6.1 第五届全国农民运动会竞赛管理组织机构图

第五届全国农民运动会组委会竞赛部下设秘书处、竞赛处、场地器材奖品处及联络处，并对各单项竞委会的工作进行直接指导和管理。各处的主要职责如下。

1. 秘书处：负责文件拟写、校审、分发；资料分发、保管归档；财产保管和印章管理；负责上下和内外联络、会务、来信来访、接待、处理和协调工作；负责竞委会经费预算、审核、报批；负责竞赛部经费决算；负责工作用品购置、分发；票证领发；负责编制工作方案、计划、工作流程图；编制分发工作简报。

2. 竞赛处：负责接受、汇总、统计参赛人数和录取人数及奖励数；拟制各种竞赛表格；负责设计、编制、校审总日程安排表；赛场安排示意图、总秩序册、竞赛指南、总成绩册、各单项秩序册和成绩册；负责编制裁判员选调、培训方案；负责收集、汇总、审核各大项竞赛成绩，编制成绩公报；负责公布各代表团奖牌、总分。

3. 场地器材奖品处：负责竞赛器材统计，购置方案的编制和管理细则的制定；负责竞赛器材的招投标、购置、验收入库与分发和回收；负责裁判员服装、奖品的招投标、购置、验收入库和分发；负责督促、检查、验收比赛场地和灯光、音响；负责编制颁奖工作方案、颁奖礼仪小姐的选用、培训和分派。

4. 联络处：负责编制单项竞委会组建方案和工作指南；负责单项竞委会培训工作；负责与各单项竞委会的上传下达联络、协调工作。

5. 单项竞委会：第五届全国农民运动会共有 14 个单项竞委会，它们直接受组委会竞赛部指导和管理，各竞委会下设 4 个处，分别为竞赛组织处、行政管理处（含对外宣传）、后勤保障处（含医疗卫生、交通）、安全保卫处。各处的主要职责如下。

（1）行政管理处：制定本项目竞赛的工作计划及工作流程；负责单项竞委会内部各处室工作计划的汇总、检查、督办工作；拟定竞委会内部机构设置、工作职责和人员分工；编制竞委会经费预、决算；负责竞委会日常经费使用管理；协调竞委会内部各处室与组委会对口部门之间的联络；配合组委会宣传部做好本项目宣传；负责本项目赛场内外环境布置；负责竞委会会务工作，催办并检查落实会议议定事项；竞委会各类公文处理；选调、配备竞委会志愿者；本项目竞赛工作总结等。

（2）竞赛组织处：在竞赛部指导和管理下，开展本项目竞赛的筹备和组织工作；编排本项目竞赛、训练及活动日程，在规定时间上报竞赛部审核；根据竞赛部要求编印单项秩序册和单项成绩册清样并上报；记录本项目比赛成绩；组织、实施本项目颁奖工作；验收、安排、管理本项目比赛场馆、设备及器材；配合做好兴奋剂检查工作；保持与竞赛部的沟通及反馈等。

（3）后勤保障处：负责参加本项目竞赛的运动员、裁判员、技术官员、贵宾及其相关人员的接待工作；为本项目参赛人员提供便利的交通条件及返程订票服务；根据组委会医疗卫生部要求，制定本项目医疗卫生工作方案并组织实施等。

（4）安全保卫处：加强本项目竞赛、训练场馆的安全保卫工作；做好本项目参赛人员驻地宾馆、酒店的安全保卫及警卫工作；依照组委会安全保卫部制定的总体方案，制定本项目的突发事件应急预案等。

以上是以第五届全国农民运动会组委会竞赛管理机构的设置实例，在实际的竞赛管理运作中，竞赛部及竞委会的组成结构与人员配置会依据赛事具体情况而不同。

（三）单项赛事的竞赛管理组织机构设置

单项赛事的竞赛管理组织机构设置相对来说较为简单，一般采取单一型组织结构形式，即在体育赛事运作管理机构内部设置竞赛组织部门，部门内部不再另设处室。工作人员直接由部门主管管理，受其领导，向其负责。

二、竞赛管理常规文件编撰

（一）竞赛规程

竞赛规程是体育赛事竞赛管理的纲领性文件，是竞赛管理工作的最高权威和指导，是竞赛组织者与参与者都必须遵循的法规。综合性运动会的竞赛规程包括竞赛规程总则（即总规程）和单项竞赛规程。单项赛事则只需制定单项竞赛规程。 竞赛规程一般由主办单位制定，并下发各参赛单位及承办单位征求意见，修订后由主办单位公布及下发。

竞赛规程的主要内容一般包括但不限于以下内容：

1. 竞赛名称和简称
2. 竞赛日期和地点
3. 竞赛项目
4. 参加单位
5. 运动员的参赛资格
6. 参加办法
7. 竞赛办法
8. 兴奋剂检查、血液检查和性别检查
9. 录取名次和奖励办法
10. 比赛成绩公布
11. 报名和报到
12. 技术官员和仲裁委员会
13. 未尽事宜和规程解释权

（二）竞赛秩序册

竞赛编排工作是保证竞赛秩序、实施竞赛计划的重要环节之一，而竞赛秩序册正是竞赛编排工作的文字体现。综合性运动会在各单项竞赛秩序册的编制基础上汇编总秩序册，单项赛事则只需编制单项竞赛秩序册。竞赛秩序册一般由竞赛承办单位负责编制，由主办单位进行审定。

竞赛秩序册的主要内容一般包括但不限于以下内容：

1. 比赛名称
2. 比赛日期和地点
3. 主办单位
4. 承办单位
5. 竞赛组织结构图

6. 竞赛规程和补充规定
7. 组委会、各部、室人员名单
8. 各场馆、竞委会和仲裁委员会主任和裁判长名单
9. 参赛单位名单
10. 竞赛总日程表
11. 单项竞赛日程表
12. 竞赛相关活动日程表
13. 竞赛场馆分布示意图
14. 世界、亚洲及全国纪录表

（三）竞赛总结

竞赛总结是在竞赛结束后，对竞赛管理的整体情况进行实事求是的概括，总结经验与教训，提出改善建议的书面文件。

竞赛总结主要内容

1. 竞赛基本情况：包括竞赛名称、日期、地点、举办项目，参赛人员的数量，竞赛成绩，超、破、平纪录的情况，外界的评价等；

2. 竞赛基本评价：以竞赛规程和主办单位对竞赛的有关要求为标准，衡量竞赛组织管理工作水平，竞赛管理人员的素质，技术官员的工作水平及业务能力，场馆设备器材等竞赛物质条件的质量，竞赛管理的科技含量，竞赛管理与赛事其他方面工作的协调、配合情况等；

3. 竞赛经验与教训：竞赛管理中的优点与成绩，与过往竞赛管理相比突出的改善与进步，竞赛管理中出现的失误或事故，竞赛管理中出现的新问题、新课题等；

4. 可能的解决方案或建议：主要是针对竞赛中出现的问题，向主办单位提供竞赛承办单位的意见与建议。

三、竞赛场馆、设备与器材管理

场馆、设备与器材是实现竞赛管理必备的物质条件。

场馆包括竞赛场地、训练场地和备用场地。

场馆的功能性用房主要包括技术代表室、技术官员室、兴奋剂检查站、医疗室、运动员休息室、运动员更衣室、录像控制室、计算机与计时记分控制室、新闻中心、颁奖仪式预备室、贮藏室等。

场馆的功能性设备主要包括指挥高度系统、比赛显示及控制系统、计时计划及比赛成绩处理系统、仲裁录像系统、网络与通信系统、计算机信息系统、现场录像采集及回放系统、消防报警系统、温控系统等。

并非所有的赛事都需要具备以上所列的全部功能性用房及设备，不同赛事对于场馆、设备与器材具有不同的需要。在选择场馆及设备时需要综合考虑竞赛需要及成本支出，但达到主办单位规定的标准和要求是选择场馆及设备的最低限度。比赛器材的采购、安装与调试要按照主办单位要求的规格、数量、型号及进度进行，对于器材使用、保管、分配以及赛后处理要及早做出方案。必要的器材需要器材供应商派出员工提供现场服务，以保证赛事平稳安全进行。

关于竞赛场馆、设备的管理，体育赛事运作管理者还需要重视及关注体育场馆及设备智能化的趋势。近年来在国内举办大中型赛事中，智能化系统起到越来越重要的作用，新建的大型场馆大多对这方面进行了大量的投入。

与竞赛直接相关的智能系统一般包括：（1）楼宇设备自控系统（Building Automation System，BAS）：是场馆建筑主体的基本系统，主要是对场馆的水、电、空调、通风、电梯等设备的检测与监控。通过 BAS 实现对场馆上述机电设备的监控与管理，可以节约能源和人力资源，为竞赛创造更舒适安全的环境；（2）场地照明及控制系统：一般设有不同的使用模式，比如观众进出场及不同比赛的模式，并和 BAS 连接；除此之外，还有广播系统、主记时时钟系统、计时记分及成绩处理系统、现场影像采集及回放系统及比赛中央控制系统。

其他的如大屏显示系统、升旗控制系统、电视转播和现场评论系统、消防报警及联动系统、综合安保系统、通信系统等，与竞赛也有不同程度的联系。赛事运作管理者在选择场馆时，有必要事先详细了解场馆所具有的智能化系统，各系统所具备的功能及使用的成本。

第三节　体育赛事竞赛相关人员管理

体育赛事竞赛相关人员包括运动员、教练员、裁判员、领队、医生、兴奋剂检测人员、性别检测人员、技术统计人员及竞赛组织工作人员等。本节着重对运动员及裁判员的管理进行阐述。

一、运动员管理

（一）运动员参赛资格

不同的赛事对运动员的参赛资格有不同的规定，这与赛事的目标与特征紧密相连。

与参赛资格有关的标准十分重要，关系到能否体现公开、公平、公正原则及实现赛事的目标，以至于赛事的主办单位通常将这些标准以书面形式准确记录下来，作为赛事的正式文件广泛地加以宣传，力求使赛事所有相关人员彻底理解。

一般运动员参赛资格的标准包括以下几种：

1. 籍地限制。国际型的赛事对参加赛事的运动员的国籍都有明确而具体的规定，而国内举行的大型赛事则一般会对运动员的省籍进行规定。比如，参加奥运会的运动员必须是选派他参赛的国家奥委会所在国的国民；如果一个运动员同时是两个或两个以上国家的国民，他只能代表其中一个国家参加奥运会，这个国家由他自己选择；曾经在奥运会、洲或地区的运动会、被有关国际单项体育联合会承认的世界锦标赛或地区锦标赛中代表一个国家的运动员，如果他改变了自己的国籍或取得新国籍，必须在改变国籍或取得新国籍 3 年以后，才能代表新国家参加奥运会。

2. 身份限制。实质上是对运动员所属群体的要求。比如，2005–2006 年中国大学生男子篮球超级联赛规定，参加该联赛的所有运动员必须是按照教育部关于全国高等学校招生、录取的有关规定（以及相关的特殊招生政策），经考生所在地高等学校招生委员会（办公室）审核录取（已在教育部高校学生司注册备案）的在校在读全日制学生（含研究生和双学位学生）。

3. 年龄限制。即对运动员所处的年龄段进行规定。比如，国家对参加全国城市运动会的运动员年龄有严格限制，明确规定一般在 18 岁以下，主要由地市级的城市为单独的参加单位。这是因为举办全国城市运动会的目的是为了发现和培养奥运会重点项目的后备人才，为参加以奥运会为最高层次的国际赛事锻炼队伍，促进我国参加奥运会运动员队伍的年龄梯队建设，同时推动城市体育事业，尤其是竞技体育的发展，为国家的奥运战略做贡献。

除以上标准，不同的体育赛事对运动员参赛资格还会有一些具体的要求，包括不使用禁用的药物和方法，公正比赛和非暴力精神等。运动员如果违反这些规定，将被取消比赛资格， 所取得的成绩无效。在我国，参加国家体育总局主办的全国综合性运动会和全国单项竞赛的运动员除遵照赛事本身的资格标准，还必须遵守《全国运动员注册与交流管理办法（试行）》（见本章相关链接二）。

体育赛事运作管理机构在拟定运动员参赛资格的标准时，需要着重从以下两方面考虑。

首先，要从赛事的目标和特征出发，而并不是“为标准而标准”。比如专业性的赛事着重于竞技水准，需要对运动员的专业水准进行更多的关注；如果是综合性运动会，运动员往往作为代表团成员参加，为了保证赛事的公平、公正，则对运动员的籍地审核更为严格；如果是群众性的赛事，目标在于吸引更多的人参与，促进运动项目的发展，那么对于年龄、专业性的要求则相对宽泛。

其次，要将赛事的传统与现实的发展相结合。连续性的赛事都已有明确而具体的运动员资格标准，保持这些标准的稳定性有利于赛事的发展。但保持标准的稳定性并不意味着因循守旧、一成不变，也应根据现实的发展而有所变化。

（二）运动员安全

对于运动员安全的管理不仅仅是提供符合安全标准的场地、设备与器材，还需要综合考虑诸多因素，比如对运动员遭受攻击的可能性的防范。具体的措施包括：

1. 对涉及运动员安全的因素进行重要性排序。这是做好运动员安全管理工作的基础。涉及运动员安全的因素相当繁杂，包括了运动员衣食住行各个方面，如果不对各种因素作整体了解，对资源进行统筹安排，常常会顾此失彼，或者因小失大。

2. 对运动员比赛场地及住宿宾馆进行全面检查，合理分布安保力量。一个值得推荐的行之有效的方法是设身处地，模拟运动员的身份、日程及常规途径，对比赛场地、住宿宾馆等区域进行“试用”，有利于发现运动员安全工作中的“盲点”

3. 严格执行证件标准，加强证件检查工作。对于能进入比赛场地、运动员休息室、运动员更衣室等不同场所的人员与身份进行限定，必要时使用金属探测器等设备。

4. 提高运动员自身安全意识，增强对于竞赛及非竞赛风险的认识，并根据不同类型的运动员的特征制定安全意识培训措施。比如对于非专业性运动员要着重使其了解运动损伤发生的原因、预防的措施，以及一旦发生运动损伤的一些急救措施。此外，还要注意由于运动员意识形态不同、种族不同、民族不同等非竞赛因素可能导致的安全风险，及时发现和消除矛盾。

（三）反兴奋剂

兴奋剂主要是指在运动训练和运动竞赛中，因违反体育道德和医学道德而被国际体育组织禁用的药物和方法。在当代体育赛事的竞赛管理中，兴奋剂问题已经成为国际体坛面临的严重挑战之一。违禁药物滥用是现实问题，必须承认，并应该采取预防性手段加以处理和遏制。运动员在赛事中使用兴奋剂意味着企图以不正当的手段获得不正当的荣誉和利益。这种行为不仅危害了运动员本身的身体健康和生命安全，也违背了体育赛事追求公平竞争的根本原则。

我国政府对于体育赛事中的兴奋剂问题颁布了有关法规文件，包括《反兴奋剂条例》《全国性体育竞赛检查禁用药物的暂行规定》《关于在体能类项目中实行赛前血液检查的试行办法》《兴奋剂检查站场地设施要求》等。在体育赛事尤其是大中型体育赛事中，需要依照上述规定与办法进行兴奋剂检查工作，为运动员提供公平竞争的环境。

兴奋剂检查工作包括制定兴奋剂检查分布计划、挑选受检运动员、样品收集、样品传送、样品检测、结果管理与监督等工作。兴奋剂检查工作应以重点检查高危险项目重点，兼顾中、低危险项目的原则，充分考虑整体方案的科学性、合理性、有效性，根据赛事特点、参赛运动员数量等相关因素，对赛前检查、比赛检查、尿检、血检等工作制定出详细计划和实施方案。兴奋剂检查工作人员进行检查时，必须按照兴奋剂检查规则，应当有2名以上检查人员参加，并出示兴奋剂检查证件；向运动员采集受检样本时，还应当出示按照兴奋剂检查规则签发的一次性兴奋剂检查授权书；受检样本交由国务院体育主管部门确定的符合兴奋剂检测条件的检测机构检测。除加强对兴奋剂检查的管理外，体育赛事运作管理机构应该不断加强对运动员反兴奋剂的宣传教育工作。

二、技术官员的管理

技术官员一般包括仲裁委员、裁判员、辅助裁判员，是竞赛活动中的执法队伍和监督队伍，是保证竞赛公正、公平进行的重要力量。这里主要介绍裁判员的管理。

裁判员在任何体育赛事中都是必不可少的角色。他们需要有良好的技术及业务水平，必须熟知规则并能够精确地讲解规则，认识到自己对参赛者的职责，具有良好的运动道德，并且谦恭、诚实、友善、合作、公正，能够自始至终地控制比赛。

在我国，由国家体育总局及地方各级体育行政部门对裁判员进行管理，根据裁判员的技术等级和业务水平，对裁判员实行分级审批，分级注册，分级管理。国家体育总局授权全国性单项体育协会对本项目的国家级以上裁判员进行考核和注册，地方各级体育行政部门对本地区、本部门审批的裁判员进行考核和注册。

体育赛事的裁判员管理主要包括以下几方面工作：

1. 裁判员的选派。包括确定赛事所需裁判员的数量、选派标准、选派办法。裁判员的选派要从赛事规格及竞赛实际需要出发，综合考虑裁判员级别（分为国际级、国家级、一级、二级、三级）、裁判员经验及其他方面的素质要求。一般情况下，赛事的主要裁判员由主办单位选派，其他裁判员由承办单位、主办单位或全国性单项体育协会批准。

2. 裁判员的培训。主要裁判一般由主办单位负责培训，其他裁判由承办单位进行培训。培训的内容、方式应根据培训对象的具体情况而有所区别与侧重。比如，对二、三级裁判员的培训重在基础，对一级以上裁判员的培训重在提高。

3. 裁判员的监督。主办单位或承办单位应建立并不断完善对裁判员的监督机制，组织运动员对裁判员的工作作风、职业道德、裁判水平进行监督和评议，并根据评议结果，依据裁判员管理办法对裁判员进行相应的奖惩。

本章思考题

对参与体育赛事的运动员进行资格验证，其意义何在？

本章练习题

1. 体育赛事的竞赛规程一般包括哪些内容？
2. 合理的体育赛事竞赛编排至少要考虑哪些因素？

相关链接一

全国体育竞赛管理办法（试行）

（国家体育总局令第3号 2000年3月16日）

第一章 总则

第一条　为加强体育竞赛的宏观管理，发展体育事业，提高体育运动水平，根据《中华人民共和国体育法》和国家有关法规，制定本办法。

第二条　本办法所指的体育竞赛，是指由国务院体育行政部门和县级以上地方各级人民政府体育行政部门批准的，在中华人民共和国境内举办的国际或国内各级、各类综合性运动会、单项体育竞赛和体育表演活动。

第三条　体育竞赛项目由国务院体育行政部门确定。开展新的体育竞赛项目，必须报经国务院体育行政部门批准立项，并审核确定该项目的竞赛规则、规程和竞赛计划，各级体育行政部门方能批准举办该项目各级体育竞赛。

第四条　国务院体育行政部门主管全国体育竞赛工作。县级以上地方各级人民政府体育行政部门主管本行政区域内的体育竞赛工作。

第二章　竞赛计划和审批登记

第五条　举办体育竞赛实行审批登记制度。国务院体育行政部门负责审批在中华人民共和国境内举办的全国性和国际性体育竞赛；县级以上地方各级人民政府体育行政部门负责审批地方性体育竞赛。解放军、各行业和各院校举办的内部体育竞赛，可以依据本办法制定相应的审批登记制度。

第六条　国务院体育行政部门和县级以上地方各级人民政府体育行政部门每年年底统一审批、制定第二年体育竞赛计划，由各级单项体育协会或经审批机关授权的单位管理和组织实施。

第七条　申请举办体育竞赛的组织和个人(以下简称为“申办人”)，应当具备下列条件：

（一）能够独立承担民事责任；

（二）拥有与竞赛规模相当的组织机构和管理人员；

（三）已经制定具体的竞赛规程和比赛组织实施方案；

（四）拥有与竞赛规模相适应的经费；

（五）已经确定体育竞赛所需的场地、设施和器材。

第八条　申请举办体育竞赛的申办人应当向相应的体育行政部门提交下列材料：

（一）竞赛规程，包括竞赛项目、竞赛时间和地点、参加单位和参加办法、竞赛办法和竞赛规则及奖励办法等；

（二）举办单位法定代表人签署的申请书；

（三）有关业务主管部门审批的文件。

第九条　申请举办体育竞赛的申请书必须于举办该项体育竞赛前两个月提交相应的体育行政部门，并载明下列事项：

（一）名称，包括体育竞赛名称、主办单位名称和承办单位名称等；

（二）举办体育竞赛的宗旨；

（三）经费的来源和用途；

（四）该项体育竞赛的筹备实施方案等；

（五）体育行政部门认为必须说明的其他事项。

第十条　跨行政区域举办的体育竞赛，申办人必须到比赛举办地体育行政部门进行审核、登记，并由举办地体育行政部门负责监督管理。

第十一条　体育竞赛的名称必须与竞赛的实际内容一致。非经国务院体育行政部门审批的体育竞赛，不得冠以“世界”“国际”“亚洲”“中国”“全国”“国家”“中华”等字样。

第十二条　体育竞赛需要办理治安、工商、卫生、税务等其他审批手续的，申办人应当按照有关规定办理。

第十三条　经批准登记的体育竞赛，变更竞赛时间、地点、组织形式或撤销该体育竞赛，必须经有关业务主管部门审查同意后，向原审批体育行政部门申请变更或撤销。

第十四条　申请举办综合性运动会的申办人还应当遵守国务院体育行政部门有关综合性运动会的规定。

第三章　竞赛管理

第十五条　体育竞赛实行督察员制度，督察员由国务院体育行政部门派出，负责监督检查全国各项体育竞赛中的赛风、赛纪和裁判员执法中的有关情况。全国性单项体育竞赛的督察员也可以由全国单项体育协会派出。具体办法另行制定。

第十六条　各级体育行政部门对申请举办体育竞赛的申办人行使下列监督管理职能：

（一）监督申办人履行审批、登记手续；

（二）监督申办人遵守有关体育竞赛的法规；

（三）监督申办人依据审批登记中载明事项和条件的范围内进行活动。

第十七条　参加体育竞赛的教练员、运动员和裁判员必须遵守国家对体育竞赛的有关规定，遵守体育道德，严禁使用兴奋剂、弄虚作假、营私舞弊，严禁利用体育竞赛进行赌博活动，违反者依据有关法规进行处罚直至追究法律责任。

第十八条　体育竞赛的申办人有下列情形之一的，负责审批该体育竞赛的体育行政部门可以根据情节轻重分别予以警告、暂停和取消该项体育竞赛的处罚：

（一）申请、登记中隐瞒真实情况，有弄虚作假行为的；

（二）从事与申请书中载明的目的和意义不一致活动的；

（三）组织的相关活动有害于运动员身心健康或有损于社会主义精神文明建设的。

第十九条　未经国务院体育行政部门和县级以上地方各级人民政府体育行政部门审批、登记，擅自举办体育竞赛，不听劝阻的，体育行政部门可以停止举办该项体育竞赛并对举办者进行处罚。

第四章　附则

第二十条　各省、自治区、直辖市体育行政部门可以根据本办法制订相关办法或具体实施细则并报国家体育总局备案。

第二十一条　本办法自颁布之日起施行。

相关链接二

全国运动员注册与交流管理办法（试行）

第一章　总则

第一条　为了加强运动员队伍管理，保证训练竞赛工作质量，促进运动人才资源合理配置，推动体育事业发展，根据《中华人民共和国体育法》制定本办法。

第二条　本办法所称运动员，是指参加国家体育总局主办的全国综合性运动会和全国单项竞赛的运动员。

第三条　运动员注册与交流应本着自愿、公开、合法、有序的原则进行。

第四条　国家体育总局主管全国运动员的注册与交流。全国性单项体育协会或国家体育总局运动项目管理中心（以下简称为"运动项目管理中心"）对本项目运动员实行注册与交流的管理。

第二章　注册

第五条　运动员参加国家体育总局主办的全国综合性运动会和全国单项比赛，应代表具有注册资格的单位（以下简称为"单位"）进行注册。

第六条　各省、自治区、直辖市、新疆生产建设兵团、解放军、行业体协及经过国家体育总局、全国性单项体育协会或运动项目管理中心批准认可的参加全国成年、青年和少年比赛的单位是具有注册资格的单位(香港和澳门特别行政区除外)。

第七条　运动员本人或其法定监护人应与拟代表的注册单位签订代表资格协议。

第八条　运动员与注册单位签订的代表资格协议期限为 2~9

年。运动员法定监护人与注册单位签订的代表资格协议的终止日期不得超过该运动员年满16周岁的日期。

第九条 代表资格协议书由国家体育总局统一印制，主要包括以下内容：

（一）协议双方名称（甲方、乙方）；

（二）协议双方的权利和义务；

（三）协议的起止日期；

（四）年满16周岁运动员本人或未满16周岁运动员的法定监护人签字和指纹印；

（五）注册单位法人代表或被授权人签字和单位盖章；

（六）违反责任及解决争议的方法；

（七）签署协议的日期；

（八）其他协议所包含的内容。

第十条 注册单位应当自代表资格协议签订之日起12个月内为运动员进行注册。逾期不注册，代表资格协议自动失效。

第十一条 首次注册的运动员须出示当地县级公安部门提供的户籍证明原件，年满16周岁的运动员还须出示本人身份证原件。

第十二条 每年12月1日至次年1月31日为夏季项目的年度注册期和年度确认期。每年6月1日至7月31日为冬季项目的年度注册期和年度确认期。

年度确认是指已注册运动员在代表资格不变的情况下进行的下一年度的注册。

第十三条 具有注册资格的单位每年必须在规定的时间内持有效的代表资格协议到全国性单项体育协会或运动项目管理中心为运动员办理代表资格登记注册或确认手续。

第十四条 注册单位未在年度确认期为运动员办理确认手续，其代表资格协议终止，运动员有权向全国性单项体育协会或运动项目管理中心提出申诉，并可自主选择新的注册单位。

第十五条　全国性单项体育协会或运动项目管理中心须在每一年度注册期结束后 10 天内，将本年度注册名单以文件形式向全国公布。

第十六条　注册证是运动员注册的凭证，用于确定运动员的代表单位和参赛资格。

第十七条　注册证由全国性单项体育协会或运动项目管理中心统一颁发，由注册单位负责管理和使用。

第十八条　运动员注册的费用按照国家体育总局体经济字〔2002〕479 号转发的国家计委、财政部《关于运动员注册费等收费标准及有关事项的通知》的规定执行。

第十九条　注册单位必须保证本单位注册运动员每两个注册年度之内至少参加一次国家体育总局、全国性单项体育协会或运动项目管理中心举办的全国性比赛，或经批准举办的有 4 个以上（含 4 个）的省（区、市）级单位参加的区域性比赛。否则，运动员有权终止原注册协议，并自主选择新注册单位。

运动员确因伤病不能参赛或注册单位已报名参赛但该运动员无故不参赛的除外。

第二十条　代表资格协议期满后，注册单位享有对该运动员的注册优先权。注册优先权期限根据所签订的代表资格协议的期限确定：

1~3 年（含 3 年），注册优先权期限为 12 个月；

4~6 年（含 6 年），注册优先权期限为 24 个月；

7~9 年，注册优先权期限为 36 个月。

注册优先权期限内，如原注册单位需要，运动员只能与其签订代表资格协议。

第二十一条　运动员在注册优先权期限内与原注册单位签定代表资格协议的，新的注册优先权期限按续签代表资格协议的时间确定。

第二十二条　运动员协议期满后的第一个年度注册期，如原注册单位愿意继续留用运动员，但未能签订代表资格协议的，必须在该注册期内，向国家体育总局运动项目管理中心或全国单项运动协会提交注册优先权的报告。否则，该注册优先权自该年度注册期截止之日起终止。

第二十三条　注册优先权期限已满，如原注册单位未能与运动员重新签定代表资格协议，运动员可自主选择注册单位。

第二十四条　已代表省、自治区、直辖市、新疆生产建设兵团、行业体协及国家体育总局、全国性单项体育协会或运动项目管理中心认可“单位”注册的运动员，也可代表相应项目的俱乐部进行注册。参加俱乐部比赛以外的其他全国性年度正式比赛和全国综合性运动会时，必须代表原注册单位。

第二十五条　首次代表俱乐部注册的运动员，也可代表省、自治区、直辖市、新疆生产建设兵团、行业体协等进行注册。此类运动员注册的最终决定权属于俱乐部。

第二十六条　高等院校学生入校前已代表省、自治区、直辖市、新疆生产建设兵团、行业体协等注册的，也可代表学校进行注册。此类运动员注册的最终决定权属于省、自治区、直辖市、新疆生产建设兵团和行业体协。

第二十七条　高等院校学生入校前未注册的，代表学校注册后，也可代表省、自治区、直辖市、新疆生产建设兵团和行业体协进行注册。此类运动员注册的最终决定权属于学校。

第二十八条　进行双重注册时，应当出具双重注册协议。双重注册协议由已注册方、新注册方和运动员本人或法定监护人签订。

第二十九条　高等院校学生终止学业时，代表学校的注册自然终止，运动员可自主选择注册单位。如为双重注册运动员，注册的最终决定权自然归属另一注册方。

第三十条　运动员在代表资格协议期和优先权期限内，未经原注册单位同意，不得与其他任何单位再次签订代表资格协议。否则，对当事人予以处罚。处罚期满后，运动员只能由原注册代表单位进行注册。双重注册的运动员除外。

第三十一条　运动员的注册年龄，以首次注册时公安部门出具的户籍证明原件和运动员本人的身份证原件为准。

第三章　解放军运动员的注册

第三十二条　解放军体育部门在地方招收未注册过或注册优先权期限已满的运动员，凭军队专业体工队上级主管部门出具的入伍证明进行注册。

第三十三条　解放军体育部门在地方招收已注册或在注册优先权期限内的运动员，凭军队专业体工队上级主管部门出具的入伍证明和与运动员注册单位的输送协议进行注册。输送协议须由运动员所属的省级体育行政部门和军队专业体工队上级主管部门及运动员本人三方共同签订。

第三十四条　解放军体育部门在地方招收的未注册过或注册优先权期限已满的运动员，退伍后可以凭退伍证明代表任何具有注册资格的单位进行注册。

第三十五条　解放军体育部门在地方招收的已注册或在注册优先权期限内的运动员，在解放军服役满 48 个月，退伍后按本办法第三十四条执行；服役不满 48 个月，如没有得到原注册的省级体育行政部门的许可，退伍后 24 个月内只能代表入伍前注册的省级体育行政部门注册。

第四章　交流

第三十六条　在代表资格协议期或注册优先权期限内的运动员，经省、自治区、直辖市、新疆生产建设兵团和行业体协同意并签署交流协议，可变更注册单位。

第三十七条　交流协议须由运动员原注册单位和新注册单位的法人代表及年满16周岁运动员本人或未满16周岁运动员的法定监护人三方共同签订。

第三十八条　交流协议由国家体育总局统一印制，主要包括以下内容：

（一）协议三方具体名称；

（二）交流的起止时间；

（三）协议三方的权利和义务；

（四）年满16周岁的运动员本人或未满16周岁运动员的法定监护人签字和指纹印；

（五）协议双方单位法人代表或被授权人签字、单位盖章；

（六）协议双方单位的省级体育行政部门意见和法人代表或被授权人签字、单位盖章；

（七）违反责任及解决争议的方法；

（八）签署协议的日期。

第三十九条　交流协议须经全国性单项体育协会或运动项目管理中心审核，并报国家体育总局批准后生效。

第四十条　新注册单位凭交流协议可与年满16周岁运动员本人或未满16周岁运动员的法定监护人签订代表资格协议，并到全国性单项体育协会或运动项目管理中心办理交流注册手续。

第四十一条　运动员交流到新单位须注册满24个月，方可再次进行交流。

第四十二条　进行双重注册的运动员，交流权属于拥有注册最终决定权的单位。

第五章　参加比赛

第四十三条　代表省、自治区、直辖市、新疆生产建设兵团、行业体协注册的运动员，可代表本行政区域或系统内下一级单位参加全国比赛。

第四十四条　运动员参加全国综合性运动会，其代表资格按照全国综合性运动会竞赛规程总则及其他相关规定确定。

第四十五条　外籍运动员参加的全国单项比赛，应符合全国性单项体育协会的有关规定。

第六章　处罚

第四十六条　对违反本办法规定的运动员，视情节轻重给予当事人停止比赛、停止 1~4 年注册资格直至取消终身注册资格的处罚。

第四十七条　对违反本办法规定的单位，视情节轻重给予通报批评、罚款（按单项运动协会的有关规定执行）、停止该项目队伍参加全国比赛、停止 1~4 年注册资格直至取消注册资格的处罚。

第四十八条　触犯刑法的运动员，自动取消其注册资格。

第七章　裁决

第四十九条　运动员注册和交流过程中发生争议问题或出现违规行为，任何单位或个人均可以书面形式向国家体育总局、全国性单项体育协会或运动项目管理中心提出申诉或进行举报。

第五十条　全国性单项体育协会或运动项目管理中心须在接到申诉或举报 30 天内做出裁决。

第五十一条　当事人对全国性单项体育协会或运动项目管理中心的裁决或处罚有异议，可在裁决公布之日起 20 天内，向国家体育总局提出书面复议申请，国家体育总局须在收到复议申请之日起 30 天内做出最终裁决。

第五十二条　负责运动员注册与交流管理工作的单位和个人，出现违纪、违规行为的，将视情节轻重给予党纪或政纪处分。

第八章　附则

第五十三条　全国性单项体育协会或运动项目管理中心在不违反本办法规定的前提下，可根据项目特点制定相应的实施细则，并报国家体育总局审批同意后实施。

第五十四条　本办法的解释权和修改权属国家体育总局。

第五十五条　本办法自颁布之日起执行。原国家体委《运动员参加全国比赛代表资格注册管理办法》（体训竞综字〔1996〕032 号）和国家体育总局《全国运动员交流管理办法》（体竞字〔1998〕097 号）同时废止。凡原国家体委或国家体育总局及全国性单项体育协会或运动项目管理中心的文件与本办法不相符的，按本办法执行。

【国家体育总局网站 www.sport.gov.cn】

第七章 体育赛事的市场营销

本章学习要点：

- 体育赛事市场营销的含义与对象
- 体育赛事市场营销代理
- 体育赛事市场营销方式
- 体育赛事与媒体宣传的关系
- 媒体对赛事报道取舍的决定因素
- 制作与提供赛事宣传素材的基本准则
- 建立新闻中心与广播电视中心的步骤
- 体育赛事公共关系的含义
- 体育赛事视觉识别系统的组成
- 体育赛事主要的公共关系活动

第一节　体育赛事市场营销概述

一、体育赛事市场营销的含义

著名营销学家菲利普·科特勒认为，市场营销是指个人和群体通过创造并同他人交换产品和价值，以满足需求和欲望的一种社会和管理过程。在此定义的基础上，我们将体育赛事市场营销定义为以体育赛事及其相关产品和服务为载体，以满足体育赛事相关利益个人或群体需求为目标的一种运作管理过程。体育赛事市场营销根据营销主体的不同而具有不同内涵。

从广义上而言，任何与体育赛事有利益关系的个人或群体都可以成为营销主体,主动的运用营销手段,使体育赛事为满足其需求而服务。申办体育赛事的当地政府可视为赛事营销主体,其申办赛事是为了对城市和政府进行营销,使赛事成为“城市名片”,提高城市知名度、美誉度等等。参与体育赛事的运动员也能成为赛事营销主体，尤其是在完全市场化运作的西方发达国家体育赛事市场中，运动员及其经纪公司会对运动员参与的赛事进行仔细选择，以有利于运动员竞技水准及个人知名度的提高。向体育赛事提供赞助和支持的企业也是赛事营销主体，通过赛事平台建立与消费者的沟通渠道,传递企业信息,增加产品销量，提升企业品牌等。

从狭义上而言，体育赛事市场营销主体只能是对体育赛事有经营决策权的个人或群体才能成为赛事营销主体。此种意义上的体育赛事市场营销主体即体育赛事的运作管理机构。

本书所阐述的体育赛事市场营销，正是从狭义的范围出发，即站在体育赛事运作管理机构的角度，探讨在不断变化的体育赛事运作内外环境中，如何以体育赛事为载体，通过满足赛事相关利益个人与群体的需求，从而实现体育赛事的经济及社会效益。此种意义上的体育赛事市场营销主要包括如下内容：向运动员介绍赛事，吸引运动员参与；吸引媒体报道赛事；吸引公众前来观看比赛或者关注媒体对赛事的报道；与政府部门进行沟通，以获得政府对赛事强有力的支持及参与；寻求企业及其他团体、个人对赛事的赞助、捐赠与支持；寻找能为赛事提供各种高效、专业化产品与服务的供应商等。

二、体育赛事市场营销对象

根据体育赛事营销的主要内容，体育赛事的营销对象主要包括六类，即运动员、观众、媒体、政府、赞助商以及能为赛事提供产品或服务的供应商。

1. 运动员

运动员是体育赛事的主要参与者，他们的表现带来了视觉的刺激和精神的娱乐，他们是体育赛事的重要主体之一。因此运动员是体育赛事营销的主要对象，尤其是吸引高水平运动员的参赛能够提升赛事的档次和水平，从而引起全世界的瞩目。比如现在每年举行的网球四大满贯赛事，集中了全世界网球界最为顶尖水平的运动员参赛，其效果和影响力巨大，短短的十几天的赛事成为人们的盛大的节日。赛事运作管理机构可以与运动员所在的俱乐部、运动队或者教练、经纪人联系，吸引大量的高手参赛。

2. 观众

观众既包括赛事的现场观众又包括通过电视等媒体观看直播的观众。体育赛事运作管理机构可以通过邮寄宣传品、媒体、互联网等进行宣传，扩大赛事的受众群体，需要制定不同层次的门票，满足不同的消费群体。比如，媒体公司 Initiative Media 针对 2005 赛季 F1 大奖赛的观众情况进行了调查，剖析了 F1 比赛观众群体的构成情况。结果表明：与其他体育赛事相比，收看 F1 比赛的观众中高收入者所占比例远远领先，而高收入群体恰恰是 F1 进行赛事营销的主要目标。

3. 媒体

媒体是体育赛事组织者做好宣传工作需要借助的强有力的手段。因此，要正确认识到赛事的运作管理机构与媒体是合作共赢的关系，进而处理好与媒体的关系。通常大型体育赛事在筹委会成立时，赛事倒计时一周年时都会召开新闻发布会，这时需要向重要的媒体发出邀请函，向媒体介绍赛事的特点与“亮点”。赛事的组织者也可以视赛事的情况选择特定的媒体作为合作者。

4. 政府

在我国现行的体制下，政府的权力是一种非常重要的资源，需要进行详细的策划，主动地利用这一资源。要向政府宣传通过举办赛事能够为举办地带来的利益，比如知名度的扩大、美誉度提升、综合性的社会效益等等。最终要达到的目的是引起政府的关注，并让其提供政策支持，提供政府各部门的协助，并通过政府号召来扩大民众对赛事关注与支持，进而提升体育赛事的价值。

5. 赞助商

赞助商的选择和谈判是体育赛事营销中最为重要的一个环节。吸引不同赞助层次的企业是体育赛事营销最为重要的目标，也是赛事运动管理者机构能否为赛事筹集足够的资金，创造赛事经济效益的关键。要进行详细的赛事整体策划，寻找到企业与赛事的契合点，实现赛事运作管理机构与企业的双赢。

6. 供应商

体育赛事，尤其是大型体育赛事的运作管理是一个非常浩大的系统工程，工作量大，涉及面广，专业性强，时限要求高，单凭体育赛事运作管理机构一己之力很难保证赛事的成功举办，也不利于运作成本的控制和效率的提高。因此往往需要一些专业化的服务公司进行支持，比如说开幕式的设计、市场推广、旅游、餐饮、食宿的安排等等，需要由专门的公司来进行协助。通过与专业的公司合作不仅分担了赛事运作管理机构的巨大压力而且也整合了当地的资源，提高了赛事的质量。因此，这些专业化的公司也是赛事营销的重要对象。

尽管我们将体育赛事的市场营销对象划分为以上具有某些共同特点的群体，但同一群体中的不同个体对赛事仍然会有不同的需求。比如，对于尚未进入本地市场的企业而言，赞助赛事的最大动机可能是寻求突破口，打响品牌；但对于一个在本地已拥有较大市场份额的企业而言，它的需求是赛事如何帮助它维护已有的知名度与美誉度，或者进行产品促销，或者防止新的竞争对手进入本地。因此，在制定具体的赛事营销计划和方案时，有必要针对不同的营销对象进行更为细致的市场调研、构思和策划，这是任何赛事营销成功不可或缺的重要部分。

三、体育赛事市场营销代理

我们在前面已将本书所阐述的体育赛事市场营销主体界定为体育赛事运作管理机构，但在市场经济社会当中，从事体育赛事市场营销的却远远不止体育赛事运作管理机构，各种专业的广告公司、公关公司、体育赛事推广机构、体育经纪人已日益成为体育赛事市场营销中的重要力量，我们将其统称为体育赛事市场营销的代理机构。

曾经就任国际奥委会市场开发总裁，现任欧洲最大体育媒体Sport5的全球执行副总裁Laurent Scharapan认为，中国的体育营销要取得突破和努力，首先应重视体育代理机构的作用。他指出，代理机构的推销能力很强，具有专业的营销水准，充分发挥代理商的作用可以更好地推动体育营销业的发展。Laurent Scharapan的评论是对西方成熟体育赛事市场的经验总结，值得我们借鉴。但是，目前中国职业化、规范化运作的代理机构数量少、规模小，其发展壮大必然有一个长期的过程。此外，由于中国竞技体育特有的举国体制，体育赛事运作管理机构自身身份难以长期保持，使得它们与代理机构的关系经常是短期的，甚至是断裂的，彼此之间缺乏信任，难以建立融洽的合作伙伴关系，这也阻碍了代理机构营销优势的发挥。而这些问题一方面有待于国家宏观政策及体育市场体制机制的转变，另一方面体育赛事运作管理机构也应提高自身意识，加强与代理机构的沟通与合作，以双赢为目标，同时也要通过法律、经济的手段去防范合作中的风险。

四、体育赛事市场营销方式

现代市场经济的发展，商业竞争的加剧，信息科学技术的发达，使体育赛事营销方式越来越丰富、新奇、繁杂。比如，体育赛事比赛现场可用的广告营销方式就至少包括现场广播广告、电子显示屏广告、场馆座椅广告、秩序册广告、门票广告、海报广告、空飘气球广告、充气模型广告、产品实物广告等等。根据不同标准我们可以将体育赛事营销方式划分为不同类别。以付费方式为标准，可以划分为公开付费的广告形式和非付费的公共关系形式；以营销载体为标准，可以划分为线上营销（电视营销、互联网营销、纸质媒体营销等）和线下营销（活动营销）；以营销对象是否参与为标准，可以划分为单方向营销和互动式营销；以营销是否直接面对终端消费者而言，可以划分为间接营销与直接营销。

不同的体育赛事营销方式有各自的长处与不足，适用于不同的赛事营销对象和情况。常见的体育赛事营销方式优缺点如下：

1. 媒体广告

指的是由赛事运作管理机构向媒体经营单位直接支付费用或者以赛事资源进行有偿交换的营销形式，主要包括在电视、报纸、杂志、互联网、户外广告。付费广告的共同特点是费用高，尤其是电视广告，不仅播出的价格昂贵，还需要昂贵的制作费用。付费广告使用媒体不同，传播效果也不同。电视的传播覆盖范围最广，视听合一，直观性最强，冲击力、感染力强，但转瞬即逝，不便记忆。报纸是平面广告中出稿量最大、传播范围最广的媒体，便于保存，承载的信息量大，但分布太广的报纸可能难以抓到目标市场。杂志的读者群体比较固定，利于针对特定的目标进行市场营销，在广告创作的自由度上也更大，印刷精良的杂志也有利于长期保留。互联网广告是新兴的广告形式，近年来发展十分迅速，它具有制作成本低，广告内容容易改变的优点，但互联网广告的传播受到互联网普及率的限制，更适宜于对年轻时尚群体或者高科技使用人群的营销。户外广告种类繁多，包括各种建筑体广告、霓虹灯广告、灯箱广告、车身广告等，相对其他付费广告而言，户外广告的费用较低，可以在营销目标人群聚集的地方展示，但容易受到户外复杂环境因素的干扰和影响。

2. 媒体宣传

媒体宣传是相对于媒体广告的概念，它通过媒体传播赛事信息，但无须向媒体经营单位直接支持费用。体育赛事采用媒体宣传进行营销有着天然的优势，因为现代体育赛事大都具有休闲娱乐性，更容易吸引媒体的关注与报道。媒体宣传方式与广告方式相比，通常被认为更客观、公正、真实，因此其传播的信息比起广告信息更容易为营销目标对象接受。但赛事运作管理机构对媒体宣传的可控性低，宣传的内容和形式的最终决策权在媒体机构而非赛事运作管理机构。因此，对于赛事运作管理者的营销策划能力要求更高。我们将在下一节对于体育赛事营销中的媒体宣传做更为详细的阐述。

3. 赛事自有广告

现代体育赛事本身就是一种强有力的传播载体，比如，热门赛事的场地中的广告牌不仅使现场观众接受广告信息，还将随着电视传播的实现，向全国乃至世界各地的人群传播广告信息。所谓体育赛事的自有广告，即是指通过体育赛事自身所拥有的各种广告发布载体。赛事的自有广告主要包括赛事场地广告、印刷品广告、服装广告、官方网站广告等。常见的赛事场地广告有比赛场内广告牌、电子显示屏广告、座椅广告，场外的空飘气球广告、充气模型广告、拱门广告等。赛事印刷品广告包括赛事门票广告、秩序册广告、成绩册广告等。服装广告包括赛事工作人员服装广告、运动员服装广告、裁判员服装广告、志愿者服务广告等。这些广告资源既是体育赛事运作管理机构进行市场开发、寻求企业赞助、取得经济效益的主要资源，也能作为赛事自身营销的有力工具和手段进行运用。赛事自有广告的共同特点是为赛事运作管理机构所有，无须向其他单位付费，但也会有一定设计、制作、发布和维护的费用。在使用赛事自有广告进行赛事营销的过程中，需要注意的是赛事的广告资源是有限的，占用部分赛事广告资源进行营销，实际上就是减少了可用于获取赛事经济效益的广告资源。另外，赛事自有广告资源的发布时间大都是在赛事举行期间，并且覆盖的范围及所能达到的目标群体比较局限，这是运用赛事自有广告进行赛事营销时需要考虑到的问题。

4. 赛事相关活动

现代体育赛事的休闲娱乐功能越来越突出，体育赛事不再是单纯的体育比赛，在比赛前后及比赛期间都常常会举行各种相关活动，吸引更多的群体关注及参与到赛事中来。这些赛事活动从实质上来说，是面向不同目标群体，满足其特定需求的赛事营销方式之一。我国大型综合性运动会多有举行火炬传递、开幕式大型文艺汇演、群众体育先进代表表彰等各种传统活动的惯例，只是这些活动通常带有鲜明的政治性，营销的概念则很薄弱。但随着我国体育赛事的市场化、社会化进程，体育赛事运作者逐渐具备了更为全面和深入的营销观念，通过赛事相关活动来进行赛事营销正成为越来越普遍的方式。

在体育赛事营销方式多样化的年代，体育赛事运作管理机构通常会选择并综合运用多种营销方式。比如，当体育赛事运作管理机构举行路演活动来促进门票销售时，可能会综合运用多种营销方式：活动举行前在报纸上刊登广告或进行宣传，在赛事官方网站上进行活动公告，向潜在购买者直接邮寄宣传单张，通过互联网传递活动电子邮件；活动现场设置户外广告，采取现场抽奖促销方式，邀请新闻媒体现场采访；活动后进行电话回访、邮寄致谢函等。

此外，随着科学技术的进步，不同行业间的渗透、融合、整合，出现了许多新的媒体，如通信行业与广播电视行业的融合产生了手机电视、移动电视、网络电视（IPTV）等新媒体，使得体育赛事的营销方式呈现更为复杂多变的态势。比如，国际足联官方授权的国内唯一宽频呈现2006世界杯的东方宽频于2006年3月宣布，将与新传宽频体育在世界杯期间共建世界杯频道（http://2006.nusports.cn），并在德国前方设立演播室，提供24小时滚动视频节目直播，以及文字和图片报道，球迷可以在线看到前一天比赛的进球和精彩画面。这是国际足联在中国首次对新媒体的授权合作，正是因为中国宽带用户的急剧增长为世界杯在中国的营销开辟了新的载体。正如新传集团CEO张莅政所言："新媒体呈现世界杯的独特之处在于能够利用网络视频互动的特点，以及全面丰富的图文窄带内容，伴随主持人在演播室点评，实现全球网友球迷的互动。"

综上所述，对体育赛事市场营销方式的掌握并不在于如何明确划分其类别，而在于如何选择适宜的营销方式，并加以灵活组合运用。而影响营销方式取舍的主要因素包括：赛事营销的预算、赛事营销对象的特征、赛事营销时间的跨度、赛事营销范围的广度等等。没有任何两项赛事的实际情况是相同的，这意味着在选择营销方式和制定营销方案时，体育赛事运作管理机构虽然应该积极吸取与借鉴其他赛事的经验，但更为重要的是从赛事自身实际情况出发。充分调查研究，勇于创新与尝试，能够及时修正错误，这些都是使赛事最终营销成功不可缺少的组成部分。

第二节　体育赛事的媒体宣传

一、体育赛事与媒体宣传关系概述

我们在介绍体育赛事外部具体环境时，已经阐述过媒体作为一种重要的环境力量，与体育赛事运作管理之间的紧密联系。在本节，我们将详细阐述如何建立和维护与媒体间的良好关系，如何进行赛事媒体宣传的组织设计，以及如何有效运用媒体宣传手段进行体育赛事市场营销。

在我国体育赛事传统的运作管理中，对媒体宣传的运用常常是以创造赛事社会效益为主要甚至唯一的目标。诚然，体育赛事，尤其是公益性体育赛事必然承担着创造社会效益、促进社会精神文明建设的责任，但随着我国市场经济体制改革的进一步深入，媒体宣传在体育赛事中的角色与地位也逐渐发生了转变。体育赛事运作管理机构迫切需要运用媒体宣传的力量来聚敛人气，产生赛事影响力，为赛事创造更多更好的经济效益。与此同时，现代商业社会中，媒体经营者也面对着日益激烈的市场竞争，体育赛事作为媒体重要内容的来源，是媒体吸引市场关注、获得市场回报非常重要的内容支撑。媒体在对体育赛事进行宣传报道时，也需要从经济效益角度对体育赛事进行权衡与取舍。

由此可见，体育赛事和媒体宣传之间已经超出了简单的报道与被报道对象之间的关系，形成了一种符合市场逻辑、符合双方运作特征的相互促进、共同发展的局面。不仅如此，体育赛事与媒体相互间的融合与合作还呈现更为深入和全方位的趋势。以2005 年由北京青年报社下属北青传媒与香港 TOM 集团共同推进的中国网球公开赛为例。中网公开赛包括三个国际网球组织的五项年度赛事：世界男子职业网球协会（ATP）巡回赛、世界女子职业网球协会（WTA）巡回赛、ATP男子职业选手挑战赛、国际网球联合会（ITF）女子职业选手挑战赛和国际青少年比赛。总奖金额超过110万美金。中网期间参与报道的国内外记者有500多名，平面媒体上关于中网的报道超过5400篇，另外还有电视、广播和网络的大量报道，其中中央电视台转播超过150小时，国内覆盖人群约7亿人群。高起点的市场定位，世界顶尖高手的明星效应，超过60万名观众的现场观看，尤其是媒体的广泛关注，吸引了国内外诸多企业，如可口可乐、IBM、鳄鱼、奔驰、青岛啤酒等，鼎力支持中网，成为赛事赞助商。作为媒体的北京青年报首次涉足体育产业，即取得了良好的赛事运作成绩，而类似于此的媒体直接介入体育赛事运作的案例在国内并不鲜见。同为朝阳行业的媒体与体育赛事将共同创造出更多的合作形式。

而对于体育赛事运作管理者而言，在他们期望运用媒体力量进行营销时，面临的挑战实际上是如何在媒体与赛事运作管理机构间建立一种比较良好的关系，并且充分考虑媒体的需求，提供具有媒体宣传价值的事件，吸引媒体关注并报道，从而发挥媒体在赛事营销中的强大作用，同时必须注意防范与控制媒体负面报道的可能给赛事带来的风险与损害。

具体而言，体育赛事运作中，媒体宣传工作一般包括以下内容：

1. 制定赛事媒体宣传总体工作方案和阶段性工作方案。

2. 根据赛事媒体宣传工作方案建立媒体宣传部门组织结构，配置和培训工作人员。

3. 建立并维护与媒体的良好关系。

4. 配合赛事接待部门做好媒体记者接待服务。

5. 设计赛事统一的视觉识别系统。

6. 制定赛事相关的重大时间节点（如倒计时1周年）的宣

传工作方案并组织实施。

7. 制作并向媒体提供赛事宣传报道素材。

8. 建设和管理赛事新闻中心。

9. 组织并实施赛事新闻发布会。

10. 编印及发行赛事相关出版物。

11. 赛事比赛场馆及相关场所的环境布置。

12. 监测媒体对赛事的报道情况，尤其警惕失实或者负面报道。

13. 做好媒体宣传报道资料的存档备份工作。

14. 组织并实施相关宣传活动。

15. 赛事结束后进行媒体宣传工作总结。

二、建立并维护与媒体的良好关系

在中国体育赛事运作管理逐步市场化、社会化的进程中，为使赛事“为人所知，为人所盼，为人所赞”，赛事运作管理者在运用媒体力量进行赛事传播与营销时，首要的工作是建立和维护与媒体的良好关系。至少需要考虑以下三个因素：时间、时机、载体。

时间，指体育赛事运作者建立并维护与媒体良好关系需要花费的时间数量。我们很难确定究竟需要多少时间用于媒体关系上，实际上这是一个因赛事而异、因媒体而异、因人而异的变量。但毫无疑问的是，花费足够多的时间结识媒体人员并与之建立良好的个人关系，具有无可替代的重要作用。即便是在类似于全国运动会这样的由政府主办的体育赛事中，许多媒体记者担负着报道各代表团赛事情况的准官方任务时，赛事运作管理机构仍需要与各媒体保持良好的个人关系。因为存在着这种重要的个人关系，赛事运作者就拥有了潜在的正面、主动、积极赛事报道与宣传者，当赛事出现突发或者危机事件时，也容易与媒体间保持畅顺的沟通。而对于商业赛事而言，赛事运作管理机构更应该注重平时在建立与维持媒体关系上投入的时间，这样才可能在比赛时邀请到重要的核心媒体，增加赛事的曝光度，也有利于增加对媒体的影响力，传播有利于赛事的信息。因此，无论是何种性质的赛事运作管理机构都有必要留出时间与目标媒体进行接触，不只是在赛事开始前的短暂阶段，而是赛事运作全过程中持续不断地维护与媒体之间的关系。

时机，一方面指体育赛事运作管理者应在最恰当的时间与媒体进行联系以建立和维护良好个人关系，另一方面指赛事筹办及举办期间所举行的各种活动的实际时机应该考虑媒体需求，有助于媒体完成其报道工作。比如，现在有一种普遍的现象，即事无巨细都召开赛事新闻发布会，但这种方式常常不能得到预期的媒体宣传效果，因为媒体记者可能不愿意花费太多交通时间来获取本来可以通过新闻稿件即可以得到的消息。尽管对于何时需要举行赛事新闻发布会不同的体育运作管理者常持有不同意见，但都需要对新闻发布会的举行时机加以考虑。

所谓载体，是指体育赛事运作管理者与媒体正式沟通的中介，既包括向媒体记者提供的赛事宣传素材，如新闻稿、视频资料等，也包括面向媒体记者举行的相关活动，如新闻发布会、记者见面会等。因为即使赛事运作管理者与媒体间建立了良好的个人关系，甚至与电视台、电台、报纸或者网站签约成为互相承担责任义务的合作伙伴，媒体的根本需求仍然是具有新闻及宣传价值的赛事信息，而只有通过适宜的载体才能有效实现赛事运作管理者与媒体之间的正式信息沟通。

保持与媒体的良好关系还要做好媒体记者接待服务工作。体育赛事不仅是运动员的盛会，也是媒体记者的一次聚会。参与赛事报道的媒体记者通常分为两类，一类是受赛事运作管理机构邀请而来的媒体，一类是主动申请参与赛事报道的媒体，两者通常在支付费用上有所不同。但无论是哪一类媒体，当媒体记者接受邀请或者为赛事所吸引并来到赛事之后，赛事运作管理者应该向他们提供最高水准的服务。这些服务既包括工作上的技术支持，也包括生活上的个人支持。技术支持包括向媒体记者提供采访报道的设施、设备，如电话、电脑、网络接入设备、复印设备、闭路电视等。个人支持包括优先获得宾馆住宿服务、比赛场馆内记者席位、记者休息室设施和免费饮料等服务，可能需要根据赛事日程为媒体记者提供膳食，为早餐、午餐、晚餐以及夜餐做好准备，安排短程交通车辆，往返于媒体记者驻地和赛事比赛场馆及新闻中心等相关设施之间。

三、制作并提供赛事媒体宣传素材

（一）媒体对赛事报道取舍的决定因素

向媒体提供体育赛事宣传素材，是负责赛事媒体宣传事务的部门和人员的重要工作内容，也是赛事运作管理者与媒体进行正式沟通的载体。如果暂且不考虑赛事运作管理机构与媒体之间的关系，对于负责赛事媒体宣传事务的部门与人员而言，第一要了解的是影响媒体对赛事报道取舍的决定因素。这些因素既包括赛事的新闻价值、宣传价值，也包括媒体准则与从业者的职业道德。其中主要的因素有：

1. 规格

赛事是国际性赛事，还是国内赛事？是全国性赛事，还是省级赛事？有哪一级别的政府官员出席？比如，如果赛事举办地的党政军主要领导出席开幕式，赛事新闻必然会刊登在当地主流报纸媒体的第一版。

2. 影响力

赛事影响范围有多大？是影响某些组织、群体、阶层、区域，还是整个社会？比如，为了筹办体育赛事，举办地将新建场馆、维修道路，使政府年度财政支出增加，必然对社会各方面都产生影响。

3. 独特性

赛事具有非同寻常的特点吗？是否有里程碑性的事件发生？比如，第十届全国运动会是全国运动会历史上第一次采取申办办法来确定承办省份。

4. 知名运动员

有没有国内外杰出的运动员参加比赛？或者出席赛事活动？比如，第十届全国运动会田径比赛，由于有奥运会男子110米跨栏冠军刘翔的参加，而得到前所未有的媒体报道与宣传。

5. 冲突

赛事是否有能够激发读者兴趣的负面事件？或者是否有激烈的竞争？比如，第十届全国运动会代表团之间对金牌的白热化竞争使各大门户网站、各省的主要报纸的报道分量加重。

6. 时尚性

赛事是否“热门”？是否符合社会潮流文化？比如，中国富裕阶层的兴起，对精英文化的追求，使得高尔夫赛事受到越来越多的媒体关注。

7. 相关性

媒体所在城市、地区有没有运动员参加赛事？当地有企业赞助赛事吗？比如，有当地籍贯运动员参加奥运会某项目时，媒体会特别热衷于报道该项目的赛事情况。

8. 可比性

相对于当天的其他赛事新闻，该赛事事件具有多少传播价值？比如，足球世界杯举行期间，对其他足球赛事的报道的版面、篇幅都会有不同程度的减少。

对于负责体育赛事媒体宣传事务的部门及人员而言，赛事的类型、规格往往是既定的，超出他们控制或者影响范围之外的，但对于赛事信息的选择与组合、素材内容和形式的设计，他们却有很大的发挥自身意愿及能力的空间。在既有的赛事环境条件约束下，主动创造并向媒体提供更有新闻价值、宣传价值的宣传素材，便是对赛事媒体宣传进行策划。

（二）体育赛事媒体宣传素材的内容

赛事运作管理机构向媒体提供的宣传素材主要分为以下几方面：

1. 赛事基本资料

指赛事的基本情况。包括赛事的发展历史（创立时间、主旨、历届情况等）、赛事的名人轶事、赛事的组织机构、赛事的主要领导、赛事项目的设置、赛事场馆的分布、赛事日程安排（开幕式、闭幕式、竞赛、相关活动等）、赛事的志愿者数量、赛事的主转播商、赛事的商业合作伙伴等。赛事的背景资料应尽可能的丰富、翔实、准确，具有相当的广度与一定的深度，以吸引媒体记者对赛事的兴趣与关注，同时也有利于媒体记者采取不同角度对赛事进行报道。

2. 赛事竞赛资料

指赛事竞赛组织及进行情况，是向媒体提供的宣传素材中最核心最关键的部分。包括：赛事的竞赛日程安排，竞赛抽签分组安排，运动队的具体情况，运动员、教练员、裁判员的简历，比赛规则，比赛得分，比赛结果，比赛名次，比赛奖惩情况，奖牌数量与排行等。这部分素材变动快，信息量大，时效性强，对真实性、准确性、及时性要求极高，将直接影响到媒体对赛事宣传报道的速度与质量。

3. 赛事相关活动资料

指赛事中除竞赛以外的其他活动的情况。现代体育赛事不仅仅是体育竞赛，通常会举行各种相关庆典或娱乐活动，这些活动总是以满足特定群体的需求为目标，因此也是赛事运作管理者运用媒体进行宣传的重要部分。应尽早向媒体记者提供赛事所有相关活动的日程安排，在每次活动前提供详尽的活动资料（活动时间、地点、主题、程序、出席人员名单等）及新闻通稿，必要时提供活动演讲者的发言稿。

4. 与记者报道工作相关的资料

指不直接属于媒体宣传报道内容，但有助于媒体记者报道工作进行的赛事信息。比如，记者接待规则、记者报到指南、记者食宿指南、记者行车指南、各场馆记者工作环境指南、新闻中心指南等，或者将以上内容编辑成完整的《记者手册》，供媒体记者查阅使用。

（三）体育赛事媒体宣传素材的形式

赛事宣传素材的形式主要分为文字、图片、声音、视频。这四种素材形式各有所长，体育赛事运作管理者在制作赛事宣传素材时可以灵活选择，并加以结合使用。

尽管现代社会中电子媒体和互联网快速发展与膨胀，但是撰写并向纸质媒体提供文字素材仍然是赛事媒体宣传中非常重要的工作。早在广播、电视发明以前，纸质媒体已开始对体育赛事的关注，它们集中人力和版面，精心编辑，图文并茂，及时报道重大体育赛事，既有每场比赛的预测分析，也有赛后的评球，很受读者欢迎和喜爱。不仅如此，纸质媒体还主动为体育赛事做宣传，不但报道赛事消息，而且预报体育赛事，烘托体育狂热，发布体育广告，甚至传播小道消息，推动了体育赛事的发展。至今，报纸、杂志等纸质媒体仍然是报道体育赛事的主要媒体。仅从报纸而言，在当今中国，有许多专业体育报纸，如《中国体育报》《体坛周报》《足球》《南方体育》《羊城体育》《现代体育报》等；综合类报纸一般也开辟了体育版面和体育专栏，而且其占据整个版面的比例也呈增长的趋势。此外，电子媒体和互联网在对赛事进行报道时，也需要以文字素材作为报道的基础与信息的来源之一。

体育赛事运作管理机构应该向媒体提供的文字素材通常包括以下文体：

1. 新闻通稿
2. 背景资料
3. 人员简历
4. 公告 / 通告
5. 规则 / 规定
6. 日程表 / 进度安排
7. 讲话稿 / 发言稿
8. 情况说明
9. 专题报告
10. 评论文章

在准备文字素材时要注意选择适宜的文体，尤其要注意区分说明性、议论性、叙述性、抒情性等不同文体的特点，以免使媒体产生误导或者发生歧义。比如，赛事的比赛日程、组织机构、赞助商名单等都属于说明性的文体，要求客观、简单、明晰；运动员传记、志愿者心声、比赛评论等则兼有叙述、议论及抒情性质，有更多的个人观点、见解与情感。无论是何种文体的文字素材的撰写都需要具备一定的写作基础知识，并遵循基本的写作规则。

除文字素材外，向媒体提供图像、声音、视频形式的宣传素材是一种赢得媒体关注的十分有效的方法。比如，悉尼奥运会组委会向媒体提供的视频资料，拍摄的是佩戴着配套水下呼吸器的潜水员携带火炬通过大堡礁的画面，火炬接力的电视宣传片很快就被各电视台竞相购买播出，达到了很好的媒体宣传效果。

无论是何种内容或者形式的赛事宣传素材，在制作与提供的过程中至少应遵循以下基本准则：

1. 向媒体提供的赛事信息要确保准确、全面，能够回答媒体记者提出的最基本问题。

2. 尽管进行有利于赛事的宣传是应该的，但要注意商业化程度的控制，应向媒体提供公正客观的赛事信息。

3. 赛事背景资料、竞赛资料和相关活动资料尽可能数量足够，并且具备一定深度，以满足媒体不同报道角度的需要。

4. 无论何时都不能有谎言，一旦谎言被媒体揭穿，将导致巨大且无可挽回的损失。

5. 建立对外宣传信息发布审核批准制度，无论是面对媒体还是直接刊载于赛事自有广告上的文字内容，都应该经过一定程序的审核方可发布。

6. 建立正规并且畅通的赛事宣传素材的提供渠道，对重要问题及事件应该形成统一的立场，并对赛事工作人员接受采访的程序作出规定，未经同意不能擅自接受采访。

在制作及向媒体提供体育赛事宣传素材的过程中，始终要记住的一点是：体育赛事的媒体宣传工作并不是原始的、简单的赛事信息发布，而是带有目的性、导向性的赛事信息组织与发布。

四、建设新闻中心与广播电视中心

（一）体育赛事新闻中心

新闻中心（Press Center）是赛事运作管理机构对外发布新闻

的窗口，是与媒体进行沟通的桥梁，是赛事期间文字和摄影媒体记者工作大本营。新闻中心的主要职能是：定期举办新闻发布会；提供赛事筹备工作信息，提供各类媒体宣传素材；举办媒体记者参观采访赛事及联谊活动；为媒体记者提供采访所需各种设备，实施一站式服务。

新闻中心通常设置在赛事举行的体育场馆内。首先根据参与赛事的媒体记者的数量和所需办公地点的大小，确定所需新闻中心的规模，然后在体育场馆内确定新闻中心的适宜位置。新闻中心一般需设新闻发布室、记者工作室、记者休息室，及其他提供相关服务的房间，并配备相应的设施、设备。

如果是大型综合性体育赛事，比赛通常在多个场馆进行，需要建立主新闻中心和多个分新闻中心。此种情况下，主新闻中心不一定设立在体育场馆内，但仍然需要保证与比赛场馆之间的交通方便，与新闻报道工作相关的配套设施齐全。比如，第五届全国农民运动会的主新闻中心设在市区的德和大酒店，该酒店是新建的四星级酒店，赛事期间为记者接待用宾馆，距赛事主场馆宜春市体育中心车程仅五分钟。分新闻中心与主新闻中心的组成及要求相似，只是规模相对较小。

以第九届全国运动会新闻中心为例。主新闻中心设在第九届全国运动会主会场广东奥林匹克体育中心体育场西南面一层，总面积达3000平方米，共分为新闻发布室、记者工作室、记者休息室、邮电数码激光彩扩营业室、照相机维修服务室及供媒体单位租用的工作间。

1. 新闻发布室

面积800平方米，设有席位330个，并可以临时增加席位50个；设有触摸屏查询电脑20台，连接至第九届全国运动会内部网站，查询各类信息；备有电脑无线插卡使用装置，媒体记者只需使用组委会提供的无线卡，即可以连接到互联网；主席台两旁设有42寸等离子电视，用于播放赛场情况、竞赛成绩或赛事背景花絮等；发布室入口处有赛事公告栏、宣传资料柜、广东报刊赠阅架，向媒体记者提供赛事相关宣传素材。

2. 记者工作室

面积493平方米，内设工作电脑100台、打印机17台、电话60台和一定数量的电脑无线卡插用装置，可供200名记者工作；另外设置三面电视墙，播放赛事场况；复印机1台，供记者自助复印用。为方便摄影记者发稿，专门有供数码相机发稿和底片照片传真的工作室。

3. 记者休息室

供记者休息用，供应饮品、食品。设沙发、座椅、等离子电视机。

4. 邮电数码激光彩扩营业室

提供特快专递、普通邮递、汇兑、储蓄、185机票速订和邮品销售等邮政服务；提供文字传真、国际国内长途电话和各类固定电话卡的电信服务；提供手机检测、维修、短信服务平台和各类移动电话卡的移动通信服务；提供正负片冲洗、扩印和数码快照、光盘刻录、底片扫描及存储等数码激光冲印服务。

5. 照相机维修服务工作室

能提供相机的专业检测、维修和数码技术的咨询和图片处理、储存、底片扫描等服务。

6. 媒体单位租用工作间

供各媒体机构根据自身工作需要，自主租用。

除主新闻中心外，第九届全国运动会各主要比赛场馆也分别设立了分新闻中心。根据比赛项目采访报道的特点与需求，各分新闻中心设有新闻发布室、采访室、记者休息室等功能室，配备有电话、传真、电脑和网络接口，供媒体记者处理、发送赛事报道稿件使用。

（二）体育赛事广播电视中心

今天的广播、电视已经成为众多体育迷了解体育赛事的主要甚至首要途径，各种各样的体育赛事节目及报道充满各个电视台及电台。对体育赛事进行广播电视转播已成为大型体育赛事必不可少的组成部分，甚至越来越多的中小型赛事也开始出现在电视屏幕上及电台的声波中。通过广播、电视来播出及报道赛事，不仅仅是对赛事进行媒体宣传的绝佳方式，而且随着赛事价值的增加，广播电视版权的有偿转让也将成为赛事运作管理机构获取经济效益的重要的渠道之一，在发达的西方体育赛事市场，电视转播权实际上已成为大多数品牌赛事最主要的收入来源。

正是因为广播、电视在体育赛事媒体宣传中所占的重要地位，重大国际、国内赛事都会设立广播电视中心（Broadcast Center），即给各广播、电视机构提供转播、收录制作和编辑赛事内容的场所。

以第九届全国运动会的国际广播电视中心（International Broadcast Center）为例。国际广播电视中心设在广东电视台，电视转播系统采用数字化的光纤传输网，使第九届全国运动会分布在 14 个城市的 67 个比赛场馆连接起来，将各场馆的电视转播信号传送给国际广播电视中心。媒体记者可以通过国际广播电视中心提供的 20 多个显示屏，直接了解到足球、篮球、游泳、跳水等多个项目的比赛内容。除此之外，组委会为各个电视媒体提供了演播厅和工作机房，各场馆的转播信号可同步进入演播室供各电视台直播时选用，所有资料可以保存 3 天，供各电视台工作人员制作赛事专题或其他节目时使用。

广播、电视工作系统性强，在赛事的转播过程中需要多个系统相互协作，共同完成。任何一个环节出现故障或者失误都可能导致全局失利。需要针对各种可能发生的技术性故障或者突发事件，制定相应的应急预案，一般包括：《现场信号制作故障应急预案》《信号传输故障应急预案》《转播现场突发事件处置预案》《媒体资料收录系统故障应急预案》《供电应急预案》《消防预案》等，以保证赛事转播工作的正常运行。

（三）建设新闻中心与广播电视中心的步骤与建议

新闻中心与广播电视中心的建设大致分为以下几个步骤：

1. 需求及技术调研

需求及技术调研是建设新闻中心与广播电视中心的前期准备工作，主要是对媒体记者数量、类别及各自的需求进行调查统计，并对技术可行性进行分析。

2. 方案设计

方案设计是指在需求及技术调研的基础上，对新闻中心与广播电视中心的选址、构造、布局进行总体计划。

3. 实体建设

实体建设是指新闻中心与广播电视中心的场地建设、改造及装修。

4. 设备采购或租借

根据新闻中心与广播电视中心的整体方案，列出详细的设备清单，包括桌椅、讲台、背景板、摄影台等办公家具，电话、电脑、传真机、复印机、扫描仪等办公设备，以及电视、音响、麦克风、投影仪等音频视频设备等等。设备的配置要遵循实用、节俭的原则，结合采购、租借及调用等多种方式，不可一味贪多、贪大、贪新。

5. 设备安装与调试

新闻中心与广播电视中心的设备按设计方案安装完毕后，要对所有的技术环节进行测试，确保设备工作正常。同时，应该对新闻中心与广播电视中心的整体运作进行试运行。

6. 制度建设

制度建设的目的在于使新闻中心与广播电视中心的运作规范化。包括建立《新闻中心管理制度》《新闻中心新闻发布会制度》《新闻中心运作与服务指南》《新闻中心应急预案》《广播电视中心管理制度》《广播电视中心运作与服务指南》《广播电视中心应急预案》等。

7. 人员培训

人员培训包括对新闻中心与广播电视中心管理人员的培训、技术人员的培训、一般工作人员及志愿者的培训。

8. 运作监控

一旦新闻中心与广播电视中心进入赛事举行阶段，就必须保持平稳畅顺地运作，如果出现任何疏忽或者失误都可能带来很大的负面影响。因此，对新闻中心与广播电视中心的运作需要保持监控。

在建设体育赛事新闻中心与广播电视中心的过程中，有以下几点建议：

1. 要及早与媒体机构进行沟通

新闻中心与广播电视中心最主要、最直接的服务对象是媒体记者，因此了解他们的实际工作需要，听取他们对新闻中心及广播电视中心整体设计方案的意见及建议是十分必要的。这将有利于赛事运作机构更好的配置及利用赛事有限的资源，尤其是转播商支付了转播权费，赛事运作管理机构理应为他们提供相应服务。例如，按照国际奥委会的要求和通行的惯例，奥运会组委会在奥运会开幕前 3 年时，需将有关奥运会电视转播的相关方面集合到一起，就奥运会转播事宜进行研讨，这就是所谓的奥运会转播商大会。2005 年 9 月，北京奥运会世界转播商大会在北京举行，会议有国家广电总局、国务院新闻办公室、外交部、北京市、北京奥组委、国际奥委会等机构官员和欧洲、美国、中国等地的奥运电视转播组织的代表出席，共同协商2008年北京奥运转播中的相关主题。

2. 要慎重选择设备及技术供应商

新闻中心与广播电视中心所涉及的电脑、网络、通讯、光纤等都是专业性、技术性很强的工作，一般需要由专业的设备及技术供应商完成实体建设及设备安装、调试服务。为了使新闻中心及广播电视中心的运作得到充分的技术保障，在选择设备及技术供应商时，设备质量与技术水准是最基本的衡量标准，同时要对供应商提供后续服务意愿及能力的考量，供应商是否具有服务体育赛事的经验也是重要的选择标准之一。

3. 要以赛事信息高效传递为目标

新闻中心与广播电视中心所有的设施、设备皆是为了使媒体记者能最快捷、最全面、最准确地了解到赛事信息，并将这些信息进行创作加工后传送至各个媒体，使体育赛事得到及时报道宣传。新闻中心各个组成部分、各个成员的日常工作要始终以此为纲。而为技术而技术，或者为程序而程序，忽视媒体对信息及时高效传递的需求，都是本末倒置的行为。

第三节　体育赛事的公共关系活动

一、体育赛事公共关系含义

公共关系作为一项内涵丰富、外延宽阔的实践活动，其历史不到100年，然而在这相对短暂的公共关系发展历程中，关于公共关系的定义可谓众说纷纭，莫衷一是。时至今日，公共关系行业中仍没有形成一个可被广泛接受的公共关系定义，但人们对公共关系含义的理解却有许多共通之处，它被公认为是一种以“沟通”为手段，以“关系”为导向的实践过程。我们可以从不同的定义中看出这一点。

美国公共关系协会（Public Relation Society of American）对公共关系的官方定义为：公共关系帮助组织和其公众相互适应。在这个定义中，隐含着公共关系的调查、计划、沟通、评估四大核心职能，同时定义中的关键词“组织”并非限制于企业或者商业机构，包括了一切的营利或者非营利机构，而“公众”则指组织需要从他们那里获得认可及支持的各种群体。美国著名的公共关系专家，世界最大的公关事务公司博雅公关公司的高级咨询顾问弗雷泽 P.西泰尔对公共关系的定义则出于另一角度，他认为：所谓公关就是“做正确的事情”，良好地表现自己，并将这种外在表现的本质精神传递给公众（弗雷泽 P. 西泰尔：《公共关系实务》，第 8 版，第 4 页，北京，机械工业出版社，2004）。

现代中国社会，生活水平的逐渐提高，使人们受教育程度普遍提高，民主意识不断增强；科学技术的日新月异，使人们了解信息的渠道和速度大幅度地增加；市场经济的自由开放，使各类企业及组织对公众负责意识得到增长。这些因素，都使得公众的观点越来越受到重视，任何组织的生存与发展都不能忽视与公众间的关系。

正是公共关系对组织所具备的重要作用，使得公共关系已经渗透到了社会生活的方方面面，其所涉及的实务内容非常丰富，包括媒体关系、政府关系、网络公共关系、与员工沟通、公共关系咨询和调研、捐赠、互动公共关系以及其他各种形式的公共关系实践。

在对公共关系了解的基础上，我们对体育赛事公共关系的理解为：体育赛事运作管理机构在与环境沟通交流的基础上，建立体育赛事与环境间的融洽、协调的关系，从而获得正面评价，树立良好赛事形象的实践过程。它包含了体育赛事视觉识别系统的建立、各种公共关系活动的举办、赛事文化的建设等等。

二、体育赛事视觉识别系统

（一）体育赛事视觉识别系统的含义

视觉识别系统，是指组织向环境传递信息过程中视觉形式的标准化、统一化，简而言之，即组织向环境展示的统一的、独特的、持久的视觉形象。视觉识别系统主要有文字和图案两部分，包含组织名称、标识、标准字体、标准色、固定造型、象征图形、标语口号等丰富的元素。

体育赛事的视觉识别系统，即体育赛事所具有的各种视觉形象元素，其中最基本的元素是赛事标识（亦称会徽、会标）与吉祥物，它们是赛事核心理念表达的重要载体，是赛事独特个性的重要表现。体育赛事标识与吉祥物的用途主要集中在两大方面：一是用于体育赛事自身形象与品牌的营销，一是体育赛事的市场开发工作。

从体育赛事自身形象与品牌的营销角度而言，无论是赛事的大众媒体宣传、景观工程建造、场馆环境布置、专题活动举行，官方网站建设，还是门票、邮品、纪念品、宣传册等的设计，都需要大量使用赛事的标识与吉祥物，通过统一的视觉形象，向公众传递赛事蕴含的理念及独特的文化。因此，建立包括赛事标识及吉祥物在内的赛事视觉识别系统，是进行体育赛事营销的必要条件之一，甚至其设计过程本身就是一次受社会关注的营销事件。例如，历届奥运会会徽、吉祥物的征集、评选与公布都会引起主办国乃至全世界的普遍关注。而赛事视觉识别系统能否广泛传播则是衡量赛事营销是否成功的重要标志之一。

体育赛事视觉识别系统除了具有营销功能以外，还是赛事市场开发的重要因素。体育赛事运作管理机构通过向企业出售标识及吉祥物使用权的形式，获得收入。这些收入是体育赛事筹办经费的重要来源之一。对于赛事视觉识别系统在赛事市场开发中的运用，我们将在下一章——体育赛事的市场开发中再进行阐述。

（二）体育赛事视觉识别系统的建立与传播

体育赛事视觉识别系统的建立与传播，一般包括以下几部分工作：

1. 深入了解与把握体育赛事的历史、文化、理念，使视觉识别系统的设计能符合并反映独特的赛事内涵。尤其要注意赛事的标识、吉祥物应该简单、鲜明、引人注目，要综合考虑其在不同传播媒体上的应用效果。比如，某些颜色在电视屏幕上显示的效果并不理想，就应该避免在赛事标识中使用它；而有些特殊而精美的色彩虽然十分吸引人，但可能印刷难度和成本都很高，并不适合于大量传播使用，也不易采用。

2. 在视觉识别系统确定后，切记要及时确定其版权归属。赛事运作管理机构应立即委托商标管理部门或知识产权公司，对赛事标准名称、标识、吉祥物等进行注册、登记，使之受到《中华人民共和国著作权法》《中华人民共和国商标法》《中华人民共和国专利法》《特殊标志管理条例》等法律、法规的保护。

3. 制定体育赛事视觉识别系统管理条例，规范赛事标识、吉祥物及其他视觉形象的使用方法，明确相关各方在使用赛事视觉识别系统中各自的权利和义务。

4. 尽可能地运用媒体力量及赛事自身拥有的各种载体，传播赛事视觉形象系统，使赛事的视觉形象深入人心，帮助建立赛事的品牌，否则，赛事的视觉识别系统即使设计得十分完美精湛，也无法产生任何实际价值。

当然，体育赛事视觉识别系统建立与传播的具体程序和步骤会因具体情况而相差甚远。小型体育赛事一般委托专业设计公司或者运作管理机构内部的设计人员对赛事标识、吉祥物进行设计，而大型综合性体育赛事则常常面向全社会公开征集赛事标识及吉祥物。有些体育赛事每一届都会设计不同的标识和吉祥物，如奥运会，而有些体育赛事却会一直沿用相同的标识和吉祥物。

以第十届全国运动会的会徽设计为例。2005 年 10 月 9 日，第十届全国运动会在江苏省南京市开幕。而早在 2003 年 9 月，第十届全国运动会筹委会就召开了“十运会视觉形象设计研讨会”，同时向海内外正式推出征集会徽活动。经过广泛征集，筹委会组织有关专家对 1304 件应征作品进行初评，并于 2003 年 11 月 18 日召开新闻发布会，向新闻媒体公布初选入围的 50 件作品，并且将这 50 件作品同历届奥运会、全运会、城运会、大运会会徽资料同时展出，在江苏主要媒体和网站刊发，接受社会公众的评选。第二轮评选，选出了 10 件入围作品，再次向社会公开征集意见，最后选定了会徽（图 7.1）。

图 7.1　第十届全国运动会会徽

会徽设计以“龙腾虎跃”为主题。图形由数字“10”变化而来，既是第 10 届又含十全十美之意，同时又是一个“S”的变形。“S”为体育和江苏简称“苏”的头一英文字母。整个图形以高度概括的手法，表现了飞舞的龙和盘踞的虎及燃烧的体育圣火，意在以虎踞龙盘和龙争虎斗的艺术形象，体现十运会举办地江苏文化的深厚底蕴和地域特征以及竞技体育生龙活虎的鲜明特点。图形色彩采用国旗的红黄两色，象征着此次运动会乃全国性的体育盛会。会徽图形的设计既注重传统又立足现代，特别强调活力和动感，以凸显体育健儿奋力拼搏的精神面貌，强化更高、更快、更强的奥林匹克理念。 2004 年 4 月 23 日晚，在具有 600 多年历史的南京中华门城堡举行了隆重的会徽揭晓仪式。社会各界群众 2005 人参加了揭晓仪式，寓意 2005 年十运会在江苏举行。会徽揭晓仪式的第二天，第十届全国运动会的会徽就见诸于江苏乃至全国各主要媒体，取得了相当广泛的传播。

三、体育赛事公共关系活动

（一）体育赛事公共关系活动概述

我们在本节开始给出了体育赛事公共关系的定义，即体育赛事运作管理机构在与环境沟通交流的基础上，建立体育赛事与环境间的融洽、协调的关系，从而获得正面评价，树立良好赛事形象的实践过程。而体育赛事公共关系活动即是体育赛事运作管理机构组织的，针对特定公众，旨在向公众传递赛事信息，展示赛事形象，协调赛事与公众关系的各种文化、艺术、教育、体育、娱乐活动。

体育赛事公共关系活动工作的主要内容包括：对赛事筹办期间除竞赛之外的文化、艺术、教育等活动进行统筹安排、统一规划；策划活动方案，使活动体现赛事理念，体现赛事特色；组织、执行活动方案，与公众加强沟通，传递赛事信息，展示赛事形象，提高赛事影响力；对赛事活动工作情况进行总结评估，提交工作报告等。

无论是何种形式的体育赛事公共关系活动，其工作的一般程序通常为：

1. 设置组织机构

体育赛事运作管理机构内部设置公共关系活动部门（或称大型活动部、文化活动部等），负责赛事各种公共关系活动的策划、组织与执行。大型体育赛事举办的活动通常不止一项，可根据活动的具体数量及规模，在活动部门内部分设处室或者项目组，分别负责不同的活动项目。

2. 配置人力资源

在选择部门、处室或者项目组负责人时，应优先考虑具有同等规模活动组织与策划经验的人选，要求有很强的组织能力和协调能力。由于活动的组织与执行工作量相当大，而且有些工作技术性、专业性强，如果全部由赛事运作管理机构工作人员完成，成本高，效率却不高，因此通常会由内部工作人员进行活动的策划、协调与组织，而将大部分执行工作外包给专业公司完成，但要加强对外部公司及人员的监控。活动部门往往是赛事运作中对志愿者需求较大的部门，对志愿者加强活动知识及活动安全意识的培训是配置人力资源过程中的重要环节。

3. 公关活动调研

对于体育赛事运作管理机构而言，资源是有限而珍贵的，除非能提高赛事运作的整体效益，否则运作管理机构就不应该投入资源举办公关活动。也就是说，公关活动必须有助于达到赛事的目标。这意味着必须采用调研的手段，细致地分析赛事的不同受众群体，并确定何种活动对何种受众群体是最有效的，其可能产生的“活动结果”及“活动效果”是什么。所谓活动结果是活动产生的直接的、短期而表面的现象，比如，关于赛事的报道增多；而活动效果则是活动对赛事产生的长期而深远的影响力，比如，大型综合性运动会的火炬传递活动有助于提高人们对运动会的参与度、关注度。调研的内容很多，粗略可以分为两部分，一部分是对活动成本—效益的调研，一部分是对活动策划、组织及执行方式方法的调研。

调研的方法同样可以从两个角度进行，一方面是进行比较性的调研，即对同类型或者其他具有可比性的赛事所举行的活动进行调研，研究其成本—效益，经验及教训等；另一方面是进行现实性的调研，即围绕赛事自身拟举行的公关活动进行调研，通过向目标公众发放调查问卷、电话访谈、邮件访谈、专家座谈等方式，研究公众对活动的认知、态度，预测活动可能的结果与效果等。

4. 活动方案制定

活动方案的制定既包括赛事公关活动总体规划方案，又包括各项活动的具体方案。赛事公关活动总体规划方案是举办赛事各类文化、艺术、教育、体育、娱乐活动的指导性纲领，是赛事活动部门筹办各种活动的总规则。各项活动的具体方案则是各项活动的实施准则。在活动方案的制定过程中应注意：赛事所有的公关活动应围绕赛事的举行，旨在展示赛事形象，不可喧宾夺主；公关活动的统筹安排要注意时间与频率，避免相互重复或冲突引起的资源内耗；每项公关活动应有明确的目标公众，活动主题突出，且要与赛事理念相一致；活动的内容与形式应与活动主题相契合，既追求创新，又强调可行性；活动的筹办应与赛事的市场开发工作结合起来。

5. 活动方案执行

活动方案的执行是关系活动是否能达到预期目标的关键环节，它与活动方案的制定构成一种“虚”与“实”的辩证关系。任何活动方案，无论有多少创新或者“亮点”，如果不能得到切实的执行，就都是一纸空文。始终牢记“细节决定成败”，活动执行必须细心、细心、再细心。任何一个细节的忽视或者一个环节的疏忽，就可能导致整个活动结果及效果与预期相差甚远。执行的过程中，活动流程安排、活动场景布置、活动现场控制，以及媒体记者的邀请等每一个细节都需要特别重视。同时，在活动方案执行的过程中必须重视团队合作，赛事公关活动的成功执行不是任何个人或者只依靠活动部门可以完成的，它往往需要赛事运作管理机构各部门和人员之间的协调与合作。此外，必须对活动的执行过程进行实时监督和控制，要注意多变因素对活动的影响，比如天气情况、安全情况等，尤其活动现场是活动方案执行的核心，要给予特别重视。

6. 活动总结评估

赛事公关活动的结束并不代表活动全过程的完结。对活动结果与活动效果进行评估既是检验赛事资源配置效率的直接依据，也是改善其他正在举行或计划举行的赛事公关活动的重要手段。对赛事公关活动进行评估的方式多种多样，比如：活动现场效果的拍摄，公众参与活动的人数统计，公众对活动的认知及态度，媒体对活动的报道情况，活动的成本—收益情况等等。

（二）体育赛事公共关系活动的形式

1. 开幕式和闭幕式

赛事开幕式和闭幕式是开展赛事公共关系工作的重要舞台。这是因为赛事开幕式和闭幕式是赛事成功开始及圆满结束的标志性事件，使开幕式和闭幕式成为展示赛事运作水平和整体形象的最佳载体之一。赛事运作管理机构应当邀请赛事相关公众的代表参加开幕式或闭幕式，向他们传递赛事的正面信息，赢得他们对赛事的正面评价。赛事开幕式或闭幕式邀请的嘉宾通常包括党政机关有关负责人、知名运动员或体育界官员、媒体记者、赞助商代表、相关社会团体成员等等。做好嘉宾的接待工作是开展公共关系工作的核心环节之一。此外，赛事开幕式和闭幕式也是对赛事筹备及举行过程中其他公共关系工作进行检测的手段之一，开幕式或闭幕式观众数量的多寡、现场气氛的好坏、媒体报道的充分与否，都反映了赛事公共关系工作的成效。

开幕式和闭幕式要庄严隆重、主题鲜明、气氛热烈、紧凑精练、富有创意。开幕式和闭幕式的具体规模和程序因赛事具体情况而有所不同，有的相对简单，有的则十分复杂。比如小型的单项比赛，开幕式程序可由赛事组委会领导致欢迎词、赛事主办单位领导宣布开幕、运动员代表讲话宣誓组成；而大型综合性赛事除了一般的礼仪性程序外，还会举办大型的文艺表演或者其他庆典活动。

开幕式和闭幕式的具体工作方案要及早制定，并尽快上报主办单位审批，否则可能会造成赛事运作管理机构与主办单位的意图不一致，导致工作量的增加及赛事资源的浪费。此外，还需制定宣传方案、安保方案、应急方案，如果计划进行直播，还需制定直播方案。

2. 宴请活动

宴请活动是体育赛事中常见的公共关系活动之一，是一种以餐饮形式款待赛事特定公众对象的活动，比如，媒体记者接待宴会，开幕式贵宾酒会等。赛事宴请的形式丰富，分为宴会、酒会、茶会、冷餐会、工作进餐。采用何种宴请形式，要根据宴请主题、宴请对象、赛事日程及经费预算等各种因素而定。

明确宴请主题和邀请对象是宴请活动的首要步骤。赛事宴请的一般主题有接待、庆功、联谊。对邀请对象的确定包括确定邀请人员的身份、级别、数量。

根据宴请主题和邀请对象来确定宴请规格，选择宴请形式。比如，对于赛事贵宾的宴请，规格高，人数少，应采用正式宴会形式，认真安排座次，标明座位卡，宾主按身份排位就座，对餐具、酒水、菜肴及上菜程序都要精心安排，考虑邀请对象的口味及本地特色。又如，旨在庆祝赛事圆满结束的宴请活动，人数较多，可采取酒会形式，便于人员间广泛交谈接触，在菜肴、酒水、饮料、座次的安排上也更为灵活。

宴请的时间和场所也是宴请活动是否能成功举行的重要因素之一。宴请时间要充分考虑邀请对象的日程安排和特定需求，比如，对运动员、教练员、领队的宴请要考虑到赛事日程，不要与赛事发生冲突。宴请场所的选择要考虑的因素包括装修环境、交通条件、规格高低、规模大小、场所特色等，对于贵宾的宴请还要考虑合适的休息厅，供宴会前简短交谈使用。事前与宴请对象进行沟通，征求其意愿也是一种简单有效的方法。

3. 火炬传递活动

火炬传递活动是大型综合性赛事中一项传统的活动，它是通过与公众近距离接触及互动的方式传播体育精神，宣扬赛事文化，展示赛事形象的绝佳途径。例如，每一届奥运会开幕式之前都会进行历时一个月的圣火传递活动，是一项在全世界范围内掀起热潮的重要活动，而我国的全国运动会也会在开幕式前举行全国范围内的火炬传递活动，对运动会进行广泛的宣传。

以第九届全国运动会火炬传递活动为例，它在当时是规格最高、规模最大、影响最广、历时最长的大型体育活动，并且首次实现了我国全国运动会历史上火炬传递活动“总冠名”，使全国运动会资源通过体育市场营销产生了较好的效益。此外，第九届全国运动会火炬传递活动还首创我国大型体育活动历史上“电子火炬网络传递”，将互联网技术运用于大型体育活动，同时使其成为体育市场营销的资源。

第九届全国运动会成为体育赛事公共关系活动成功范例首先在于它所取得的巨大社会效益：党和国家领导人亲自出席主火炬点火仪式，江泽民主席亲自在天安门广场点燃圣火；各省、市、自治区党委书记出席在本省举行的火炬传递活动起跑仪式；在国家体育总局群体司的领导下，同期推出了全民健身活动周；数百万人次参加了长跑活动，推动了全民健身活动的开展；时任国家体育总局局长的袁伟民亲自点击电子火炬网络传递活动的鼠标，北京市、河北省、河南省、湖北省、湖南省、广东省（电子火炬网络传递路线）体育局局长出席在本省举行的点火仪式；近千万人次通过互联网参加了线上电子火炬网络传递活动，将第九届全国运动会的宣传活动全面推向高潮，形成了迎接第九届全国运动会的良好氛围。

创新的策划和精心的组织也吸引了众多知名企业对第九届全国火炬传递活动的关注，上海通用汽车有限公司以诚意和实力成为了活动的总冠名赞助商，总冠名费达现金 1380 万元。此外，上海通用汽车有限公司还向活动组织机构赠送了 4 辆别克轿车和 4 辆商务车，而活动运作机构则为赞助商精心策划，将赠送车辆作为火炬传递活动的引导车、采访车及工作车，让别克品牌随着火炬在全国范围的传递也传遍了四面八方。上海通用汽车有限公司借助活动，进一步提升了品牌价值，提高了美誉度，扩大了知名度，开拓了更深层面的市场，尤其是加大了上海通用汽车在极具购买力的广东市场的竞争优势，扩大了其在华南市场的市场份额。

第九届全国运动会火炬传递活动所取得的巨大社会效益和经济效益离不开电台、报纸、网站、电视台等众多媒体机构的大力支持。在活动尚未开始前，活动运作机构就与中央电视台、广东电视台建立了紧密的协议合作关系，实现了中央电视台直播 4 次，录播 8 次，新闻报道 400 多条，全国各级各类报纸等媒体共发消息 1 万多条的热烈局面。

第九届全国运动会火炬传递活动的成功最终在于它实现了政府满意、赞助商满意、媒体满意、活动参与者满意、组织者满意的目标，成为一项满足了赛事不同利益相关者的需求、受到普遍认可和如潮好评的体育赛事公共关系成功范例。

4. 其他赛事公关活动

体育赛事筹备与组织中常见的公关活动还包括倒计时 1 周年（或者倒计时 100 天）庆典活动、群众体育先进代表表彰活动及其他各种形式的宣传推广活动等。每一项赛事所选择的活动形式和内容都各有不同。比如，2004 年 8 月 4 日~9 月 28 日，雅典举行了有关伤残奥运会题为《运动精神》的摄影展。44 幅摄影作品来自国际残奥会专职摄影师库德尼斯，主要描绘了 1996 年亚特兰大、2002 年悉尼残奥会的动人场面。雅典市长巴科延尼斯主持了摄影展的开幕式。在库德尼斯的镜头中，展示的不仅仅是残奥体育，而且显示了真正的残奥英雄人物的生活，这位对于残奥运动员满怀激情的摄影家说："我希望用我的镜头描绘出这些残疾运动员的激情、决心和良好表现。"这些摄影作品也在欧洲的丹麦、法国、德国、意大利、斯洛文尼亚、瑞典等国举办了展览，促使更多人关心、关注伤残奥运会，从而获得社会各方面的更多支持。因此，此摄影展实质上是一种旨在向公众呈现伤残奥运会不同比赛项目和来自世界各地的运动员的风采，宣扬残疾人自强不息精神，推广伤残奥运会的公共关系活动。

无论是何种形式和内容的赛事公共关系活动，都应该遵循主题鲜明、具备特色、富有创意三大原则，紧密围绕赛事的主旨、目标与文化，发现、挖掘当届赛事独有的时代、地域及其他特征，发挥优秀人才的智慧，不拘一格，突破窠臼，创造成功的赛事公共关系活动。

本章思考题

阅读相关链接二，从资料中你能否了解到围绕着北京 2008 奥运会徽的设计与发布举行了哪些公共关系活动？除此之外，你还知道其他的与北京 2008 奥运视觉识别系统相关的公共关系活动吗？

本章练习题

1. 阅读相关链接一，谈谈对于体育赛事运作管理机构、政府、企业及运动员而言，赛事营销的含义和目标有何不同？

2. 谈谈你所知道的新媒体在体育赛事营销中的运用。

相关链接一

F1 一场营销盛宴

如果说在上海 F1 大赛之前，F1 还被大多数人视为一项体育赛事的话，那么如今来看，F1 还是一场高科技的游戏，更是一场不见硝烟的营销大战。

2001 年 12 月，当郁知非离开经营管理达 9 年之久的申花队，开始投身于筹划 F1 上海大奖赛时，恐怕不会预知到今天 F1 在中国的知名度并不亚于甲 A 足球联赛。当他在 2002 年出任上海国际赛车场有限公司副总经理，并负责上海一级方程式（F1）赛车场的建设和日后的运营与管理时，恐怕国人也不会想到 F1 会在中国刮起一阵旋风。当上海市向 F1 赛事投入超过 30 亿元人民币时，来自各方面的质疑声，即便在今天也很难全部散去，但 F1 的确在 2004 年的 9 月份把全中国、甚至是全世界的眼光都聚集到了上海。

当然，钟情于 F1 赛事的远不止郁知非和上海市。当带有中文“惠普”字样的宝马威廉姆斯 F1 赛车飞驰在上海赛场时，观众台上就坐有 HP 邀请而来的公司客户和各大媒体代表。当然，也不止 HP，各大公司都纷纷盛邀自己的“贵宾”。特别是北京城里的各大媒体记者，在上海 F1 赛事前见面时，问的都是“你去 F1 吗？”等上海 F1 赛事结束后，彼此的寒暄又变成“你去 F1 了吗？”

你可以不知道 F1 是怎么回事，但你不能不知道 F1 这个词。

如果说在上海 F1 大赛之前，F1 还被大多数人视为一项体育赛事的话，那么如今来看，F1 还是一场高科技的游戏，更是一场不见硝烟的营销大战。

上海：走在城市营销前列

据《21世纪经济报道》，从2004年的9月24~26日这三天时间里，15万人潮水般从上海市中心区涌向了人口仅50多万的嘉定。

在24~26日的这三天里，也是上海所有五星级酒店的嘉年华。

今年F1澳大利亚站和马来西亚站比赛时，当地的酒店客房均涨价50%~100%，但仍供不应求。有经验的从业人员表示，在F1举办期间，当地酒店价格上浮30%~50%应算正常。据报道，300美元以上的高级标房，已经在上海F1赛前基本售罄。

高档酒店售罄，三星级以下的行情也一路看涨。二星级酒店标房团队价格升至400元；三星级饭店由200元涨到800多元。嘉定区二、三星级酒店的房价从400元涨到1300元。粗略估算，仅此三天，F1就为上海酒店贡献了2.1亿元的房费收入。加上F1车队的贡献，上海酒店业在F1赛事前后五天房费进账达2.25亿元人民币。

除酒店业外，超过15万人次的观众，在比赛的三天共为上海交通部门贡献1200多万元。

自F1签约以来，一系列配套交通建设都开始动工，嘉定区的土地也变得异常抢手。有一个事例能证明上赛场对嘉定房地产价格的拉动作用有多大。上赛场位于在嘉定区安亭镇的东北角，距安亭镇中心约7公里，但这里的商品房价却在每平方米7000元左右，比嘉定中心区的房价——每平方米5000元高出近40%。

有专家预计，F1将使上赛场周边20平方公里地价上升。即使以六折的地价计算，赛车场周边约20平方公里(合13334亩)的土地，至少能令上海市多赚或土地账面增值64亿元。

上海F1赛场在本次赛事中的直接收入，上海赛事商务公司的纪念品销售收入，上海酒店、餐饮业、交通部门，以及上海市的土地增值收入等，共计约 66.7 亿元。

而未来的收益则远不止于此。专业人士预测，F1 的到来，可能会在一定程度上改变来华的境外游客结构，从而在观光旅游及商务旅游这两个组成部分中，提高后者的比例。商务旅游多随业务而来，由公司买单，能为上海带来的潜在收益和实际收益不可估量。

上海将上赛场选在嘉定这个紧靠江苏的城区，也大有深意。这一方面是为了做活国际汽车城这一盘棋，另一方面也为邻近城市带来商机，并借此来提高上海对长三角的号召力。此次 F1 期间，上海与长三角其他地区联手，将部分旅客分流到其他城市。F1 在推销上海的同时，也在推销着整个长三角地区。并反过来，提高周边城市对上海的向心力。

随着 F1 在全球的热播，当“上”字形的上赛场及以上赛场“上”字标志出现在亿万国际观众的眼前时，上海和上赛场作为一个品牌，开拓了城市品牌国际化的道路。

毋庸置疑上海已经走在了中国城市营销的前列。

HP：开辟体育营销新思维

三星公司在负债高达 170 亿美元的时候，决定成为奥运 TOP 赞助商，最终走上国际化发展道路，并获得巨大成功。这个经典案例，把体育营销推到了各大公司经营决策者的面前。

2004 年，仿佛注定是中国的体育营销年。从联想进入 2008 年奥运 TOP 赞助商，到带有“惠普”字样的赛车出现的上海 F1 赛道上，从各类足球比赛，到激动人心的 2004 年奥运会，在中国市场中经营的各大公司，特别是各大 IT 公司，都没有错过 2004 年的每一个精彩体育赛事。之所以称 2004 年为中国体育营销年，还有一个佐证，那就是在 2004 年底的时候，中国首届“体育营销国际年会”在北京隆重召开。

《经济观察报》总经理张忠认为，体育营销作为一种市场战略，目前在中国各界对它的认识还存在着太多的误区。体育营销不是体育产业营销、体育赞助、事件营销等短期行为，而是一项全方位、长期的系统工程。体育营销归根到底是一种营销手段，它需要长期的系统规划以及企业的品质实力作为基础。

HP 全球体育赞助总监 Andrew Collis 在接受记者采访时表示，“HP 选择赞助一项体育活动，希望通过这项体育活动来展现 HP 最优秀的技术，让更多观众感觉到是 HP 科技的力量帮助赛手获胜。而科技是推动 F1 发展最强有力工具，这也正是 HP 选择参与赞助 F1 赛事的关键”。

自 2000 年开始，HP 一直是宝马威廉姆斯 F1 车队背后不可或缺的高科技支持者。HP 作为车队的首席赞助商， 除了为车队提供高额的资金赞助外，HP 还为宝马威廉姆斯 F1 车队提供了一系列的产品、技术、解决方案和服务，包括基于 Linux 的超级计算技术、无线网络技术、移动计算技术、打印和成像技术以及全球 7×24 小时专业服务，在赛车设计、性能管理、制造和遥感勘测等诸多方面都成为宝马威廉姆斯 F1 车队的有力技术后盾。

在 HP Proliant 超级计算集群的帮助下，宝马威廉姆斯 F1 车队原本需要三天设计时间的环节和零部件，现在可以缩短到 14 个小时，时间缩减不到原来时间的 1/5。这使得威廉姆斯 F1 车队可以做超过正常水平五倍数量的实验，在最后关头把实验所得的最佳结果放入生产车间并投入使用。

Andrew Collis 说：“宝马（BMW）是世界知名的性能与质量标志性品牌，而威廉姆斯在 F1 品牌中同样是一支非常成功的车队，共获得 16 项冠军头衔，它为惠普提供了一个平台，在这个平台上，HP 所提供的 IT 技术可以得到最大限度的发挥，而且可以把这些高科技展现在全球数亿观众面前。”

在 F1 每年的赛季中，全球性的电视转播时间长达 8 个月，覆盖各大洲 206 个国家。而且每个比赛周末的累计观众可达 1.6 亿人次。由于 HP 产品的主要市场，成年人占到 50%~80%，关注 F1 赛事的观众同时也会是 HP 庞大潜在的目标受众群。Andrew Collis 说："在受关注程度、地理分布、观众广泛性、覆盖范围一致性等方面，F1 赛事对于 HP 来说堪称独一无二，HP 科技将借助 F1 的传播走向全世界。"

而在此次上海 F1 大赛中，"惠普"两个汉字出现在威廉姆斯赛车的尾翼部位抢眼位置，取代其他赛战中所使用的 HP "INVENT" 标志。这个特别的车身标识是 HP 公司专为 F1 上海大奖赛而设计的，这也是汉字第一次出现在 F1 赛车如此显著的位置。全球有数以十亿计的电视观众与现场 20 万观众一起，第一次在宝马威廉姆斯 F1 赛车最为醒目的位置看到中文'惠普'二字。

Andrew Collis 表示，"中国的市场无论对于 F1 还是 HP 来说都非常重要。中国汉字'惠普'出现在赛车上，这在全世界都没有做过，只有在中国这样，这充分说明了 HP 对中国市场的重视。"

蒙托亚：个人营销彰显魅力

在此次上海 F1 大赛中，上海成功进行了城市营销，HP 将企业体育营销推向新高潮，而宝马威廉姆斯 F1 车队首席车手蒙托亚在长城过生日，也来了回成功的个人营销。

9 月 20 日，在雄伟古老的长城脚下，在时尚前卫的长城脚下的公社，蒙托亚参加了由 HP 举行的宝马威廉姆斯 F1 车队首席车手蒙托亚车迷见面会。

中午 12 点整，从上海赛场专程赶来的蒙托亚面带笑容步入活动现场。车迷见面会在富有激情的气氛下开始了。在历时一个小时的亲密接触中，主持人细数了蒙托亚从一个热爱赛车的孩童成长为一名 F1 顶级车手的一幕幕重要时刻，并为在场的所有人带来了最大的一个惊喜——当天是蒙托亚的 29 岁生日。在消息公布的瞬间，场内的气氛顿时沸腾起来，即便是一个驾驭速度的高手，蒙托亚脸上也在大家的欢呼声中露出了腼腆的笑容——这是 F1 赛车手第一次在中国与车迷一起庆贺生日。

在与在场的车迷分享生日蛋糕后，HP 大中国区打印成像及消费市场集团总经理柯玉璋，亲自赠送给蒙托亚一台新近在中国发布的 PhotoSmart R707 数码相机。他说："HP 公司非常高兴地与车迷一起，在长城脚下，共同为宝马威廉姆斯车队和蒙托亚壮行，为宝马威廉姆斯车队加油助威。我希望蒙托亚先生能用 HP 的数码相机记录下您在中国比赛期间的精彩瞬间，与我们大家分享您的快乐。"

随后，蒙托亚还与 HP 全球副总裁兼 HP 中国区总裁孙振耀一起登上八达岭水关长城。将全天的活动推向最高潮。

蒙托亚还出席了 HP 捐助中国儿基会建立"HP 安康远程教室"活动。此次，中国惠普有限公司向中国儿童少年基金会捐赠了价值 100 万元人民币的电脑设备，以帮助边远地区的中小学校建立"HP 安康远程教室"。

蒙托亚在捐赠仪式上与来宾分享了他本人对科技的看法和体验。他说，从 2000 年 HP 成为宝马威廉姆斯 F1 车队的首席赞助商开始，他就和同伴们运用 HP 的技术。蒙托亚说，HP 所提供的领先科技正在帮助他们不断挑战极限，同时也希望更多的中国儿童都能跟他一样从高科技中受益。

通过一系列的活动，蒙托亚成功地向中国展示了一名 F1 车队首席车手的魅力。

蒙托亚夫妇本身就十分热衷于公益活动，加之此次活动当天又为蒙托亚生日，这也是首次 F1 赛车手在中国过自己的生日，而活动地点又选在长城脚下，这一系列的要素，最终将此次活动演绎成为个人营销的最佳范本。

编辑手记 F1 启示：协同现代综合营销体系

F1 是一场营销盛宴。

但 F1 绝不是一场简单意义和单一层面上的营销战。

围绕此次上海 F1 大赛，展开的是一场城市营销、公司营销和个人营销为主线的营销战，既跨国域又深入特定城市，建立了一个立体、纵深、混合、分层次协同现代综合营销体系。

虽然各个营销层面的主导者，也就是首席营销官（CMO）们也许并未在事前就此取得一致意见，但最终的结果却是这样一种协同现代综合营销体系的形成。

这给了当代首席营销官们这样一个启示：在类似于 F1 这样的现代大型体育赛事中，很可能出现的就是这样一个立体、纵深、混合、分层次的现代综合营销体系，各个层面的营销策略制定者不能再将视野局限在自己层面，而应该将目光放到整个营销体系中，充分利用各层面的联动效应，获得爆炸式的营销效果。

"体育能够唤起巨大的激情，能够超越地理和不同受众的界限，让我们高效地展示 HP 技术合作伙伴关系的魅力。" Andrew Collis 说。

也许，现有的市场营销理论，会就此向前推进一大步。

【惠普网站，www.hp.com.cn，惠普执行官杂志 Willis Wu】

相关链接二

北京 2008 奥运会徽的创作与人文内涵

（北京奥组委新闻宣传部副部长孙维佳在北京 2008 奥运论坛上的发言）

各位领导、女士们、先生们、朋友们：

早上好！

我们在这里讨论奥运会与文化的关系，因为我们都有这样一个共识，即人文奥运绝非一个空泛的议题，现代奥林匹克运动的发展历程表明：体育只有在体能的竞赛之中表现出精神，运动只有在身体的锻炼中传递出情感，才能使人们在生活中升华出共同的理想和信念。这就是平等、公正、和平和友爱。

正因为如此，我非常高兴今天能有这样的机会与大家汇聚一堂，分享北京 2008 年奥运会会徽诞生过程中的种种感受，共同探讨奥运会徽中所蕴含的中国特有的人文精神。

今年 8 月 3 日，第 29 届奥运会会徽正式对外发布，这是北京 2008 年奥运会筹办进程中的一个重要里程碑。“中国印—舞动的北京”受到了社会的普遍关注和国内外的一致好评。它将中国传统的艺术形式与奥林匹克精神完美地结合起来，体现着 13 亿中国人民对于奥林匹克运动的美好憧憬和对奥林匹克精神的独特理解。

现代奥林匹克运动会历经百余年的发展，其形象与景观已成为历届奥运会独特的无形资产，特别是作为奥运会形象核心的奥运会会徽（即奥组委徽记），不仅是世界上最受认可的标志之一，也是各国主办城市奥运会组委会在形象景观应用、市场开发过程中最具价值的无形资产。

纵观历届奥运会会徽，虽其设计形式不同，理念各异，但大多具有主办城市特色和新颖独特的形象设计。百余年来，奥运会徽设计经历了由稚嫩而日趋成熟的发展过程，最终形成了为世界所广泛接纳的设计传统。按照这一传统，奥运会徽在形式上包括三个组成部分，即独特新颖的图形设计、城市名 + 年份的字样和奥运五环。历届奥组委都为能设计出独创而有新意的图形和与之相得益彰的文字而煞费苦心。

在设计理念上，奥运会徽的设计力求表现奥林匹克精神和地域人文特色。一个出色的奥运会会徽应该是两者完美结合的产物。近些年来，在奥运形象设计中蕴含丰富地域性文化特色的趋势愈加明显。

从设计内容风格上看，奥运会徽的设计通常体现为三种思

路，即

1. 以运动形象元素为主（如1932年普莱西德湖冬奥会、1992年巴塞罗那奥运会的会徽设计）；

2. 以地域性代表元素为主（如1964年东京奥运会、1980年莫斯科奥运会、2004年雅典奥运会的会徽设计）；

3. 地域性代表元素与运动形象元素相结合（如1984年洛杉矶奥运会、1996年亚特兰大奥运会和2000年悉尼奥运会的会徽设计）。而将区域性代表元素与运动形象相结合、采用运动形象为主的创作方式，是目前奥林匹克设计领域广为接受的设计思路。

总的来讲，一个出色的奥运会会徽应当符合当代艺术美学的要求、表现奥运会设计的优秀传统，同时应明显区别于以往各届奥运会的标志和其他世界性主要体育赛事的标志。它必须拥有再创作的空间，通过再创作可以应用于奥运会形象与景观的各种表现方式。它还应当便于电视转播，便于对其进行平面图像或立体表现形式的复制，便于相关载体的生产、加工。此外，它还应在城市景观布置、场馆环境布置等方面蕴含有良好的、巨大的潜力，利于今后的形象景观应用和市场开发，便于组委会对其进行开发使用或采取保护措施。

为创造出具有中国文化、北京特色的奥运会会徽，向世界展现北京2008奥运会的巨大魅力及中国悠久灿烂的文化历史与人文精神，北京奥组委投入了极大的精力，精心策划组织了会徽的创作和选定工作，前后历时一年，取得了令人满意的结果。

作为启动工作，我们于2002年4月和7月分别举办了“奥运会视觉形象研讨会”和“北京2008—奥林匹克设计大会”，邀请国内外知名设计师、设计机构代表600多人共同就奥林匹克设计进行深入探讨和交流。

2002年7月3日，北京2008奥运会会徽设计大赛正式启动。此次设计大赛得到全球设计师的广泛关注。经过三个月的征集，截止到 2002 年 10 月 8 日，组委会共收到有效参赛作品 1985 件，其中中国（含港澳台）作品 1763 件，占总数的 88.31%，国外作品 222 件，占总数的 11.69%。所征集作品中，绝大多数具有明显的中国特色，并且对奥林匹克理念和精神做了深入的发掘。参赛作品中，运动员形象、龙形、凤形、天坛等图案占较大比例，以中国汉字为基本图案的设计也有一定比例。

2002 年 10 月 15~16 日和 11 月 3~4 日，由国内外设计界、美学界 11 名专家组成的会徽专家评选委员会对参评作品进行了初评和复评，最终评选出“中国印—舞动的北京”“五彩祥云”和“天坛”等 10 件会徽大赛获奖作品。

为体现社会各界群众对北京奥运会会徽设计的参与，增加奥运会筹办工作的透明度，我们于 11 月 6 日召开会徽评议委员会会议，邀请社会各界代表 30 余人对复评情况和复评结果进行了评议。评议委员会的意见和专家评选委员会的评选结果完全一致。

为保证会徽评选过程公正、评选结果真实有效，我们邀请了公证机关对评选过程进行全程公证。参与评选、评议工作的评委、专家与相关工作人员，均在参与工作前签署了保密承诺函。

2002 年 11 月 21 日和 12 月 16 日，北京奥组委执委会两次对设计大赛获奖作品进行审定。执委会认为，从标志的创意及未来形象景观的应用前景和市场开发的角度看，获奖作品中的第一名作品“中国印—舞动的北京”具有成为第 29 届奥运会会徽的条件，可作为备选方案进一步修改完善。根据执委会的决定，我们组织作品的原创作者及有关专家对“中国印—舞动的北京”做了反复修改。

在修改过程中，为确保在世界范围内对会徽进行商标注册时不出现与以往注册商标相近似或雷同的现象，我们分别委托国家商标局和国际奥委会知识产权顾问公司对会徽备选作品“中国印—舞动的北京”进行了国内、国际的商标注册在先权检索，并依据检索结果，邀请专业设计师对其做了进一步修改和完善。修改后的会徽备选作品“中国印—舞动的北京”2003 年 2 月 11 日举行的会徽特别评选委员会上获得了国内外专家评委的一致认可，并随后于 2 月 17 日举行的组委会执委会上获得一致通过，被正式确定为第 29 届奥运会会徽（即北京奥组委徽记）备选方案。

2003 年 3 月 28 日下午，国际奥委会主席罗格和第 29 届奥运会协调委员会主席维尔布鲁根以及国际奥委会的有关方面官员在瑞士洛桑听取了北京奥组委的陈述，并审看了提交的会徽。国际奥委会主席罗格在听取陈述后对北京奥组委陈述给予了高度评价，称“这是一个完美的奥运会会徽”。罗格认为，“新会徽青春而富有活力，是一个卓越且充满诗意的会徽，集中体现了中国的悠久历史和灿烂文化，以及中国的未来。”罗格主席代表国际奥委会对北京奥组委提交的新会徽表示认可和同意，并出人意料地用自己收藏的一枚刻有其中文名字的中国篆刻印章在组委会带去的会徽标准图样上签盖了印章，并手签了其姓名。

至此，北京奥组委提交的第 29 届奥林匹克运动会会徽（即北京奥组委徽记）“中国印—舞动的北京”获得国际奥委会的正式通过。

8 月 3 日，北京奥组委在天坛祈年殿广场举行了盛大的会徽发布仪式。仪式以恢宏的气势和精湛的表演阐释了北京奥运会徽的理念，以中国文化特有的方式对奥林匹克精神和理想作了深刻的发掘和弘扬。发布仪式向世界传达了中华民族对奥林匹克的热情与向往，展示了中国传统文化与奥林匹克精神相结合所绽放出的全新魅力。

至此，历时一年零四个月的会徽评选、发布工作顺利结束。“中国印—舞动的北京”正式诞生。

每一个会徽的背后都讲述着一个故事。“中国印—舞动的北京”背后，讲述的是中国北京对奥林匹克的理解和承诺。

1.“中国印—舞动的北京”采用了典型的中国艺术表现形式。它集中国特有的文字、篆刻和书法于一体，以印章的形式设计，传达出深刻而厚重的东方文化底蕴。设计中“京”字的造型经过艺术处理，巧妙的幻化成一个向前奔跑、舞动着、欢呼着迎接胜利的人形。

会徽中的文字部分（“BEIJING 2008”）取汉简（汉代竹简文字）之笔意和中国书法之神韵，将汉简中的笔画和韵味有机地融入到“BEIJING 2008”字体之中，自然、简洁、流畅、洒脱，与会徽图形和奥运五环浑然一体，形成独特的风格。

2.“中国印—舞动的北京”选用了中国人最为崇尚的颜色——红色作为主体图案基础颜色，传达着中国人民对生活的热爱和对奥林匹克的激情。红色历来被视为中国的代表性颜色，红星、红旗、红色政权共同筑起了红色的共和国。红色是东方的太阳，红色是生命的圣火；红色是中国人对吉祥美好的礼赞，红色是中国人对世界的祝福和盛情；红色是中国人喜庆热烈的心情，红色是北京激情活力的象征。

3.“中国印—舞动的北京”继承了奥林匹克设计的优秀传统，揭示了冲刺极限、创造辉煌、“更快、更高、更强”的奥林匹克精神。会徽造型以运动人形为主题，突显了奥运会以人为本、以运动员为核心的理念，将体育的神圣与和平友爱的欢乐主题融为一体，传达出奥林匹克所追求的最高理想境界。

4. “中国印—舞动的北京”是中国文化与奥林匹克精神的完美结合，表达着中国人民对奥林匹克深刻而独到的理解和对2008年奥运会的信心和承诺。这枚中国肖形印是北京2008年奥运会最凝练的象征。它动静相宜、刚柔并济的友善形象是这个国家真诚情感和豁达心胸的体现。在这方“中国印”上，镌刻着一个有着 13 亿人口和 56 个民族的国家对奥林匹克运动的誓言，见证着一个拥有古老文明和现代风范的民族对于奥林匹克精神的崇尚，呈现着一个面向未来的都市对奥林匹克理想的诉求。它是诚信的象征，它是自信的展示，它是第 29 届奥林匹克运动会主办城市北京向全世界、全人类做出的庄严而又神圣的承诺。

“中国印—舞动的北京”是中国的，也是世界的。它用传统的艺术形式，传达着新北京新奥运的理念。它简洁而生动，直白而富于内涵，底蕴深厚而概念现代，是一件完美的奥林匹克艺术设计作品。它必将作为北京 2008 年奥运会的一件珍贵的文化遗产，永载奥林匹克艺术设计史册。

朋友们，创造出富于东方智慧的独特的视觉形象，为奥林匹克运动带来全新的设计理念和设计元素，是北京奥运会形象与景观设计的目标。中华文明拥有五千年的悠久历史，我们的先人一直在不懈追求着“天人合一”的哲学理想，在灿烂的文化艺术长河中始终蕴含着将体育与文化相结合的艺术传统。北京奥运会形象景观设计应清晰、凝练地向世人传达出北京奥运会的审美取向和价值取向，体现东方文明中这种体育与文化相结合的传统，传播人文奥运的举办理念。

我们今天所做的一切就是为北京 2008 年奥运会营造一个最佳的人文环境。让我们奉献出自己的智慧与才华，共同为奥林匹克运动书写出具有中国文化特色的光辉篇章。

谢谢！

【第 29 届奥林匹克运动会网站，www.beijng2008.com,2003-09-22】

第八章 体育赛事的市场开发

本章学习要点：
- 体育赛事市场开发与市场营销的关系
- 体育赛事的市场资源
- 体育赛事市场开发的一般程序
- 体育赛事市场开发的主要组成
- 体育赛事商业赞助的含义及特点
- 体育赛事商业赞助策划方案的制作与设计
- 体育赛事商业赞助的谈判
- 体育赛事商业赞助的回报执行工作
- 体育赛事门票销售的管理
- 体育赛事电视转播权的销售

第一节 体育赛事市场开发概述

一、体育赛事市场开发的含义

体育赛事市场开发，用最简单直接的语言来说，就是体育赛事运作管理机构立足于赛事所拥有的各种资源，通过市场交换行为，尽一切可能增加赛事收入的过程。那么，体育赛事市场开发与我们前一章所阐述的体育赛事市场营销有何联系和区别呢？在日常对体育赛事的谈论或者运作中，市场营销和市场开发是两个常常彼此替代，甚至被视为同义的词语，但本书却将体育赛事市场营销和市场开发分为独立章节进行阐述，这是因为作者认为这两者实质上是两个不同的概念。

体育赛事市场营销以满足体育赛事相关利益个人或群体需求为目标，而体育赛事市场开发则以赢得赛事收入为目标。体育赛事市场营销的对象包括政府、运动员、赞助商、媒体、观众、供应商以及其他相关利益个人或群体，而体育赛事市场开发的对象则是可能为赛事带来直接收入的个人或群体。体育赛事市场营销主要是一个花费资金的过程，而体育赛事市场开发则是一个赢得收入的过程。但另一方面，体育赛事市场营销和市场开发又是紧密联系、密不可分的两个概念。体育赛事市场开发需要运用市场营销方式去开展，而对赛事进行市场营销的目的之一也是为了促进市场开发。对于商业性的体育赛事而言，体育赛事的市场营销更是紧密围绕市场开发，以赢得赛事收入为最终目标。

认清体育赛事市场营销和市场开发的区别和联系，有助于我们把握体育赛事运作管理中这两者的平衡关系。在现在的体育赛事运作管理中，普遍有一种“重市场开发，轻市场营销”的趋势。其背后的原因可能是体制所造成的体育赛事运作管理机构对短期利益的追求，也可能是体育赛事运作管理机构对体育赛事的市场价值抱有主观的理想化的臆测，过高估计自身赛事对观众、对企业、对媒体的吸引力，而忽视了在当今激烈而严峻的市场竞争环境中，存在着众多同质化的体育赛事或者文化休闲娱乐活动。

成功的赛事市场开发有赖于成功的赛事市场营销。唯有使体育赛事运作管理机构所运作的赛事对于潜在的赞助商、观众、电视转播权购买者而言，比其他赛事或者活动更有吸引力，更具独特价值，更能满足他们的特定需求，他们才会支付对等的费用，赛事才能赢得收入。因此，从体育赛事运作的初始，就有必要对赛事市场营销所要花费的时间、资金、人力做出计划及预算，它将很大程度上影响和制约市场开发的最终结果。如果体育赛事运作管理机构未能投入足够的资源进行市场营销，赛事最终获得的收入将大大减少，但如果对投入营销的资源不加权衡，赛事最终取得的收入可能无法平衡营销的支出。

体育赛事市场开发收入最主要来源于商业赞助、门票销售、电视转播权销售、特许经营、社会捐赠。收入来源不同，赛事市场开发的对象、内容和方法自然也各不相同。但无论是针对何种对象，实施何种内容，采用何种方法，赛事的市场开发都必须以赛事所拥有的可供开发的市场资源为基础。因此，在进一步了解体育赛事市场开发的具体对象、内容和方法时，我们必须首先知道体育赛事一般拥有哪些市场资源。

二、体育赛事市场资源的类别

体育赛事的市场资源包括体育赛事无形资产资源、有形资产资源以及由这两类资源构建的衍生资源及政府政策支持的资源。

具体而言，体育赛事的市场资源主要包括以下内容。

1. 体育赛事无形资产资源，包括但不限于：

排他性营销权；

视觉识别系统使用许可权（赛事名称、会徽及吉祥物等）；

赛事比赛项目冠名权；

奖杯奖项冠名权；

赛事相关活动冠名权；

赛事专用产品专有权；

赛事比赛场馆冠名权；

赛事组委会名誉职位；

赛事合作伙伴、各等级赞助商、供应商、服务商的授予权。

2. 体育赛事有形资产资源，包括但不限于：

特许经营授予权（纪念币、纪念钞、纪念牌、纪念邮品、纪念衫等的特许经营）；

电视转播权；

比赛场馆广告资源；

比赛印刷品广告资源（宣传画册、票证、秩序册、成绩册、竞赛指南、记者手册、导游手册、纪念册等印刷品广告）；

开幕式、闭幕式及比赛门票。

3. 体育赛事衍生资源，包括但不限于：

相关活动经营权（文体、娱乐、展会及经济贸易等活动）；

体育彩票发行与经营；

社会捐赠。

4. 政府政策支持体育赛事的资源，包括但不限于：

举办地的户外广告；

举办地政府特许专卖区域；

举办地政府市场准入支持；

税收优惠政策；

举办地政府支持和扶持的其他资源。

三、体育赛事市场开发的工作程序

（一）机构设置

体育赛事市场开发的组织机构及人员设置随赛事规模、性质、历史传统等因素的不同而不同。体育赛事运作管理机构如果是公司性质，一般会在公司内部设立市场开发部门；如果是由政府行政部门组建的组委会，则可能会另设直接受组委会领导的市场开发公司。无论是市场开发部门，还是市场开发公司，在内部的架构上一般都是根据职能及业务进行划分。

以第九届全国运动会的市场开发公司——第九届全国运动会粤兴公司的组织结构为例（图 8.1），公司内设 8 部 1 室。其中办公室、财务部、监察审计部和顾问部是按照职能设立的部室，这些部门主要是为业务部门提供服务，或者监督业务部门的工作；而社会捐赠部、广告专利部、旅游接待部、文体活动部和进出口贸易部（即器材采购部）是按照市场开发业务的不同性质设立的部门，在各自业务范围内开展市场开发工作，同时又存在着互相协同合作的关系。

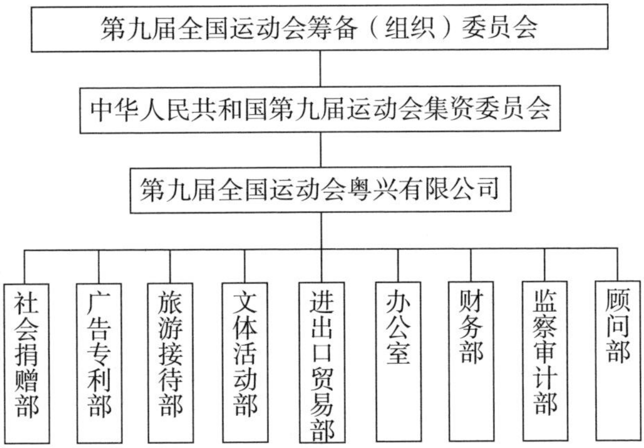

图 8.1　第九届全国运动会市场开发公司组织结构

（二）资源统筹

体育赛事市场开发工作的第一步是“摸清家底”，即对赛事所具有的市场资源进行全面、详细的调查、统计、归纳、整理和分类。资源统筹的过程并非是一个简单易行的过程，这是因为：

首先，资源统筹工作量非常大。比如，仅是对场馆广告资源的统计，就需要进行实地测量、现场拍摄、制作平面示意图、设计图样等许多工作。

其次，资源统筹对细节要求高。统筹工作的细致与否对市场开发推广与执行过程将产生很大影响，比如，广告牌尺寸几厘米的误差都可能导致执行过程中无法安装，延误工期，损失金钱，甚至影响赞助商权益的落实。

再者，资源统筹是一个需要多部门协调的工作。资源统筹主要由负责市场开发的部门承担，但必须与其他部门沟通协调。比如，场馆内外的广告设置需要与安全保卫部门就广告设置的安全性进行沟通，符合安保标准，而有关电视转播权资源的统计则必须与负责广播电视工作的部门进行沟通。

最后值得特别强调的一点是，资源统筹是一个富有创意的过程。尽管体育赛事市场资源的类别大致相同，但在具体的形式和内容上却有很大的不同。不断地挖掘新的市场资源，或者对原有的资源进行形式上的创新，将有助于增加体育赛事市场资源的数量、质量及价值。

（三）目标确定

市场开发的目标，简而言之，就是期望实现多少的体育赛事市场开发收入（现金、物资、服务）。这个目标的制定，在日常运作中会有两种方式，或者对两种方式进行综合运用。

其一，根据赛事的资金实际需求来确定赛事所需达到的市场开发目标，这是国内许多大型综合性赛事常采用的方式。大型综合性赛事常会获得举办地政府及体育行政管理部门一定的资金拨款，赛事运作管理机构会对赛事运作整体所需资金进行估算，减去财政拨款后的资金缺口即是市场开发的目标金额。

其二，是对赛事市场资源的总体价值进行估算，以此为基础确定赛事的市场开发目标，这是各种类型赛事，尤其是商业赛事常使用的方式。价值估算所参考的因素，一是赛事以往各届的市场开发情况，二是同类型赛事的市场开发情况，另外要综合考虑赛事举办地的地域特征、社会经济增长率、赛事发展状况等综合因素。

在拟定市场开发目标中，还会涉及市场开发总收入中现金、物资、服务的比例构成。现金对于体育赛事运作机构而言是最理想的市场开发收入形式，易于管理，使用上更加灵活，不会涉及计价、折旧、变现、仓库保管、保质期等各种烦琐的问题。但同市场开发的角度而言，现金不一定是最佳形式。比如赞助商可能想通过赞助产品或者提供服务，使产品的性能或者服务的质量得到展示。因此，有时获取同等价值的产品、服务比获得现金的市场开发难度相对要低。如果这些产品、服务是赛事实际运作所需要的，如电脑、服装、比赛器材、网络设备、印刷服务、汽车服务、餐饮服务等，那么它们未尝不是现金收入的一种良好替代形式。

（四）规则确立

体育赛事的市场开发中有个关键词即“等价交换”，这意味着赛事的市场开发应该遵循“公开、公平、公正”的原则，因此在进行了资源统筹及拟定了市场开发的目标后，体育赛事运作机构应尽快制定出赛事市场开发的总体规则及相关规定，并上报赛事主办单位或主管单位，确定规则的权威性、统一性、稳定性。只有如此，赛事的市场开发工作才能做到有章可循、有法可依，才能避免人云亦云、朝令夕改的现象。

体育赛事市场开发的规则和规定一般包括《体育赛事市场开发总体计划》《体育赛事广告管理规定》《体育赛事专有权管理规定》《体育赛事特殊标志管理规定》《体育赛事捐赠管理规定》《体育赛事电视转播权管理规定》《体育赛事市场开发代理管理规定》等。

（五）方案制定

制定方案包括制定市场开发总体计划及各项开发工作的具体方案。市场开发总体计划一般包括：确定市场开发的目标对象范围；制定销售预期目标；制定销售策略与销售方式；各项开发项目的工作要求；市场开发的费用预算等。各项开发工作的具体方案主要有体育赞助销售方案、特许经营权销售方案、门票销售方案、电视转播权销售方案等，我们将在本章的后继部分就市场开发主要项目的方案制定与实施分别进行阐述。在此，我们着重对方案中的价格因素作重点介绍。

无论是商业赞助、特许经营、门票，还是电视转播权，都涉及价格；无论是体育赛事运作管理机构，还是市场开发的对象，都关注价格。价格定得太高，可能无人问津；价格定得太低，则会影响赛事收入。价格的制定不仅是一门科学，更是一门艺术，我们在这里提供几种定价方法供参考。

1. 成本加成法

以项目的成本为定价基础，加上一定比例的利润，得出的总额即为项目的价格。但这种方法在体育赛事市场开发上应该谨慎使用，因为体育赛事不同于有形商品，其市场开发主要是依赖于赛事的无形资产，即赛事的品牌、影响力、受关注程度等。如果只以直接成本衡量，制定出的价格可能远远低于项目的实际价值。比如，比赛现场的广告牌直接制作费用并不算太高，但不同赛事的广告牌的价值却会相差甚远，此时如果用成本为基础去定价，则无法得出合理的价格。此外，对于成本的概念也会有不同理解，体育赛事运作机构倾向于以项目整体的实际支出为成本，市场开发的对象倾向于以与得到的回报权益直接相关的支出为成本，这也使得成本加成法得出的价格会有很大争议性。

2. 相对价值法

依据体育赛事市场资源在参照市场上同类资源的价格高低作出定价标准。如秩序册广告插页可比照报纸、杂志的广告收费，赛场广告可比照电视广告收费以往相同或相近赛事的赞助价格。在采用相对价值法时，要注意可比性。比如，秩序册广告插页在与杂志相比时，要注意杂志的发行量、读者数量、对象与秩序册的数量、发放对象的异同。

3. 拍卖定价法

是指通过拍卖的方式由市场开发的对象对赛事资源进行定价。比如，第九届全国运动会就在第一届广东国际体育博览会上举行了赛事资源拍卖会，开创了历届全国运动会市场资源定价新方式。拍卖定价法是一种充分体现“公开”的定价方式，但是此种方式的风险很大，因为价格是“一锤定音”，没有协商的余地，尽管赛事运作管理机构可以通过制定“起拍价”来防止过低价格成交，但是如果“流拍”（即无人出价），则会对赛事的市场开发工作造成负面影响，不利于下一步工作的开展。因此，在使用拍卖定价法时应着重考虑市场开发工作的进行阶段及资源的种类，并要充分做好拍卖前的资源推广和宣传工作，必要时应与有参与拍卖意向的企业、机构进行洽谈。

4. 套餐定价法

所谓的套餐定价法就是将赛事的市场资源进行组合后，就该资源组合进行定价，而不是针对某一单独市场资源进行定价。例如，第九届全国运动会推出主赞助商（赞助额：1000 万元），特约赞助商（赞助额：500 万元），特约服务商（赞助额：300 万元~500 万元）等不同等级的赞助商。不同等级的赞助商价格不同，其享受的回报权益条款也不同。套餐定价法并不是一种独立的定价方法，它实际上是以成本定价法、相对价值法等定价法为基础的定价方法，因为只有在初步明确赛事基本资源的价格后，才有可能对不同的资源组合定出合理的“套餐价格”。

（六）方案实施

实施方案即在遵守赛事市场开发的总体规则、规定前提下，依照市场开发实施方案，有计划、有步骤地展开市场开发实施工作。这是赛事整个市场开发工作中时间跨度最长、资金耗费最多、人力投入最大的阶段，因此其效率与效果直接影响市场开发所能获得的赛事收入。

方案实施是否成功有两个重要的、缺一不可的衡量标志。

其一是赛事市场开发收入的多少，这是市场开发工作好坏的硬指标。譬如，有的赛事尽管声势浩大，相当风光，但市场开发的账面上却出现赤字，或者即使有盈余，和营销投入的费用相比却是不值一提，就不能称之为开发成功。

其二是向赛事支付了费用的开发对象是否满意，通常包括赞助商、购票观众、购买了电视转播权的媒体机构等，他们是赛事市场开发收入的来源，也就是赛事的重要客户，如果他们不满意，则意味着赛事给予他们的价值未能补偿他们支付的价格，甚至可能引发法律纠纷。相对市场开发收入的多少而言，后者产生的影响和作用将是更为长远和深层次的。

（七）评估总结

市场开发评估与总结工作主要包括：

1. 建立市场开发工作专项档案

赛事的市场开发部门或者市场开发公司需要收集，整理与市场开发工作相关的一切资料，包括各类文件、电话记录、传真资料、方案、合同、管理条例、图片、报纸、杂志、录像带、光盘等，这既是档案保密工作的需要，也对下届赛事具有十分重要的参考和借鉴价值。

2. 撰写市场开发总结评估报告

是对赛事市场开发工作总体计划、方案、执行情况、人员配置、经费管理、后勤保障等各方面所进行的全面系统的总结，以总结教训和传授经验。

3. 举行市场开发工作答谢活动

答谢活动要向赞助商、特许经营商、媒体机构、捐赠单位及个人等致以最真挚的感谢，可利用酒会、表演、赠旗、赠匾、赠纪念品的方式，最高行政官的亲笔签名，集体照相等活动，还可以竖立纪念碑等措施。

4. 表彰及激励市场开发工作人员

对市场开发工作中表现优异的工作人员、先进分子进行表彰，以鼓励和感谢他们的辛勤劳动。

第二节　体育赛事商业赞助

一、体育赛事商业赞助概述

（一）体育赛事商业赞助的含义

赞助，现代汉语词典里解释为“赞同并帮助”，这只是解释了一半，即赞助者提供或者付出什么，但没有告诉我们赞助者期望得到什么。而在现代商业社会，我们通常所说的赞助是一种市场行为。既然是市场行为，就要以等价交换为原则，所以赞助可定义为：以事件为载体、以资源为商品、以等价交换为原则、以达到双方目标为目的的一种特殊的市场行为。简单说来，就是一方（组织者）提供事件的组织管理，另一方（支持者）提供相关人力、物力或资金等资源，通过事件，有计划、有目的地向公众传播组织的信息，双方达到各自的目标，其中支持者（即我们常说的赞助商）的目标一般是：建立或提高知名度、美誉度；建立或加强信任；鼓励销售队伍与经销商；降低营销成本等等。

根据赞助的定义，顾名思义，体育赛事商业赞助是指企业对体育赛事给予人力、物力、财力的支持，以体育赛事及相关活动为传播载体，有效沟通公众，以达到各自目标为目的的一种市场行为。

体育赛事商业赞助涉及面很宽，除体育外，还涉及商业、经济、文化、美学、传播等，是对各种资源的整合。从赞助者角度上来说，它实质上是从整合营销的角度来探讨和实施体育赛事及相关活动的营销管理；从体育赛事运作管理机构角度而言，它则是一项重要且必不可少的市场开发渠道及方式。

（二）体育赛事商业赞助的特点

在以上定义基础上，我们对体育赛事商业赞助的特点作如下分析：

1. 鲜明的目的性

体育赛事往往需要花费很多资金、人力或物力。如 2005 举行的第十届全国运动会，排除城市建设开支，在场馆建设和办赛等与运动会直接关联的环节上共花费了几十亿；设置 32 大项 350 个左右的小项，全国省、直辖市、自治区、行业体协等 46 个代表团参加，参赛人数比雅典奥运会要多出近半。为何要花费众多人力、物力、财力举办赛事呢？企业为什么要为赛事提供赞助呢？当然是有着鲜明的目的性。小至地方性篮球赛，大到国际性奥运会，已成为一种具有主题性的活动，是为迎合特殊团体的特定需求，有明确的目的性。如万人长跑活动的目的，可能是为推广全民健身观念，可能是为募集捐款，甚至是为某一事件造势等不一而足。

2. 广泛的传播性

体育赛事本身就是一个传播载体，沟通对象面广量大、有针对性，一旦赛事举行，其现场观众动辄成千上万。以 2003 年 2 月 12 日的中巴足球对抗赛为例，当时 SARS 正在广州蔓延，但这场有电视直播的赛事依然吸引了约 6 万名观众冒险到现场观看。随着电视的普及和传播技术的进步，打破了体育比赛的时空局限性，更是大大地增强了体育赛事的传播性。同时，体育赛事和媒体，尤其是大众媒体如电视、报纸之间存在着千丝万缕的联系，使得赛事的媒体受众更是不计其数。即使是地方性的赛事，只要组织得好，宣传得力，观众也会十分踊跃。体育赛事所具备的广泛传播性非常有利于赞助单位与目标对象进行有效的沟通，达到事半功倍的效果。例如，1984 年美国洛杉矶奥运会，AT&T 赞助奥运会火炬传递活动。据事后评估报告显示：传递活动吸引 3000 万名旁观者；跟踪采访人数高达 1950 名；共创造了 40 亿次的电视观众曝光率和 10 亿次平面媒体读者的能见度；各青年团体借此项活动共募集 1100 万美元；98%的美国人知道此项圣火传递，约 50%的人知道由 AT&T 赞助。

3. 严密的操作性

无论是对于体育赛事运作管理机构，还是对于体育赛事商业赞助者，机会只有一次，也就是说，在实施体育商业赞助的过程中，成功与失败的机会只有一次。体育赛事时间性强，具有很强的不可逆性，涉及面广，尤其是大型体育赛事或活动，牵涉到政治、文化、安全、交通、消防等方方面面，成与败的影响都十分巨大。如第九届全国运动会开幕式前举行的第九届全国运动会“走进新时代”别克杯火炬传递活动，从江泽民主席参加的北京人民大会堂前的点火仪式，到全国各省、直辖市、自治区领导参加的起跑仪式，从整体策划方案到每次活动的细节都要经过反复论证、推敲、排练，方能既使活动实施得圆满，又做到商业赞助回报的实现。

4. 一定的公益性

当今全球经济化和科学技术的日新月异，使人们沟通的渠道与方式大为增多，人与人的交流越来越便捷、迅速，但信息传递便利并没有使社会商品面向消费者的传播变得简单，反而更加复杂。社会财富积累得越多，消费品买方市场越浓厚，竞争也更激烈。过去传统的沟通手段使得广告在各种载体泛滥严重，消费者长期处于广告的骚扰之中，久而久之便感到厌烦，甚至产生逆反心理。社会商品的传播必须触及消费者情感态度、价值观才能取得实际效果。体育赛事是人类共同的事业，即使是商业性赛事，其功利性也不像日常广告那么明显。企业赞助体育，对社会公益事业承担责任，展现企业社会公民的形象，能有效获得消费者对企业的正面评价。

二、体育赛事商业赞助目标对象

（一）企业赞助体育赛事的动机

在选择体育赛事商业赞助的目标对象时，我们首先需要对企业赞助体育赛事的一般动机有所了解，常见的基本动机有：

1. 促进产品销售

许多企业赞助体育的直接动机是促进产品的销售，尤其对于新兴的、正处于快速发展阶段的企业而言，能否提升销售量更是它们赞助赛事最主要的考量因素。一个运作良好的高水平体育赛事能够经过各种媒体的宣传报道而吸引人们的注意力，企业通过赞助赛事将自身的产品与赛事相结合，为企业产品的销售提供强大的推动力，利用赛事带来的短时间内的轰动效果，通过在产品上使用赛事的会徽、吉祥物，通过在赛前至赛事期间的宣传攻势，通过店面布置，折价，安排运动员利用其明星效应参与现场促销活动与消费者直接见面，购买商品赠送比赛门票、纪念品等种种方式，在短时间内大大提升产品的销售。例如，2003 年 8 月初，北京 2008 奥运会会徽正式对外发布，作为国际奥委会 TOP 赞助商、有权使用奥运会会徽的可口可乐公司利用这一广泛引起人们关注的事件，在公布新会徽的同一天及时推出带有新会徽的产品，结果 50 万罐带有新会徽的可乐在短短几天内被正为北京奥运会的新会徽所吸引的人们抢购一空。这正是通过积极运用体育赛事赞助来销售产品的经典案例。

2. 提升品牌美誉度和知名度

让公众看到并记住企业的品牌，是企业热衷于赞助体育赛事的重要原因。比起促进产品销售而言，它是许多经营稳定、管理成熟、具有一定市场占有率的企业更为重视的因素。例如，世界上最大的 UNIX 系统供应商 Sun 公司赞助 F1 和海上帆板活动，而其市场部表示，这样做主要是因为赞助项目能体现 Sun 的品牌、Sun 的活力和 Sun 的企业文化，但并没有具体的销售和获利的动机。

赞助体育赛事不仅能帮助成熟企业进一步提升品牌美誉度和知名度，也可以为新产品、新品牌提供一个与一些知名的品牌和产品同台亮相的机会，使人们产生该品牌和其他知名品牌和产品是同一档次的产品的印象。这种搭顺风车的方法，不失为新产品、新品牌迅速打开局面的一条捷径。

3. 为品牌和产品开拓新市场

这也是企业赞助体育赛事的常见动机。1994 年美国主办世界杯的时候，企业要想成为赞助商，至少要拿出 4000 万美元，而且还不包括人事、广告与营销等额外支出。即便如此，想要成为赞助商的企业还是络绎不绝。吉列公司的全球业务经理对此的解释是，“这是少数几项能吸引全球民众目光的运动赛事，我们也可以因此拓展全球市场”。又如，海尔在 2004 年 4 月冠名赞助澳大利亚墨尔本老虎篮球队，凭此举海尔成为首家冠名国外体育俱乐部的中国企业。而海尔品牌也在当地引起轰动，其澳大利亚市场销售同比增长200%。

4. 维护与政府良好关系

有的企业通过赞助体育赛事，向举办地政府及社会公众传递企业有志于帮助提升举办地形象、刺激当地经济、为举办地尽企业公民责任等信息，并希望由此维护与举办地政府的良好关系，获得企业在举办地投资、经营方面的优惠，无论是享受税收、土地费用减免，还是产品销售，甚至招揽优秀人才，都可能会有所裨益。

除以上几点主要的赞助动机外，也有企业将赞助赛事视为向商业伙伴展示企业实力的好机会，企业可以通过邀请企业的重要商业伙伴的负责人一起观看赛事、与参赛知名运动员见面、进行友谊赛等，培养、维护与合作伙伴负责人的亲密关系，为企业的发展提供良好的外部环境；也有企业甚至会出于企业所有者或经营者自身对赛事的喜好而赞助赛事，这种现象在国内体育赛事赞助中并不鲜见。

（二）体育赛事商业赞助目标对象的选择和接触

了解企业赞助体育赛事的动机或者需求是我们选择和接触目标对象的前提，分析体育赛事能为企业提供的商业销售或者推广机会是双方能达成合作的基础。也就是要做到“知己知彼”，才有可能正确选择和接触到可能赞助体育赛事的企业。

对企业赞助体育赛事的动机我们在上面已经做了一般性的介绍，在实际运作中，需要做更多、更详细、更有针对性的了解。首先，我们需要对企业做属类的分析，因为归属于同一类别的企业在赞助体育赛事时有某些相同或者相似的动机、需求及特征。对属于不同行业、不同规模、不同性质、不同发展阶段的企业赞助体育赛事的可能性进行分析，是我们缩小目标对象寻求范围，进行初步筛选的第一步。其次，在初步锁定了目标对象寻求范围后，需要与目标对象范围内的企业做“点对面”的接触或者“点对点”的了解。所谓“点对面”的接触是指体育赛事运作管理机构针对一定目标对象范围内的企业发布赛事推广信息，建立反馈渠道，如通过召开赛事招商会、寄发广告信函、电话营销等方式，获取企业对赛事的反馈，了解企业对赛事的态度、兴趣及其他信息，以检测目标对象范围的选择是否正确、有效，更重要的是明确应该进一步跟踪、洽淡的目标对象。所谓“点对点”的接触是指体育赛事运作管理机构直接与某一企业的接触，当某企业有赞助该类体育赛事的惯例及历史，或者其产品与服务与该类体育赛事有紧密的相关性，体育赛事运作管理机构可以直接与该企业进行洽淡，以加快双方沟通了解的进程。

组织之间的接触和人与人之间的交往有相似性，初始印象非常重要，一次草率、粗糙的接触足以破坏赛事运作管理机构严谨、专业的形象，企业一旦产生对赛事运作管理机构的不信任感，它将很难被消除或者转变。因此，无论是采用何种途径或者方式与目标对象接触，体育赛事运作管理机构在与企业接触前都需要做充分的准备，对于接触过程中企业最关心、最感兴趣及其他可能询问的问题都要做周详的考虑。

三、体育赛事商业赞助策划方案

（一）策划概述

策划，就是“策略、规划、计划”，是在多方案中选择一个最经济有效的方案的决策过程，是社会资源有效配置的一种方法。策划是一种科学工具及手段，是一个科学决策及管理的方法，是一个分析背景条件、确定策略、选择方案、整合资源、制定执行计划的一个过程，是一种细致而艰苦的创作过程。

策划有三个基本特征：创造性、前瞻性、可操作性。

创造性，是指相对一定行业内一般的思维方式、操作方式来说是新颖的，或者对于资源的利用、组合方式有所突破。

前瞻性，指对事件的发展、变化过程有一定的预见性，对事件整体运作的计划性和对偶然事情的应变性。

可操作性，指策划方案可以在现有资源条件下分解成一般的基本的操作行为。

策划的思维步骤为整理、分析、判断、决策。判断以整理、分析为基础，决策以判断为基础。

整理是指收集项目相关的信息，并充分合理地按一定标准归类。如收集企业的信息，并根据行业、区域、广告投入量、有无赞助过体育等标准进行分类；又如收集大众媒体的信息，并根据媒体种类、覆盖区域、对象层次等进行分类。

分析则是在整理的基础上，对信息进行再处理，去粗存精、去伪存真的过程。如对整理得出的媒体信息进行再筛选，舍弃不符合赛事或活动的性质、受众、预算要求的信息。

判断则是利用知识对经过分析的信息进行肯定或否定的过程。如对符合要求的媒体进行比较，作出选择。

决策则是根据判断，运用经验和思维方法，形成最终实施方案的过程。如根据成本预算、赞助者心理预期、媒体特点等因素，形成媒体投放的种类、数量、时间、成本组合。

有时策划是从一个创新思维开始的，但最终还是回归到一般的思维加工过程，即整理、分析、判断、决策的过程。未经过整理、分析的创新思路只能称为“点子”，未经过判断、决策，成为可实施的方案前，创新思路只能称为“创意”；只有在系统的整理、分析、判断、决策后形成的创新方能成为“策划”。

由策划的思维步骤我们可以看到，策划是思维优势促成的。从策划所要达到的经济有效的目的来说，策划者具备的信息、知识、经验应越多越好，但从现实来说，策划者所具有的信息、知识、经验是有限的，其获得的成本必须考虑。

策划中要合理分配人力资源。参与策划的人员一般可分为三类，即主持策划者、创造性参与策划者、技术性参与策划者。

主持策划者是策划思维或命令的出发点，比如说，整个策划案的主导思路出于您的大脑，您在策划案制订与实施的各种场合经常处于核心地位，那您就是主持策划者。或者说，您在任职经理期间，针对当时公司困难或市场机遇，提出了策划任务，并组织下属或者抗议邀请专家开展攻关，整个策划案的主导思想虽然不是出自您的头脑，但整个策划的制订与实施全过程均在您的组织及监控下完成，那么，您也是主持策划者。主持策划者要求有足够的策划知识和素质，还要有组织、毅力、气质、沟通能力和敢于负责的精神。

创造性参与策划者指在主持者确定的策划条件和环境下完成策划思维的，虽然在他自己负责的领域或者项目内也是主持策划者，但他的策划思维起点是从主持者那里给定的，他的策划思维目标也往往是由主持者规定出来的，甚至在策划过程中也不断地获得主持者的指导，也就是说，参与策划者是在有依托的条件和环境中进行有创造性的策划的。

同为参与策划者，技术性参与策划者与创造性参与者有很大的不同。相对于主持策划者来说，两者都是完成主持策划者交给的任务，但创造性参与策划者在其所分担的工作中是以辅助主持者整理、分析、判断，为主持者提供子决策为工作程序的，而技术性参与策划者的工作内容只是技术性的文本设计、信息发布等等。

以上三类人员都是策划工作不可或缺的人员，其在工作内容、性质、方式、深度及所做出的贡献是有较大区别的，要根据具体情况合理配置人员。

（二）体育赛事商业赞助策划方案含义及内容

体育赛事商业赞助策划方案是指体育赛事运作管理机构，以达到获取收入、获取利益为目的，通过策划的思维步骤，整合资源，形成的旨在吸引企业对赛事进行赞助的实施方案。

体育赛事商业赞助策划方案既是体育赛事运作机构对赛事市场资源的整理、认识与组合后的实施方案，同时也是对企业和社会进行赛事及活动推广的推广手册。它既需要经过创新的思考、缜密的论证、细致的计划、严格的审核，以达到策划的创造性、前瞻性及可操作性，又需要生动的语言、形象的展示、合理的编排、精心的设计，使策划方案更具吸引力，增强沟通和传播效果。

一般说来，策划方案的内容体系由以下部分组成：

1. 封面、封底

封面是策划方案的面孔，要求主题鲜明、简洁明了，一般由赛事名称、主办单位和承办单位（即赛事运作管理机构）三个基本部分构成，辅以赛事标识、吉祥物或背景图案等；封底则一般注明主办单位、承办单位的联系方式及联系人等等。

2. 目录

目录是对策划方案整体结构的展现，要求清晰、具有逻辑性。

3. 宗旨及意义

一般是根据赛事或活动的具体情况，从社会政治、经济、文化角度对赛事或活动举办的目的及效益进行阐述。

（企业可能提的问题：赛事或活动的合法性如何？形象如何？规格如何？）

4. 赛事组织机构

应考虑主办者的地位、水平、能力、信誉；承办者的地位、水平、能力、信誉、授权；承办机构的地位、水平、能力、信誉、授权。

（企业可能提的问题：组织机构能提供办好本赛事或过去曾成功地举办类似赛事的依据吗？有能帮助赞助者成功地实现赞助目标的专家吗？组织机构的威望和形象能足以有助于提高赞助者的威望形象吗？组织机构和赞助者过往有打过交道吗？有何正面经验或负面经验？组织机构过去执行赞助策划特别是实施赞助回报的信誉如何？有阻止他人采取不正当手段侵占赞助效益的能力吗？）

5. 赛事情况

包括历史、时间、地点、场馆、运动项目、参赛队、运动员、参加人员、目标受众。各部分情况的描述详略应根据赛事实际情况而定。如果赛事场馆具有悠久文化或者有其他独有的特征，可以对其着重描述，介绍场馆在承办地所处的地理位置、交通位置、容纳人数、设施设备、以往承办各种具有一定等级规模赛事和活动的情况等；如果有著名运动员参加本次赛事，也是应该浓墨重彩加以渲染的部分，因为体育明星历来是人们心目中的英雄和关注的焦点，也是赞助商进行自身和其产品推销活动中的宠儿，会成为观众前来观看赛事和企业赞助的重要因素。

（企业可能提的问题：赛事是否为首创？过去举办的情况如何？时间与赞助者销售淡旺季的关系？赞助是否有连续性？地域层次性，是国际/全国/地区/地方？水平如何？规模如何？在同类赛事中是否名列前茅？其威望能确保提高企业或产品的形象吗？参加人员层次？目标受众与产品目标市场之间的关联度？现场观众情况？）

6. 媒体推广情况

对赛事的媒体推广情况进行描述，首先应介绍协办或参与赛事媒体的基本情况，至少应列举媒体的覆盖面、观众和读者的层面和人数数据，各类媒体对体育赛事播放和刊登的历史传统和独特优势。表述方式是以事实为依据，尽可能地提供数据支持。

更为重要的是制作出赛事媒体推广计划，并使其图表化、直观化、形象化，而不是诸如“此次赛事将受到国内外众多媒体的关注，具有极大的社会影响力”之类的泛泛之言，方能使企业对赞助赛事的传播方式、传播效果有一个比较明确、具体的了解和预期，才有可能激发他们对赛事的兴趣及赞助赛事的意愿。

（赞助者问题：该赛事有哪些独特的新闻价值？参与赞助活动报道的媒体种类、数量、层次？电视曝光的力度和频率？其他媒体曝光的力度和频率？）

7. 赞助回报权益

此部分是体育赛事运作管理机构精心挖掘和开发的财富，也是企业最为关注和重视的焦点，应分门别类地进行详尽描述。一般包括：

冠名权（全程/部分？独家/联合？）、特许权（名称特许/标志特许/销售特许？）；现场广告（广告牌/旗帜/横幅/显示屏/招贴画/秩序册/门票？尺寸？数量？位置？）、媒体广告（电视/广播/平面广告？次数？时间？版面？）、公共关系（签约仪式/新闻发布会/现场展示/开幕、闭幕酒会？形象代言人？）、其他礼遇机会（免费门票/优惠购买门票？招待酒会嘉宾/包厢数量/贵宾席位？停车位？礼品？）

（企业可能提的问题：回报条件的新颖度如何？广度与深度如何？可扩展性如何？保障性如何？排他性如何？）

8. 赞助费用

可以现金、物资、服务方式进行赞助。

（企业可能提的问题：赞助总额是多少？方式如何？可否包括人力、技术、产品和设备使用的费用？比例如何？有没有其他附加费用？支付方式？赞助费用的管理和使用情况？）

以上是体育赞助策划方案的基本内容体系，可根据不同赛事及活动的情况进行调整、增加或删减。

（三）体育赛事商业赞助策划方案的设计技巧

1. 策划方案的设计应确定基调

无论是赛事或赛事相关的活动，我们对它进行整体策划推广，就需要确定一个基调，实际上就是对赛事或赛事相关活动的定位，使媒体、企业及其他受众对其有一个理念上的认知。基调在内容上体现为策划方案的语言和逻辑；在形式上体现为风格、色彩及排版。

2. 策划方案的设计应有“睛”

所谓的“睛”，就是画龙点睛的“睛”，眼睛的“睛”，即一本策划方案中最精彩的地方。像一篇文章、一首歌中最为人传唱的句子，我们制作与设计体育赞助策划时应该重点考虑的问题，要有高潮，要有精彩激昂的部分，要把这项体育赞助表达得更有煽动性。在编排上我们也要把这部分突显出来，更为生动、形象，图文并茂，以吸引企业的注意力。

体育赛事商业赞助策划方案的制作与设计蕴含体育、经济、文化、传播、美学、心理等方面的知识，需要在实际操作中不断积累知识、经验和技巧，如果我们能够不断总结、提高，一定能创作出更多、更好的策划方案，从而更有效地组织和实施体育赛事的商业赞助。

三、体育赛事商业赞助谈判策略

（一）谈判人员的配备与分工策略

体育赛事商业赞助谈判人员的配备与分工策略主要包括配备多少谈判人员数量及配备哪些谈判人员的问题。

一般来说，体育赛事商业赞助谈判人员的数量应根据谈判的地点、时间、内容、赛事特征、人员素质以及对方谈判人数去确定。比如，谈判地点安排在对方时，谈判人数可适当增多，如果是在赛事运作管理机构处进行，则可以相对少一些；谈判项目规格高、规模大时，应适当增加谈判人员数量；谈判人员素质高、经验丰富时，人员数量需要相对少，反之则需相应增加；对方派出的谈判人员数量较多时，赛事运作管理机构也需相应增加谈判人员。

体育赛事商业赞助谈判一般需要配备以下人员：体育赛事运作管理机构内部具有一定身份和职位的负责人、对赛事竞赛组织了解的人员、对赛事商业赞助有实际操作经验的人员；在涉及具体合同条款谈判时，还应配备熟悉体育赛事商业赞助的专业律师；与外资企业谈判时如果有外籍代表出席，还应该配备翻译。在配备人员时，不仅要顾及人员的业务专长，还要考虑人员性格上的互补，以发挥各人的长处，此外还要针对对方谈判人员的性格有针对性的配备谈判人员，以达到更好的谈判效果。

对谈判人员进行配备后，要尽快让全体人员了解谈判的主题、内容和策略，并组织讨论，听取各方面建议，进行修改，统一谈判口径、步调及意见。除了业务专长上的职责分工外，在谈判角色上也应进行分工。基本的谈判角色有“主谈者”“调和者”“协从者”“记录者”等。这些角色并非是固定不变的，有时在谈判过程中角色会有调换，比如，涉及赛事商业赞助中不同议题时可由不同的专家充当主谈者；也可能由一人身兼数个角色，协从者同时充当记录者的角色。

（二）谈判议程的安排与运用策略

体育赛事商业赞助的谈判议程并非单纯是谈判时间、地点的安排，它控制着谈判的节奏与进度，影响着谈判双方的情绪与心理。有经验的体育赛事商业赞助谈判者，会将谈判议程安排视为一种获取主动有利地位的工具加以谨慎运用。

体育赛事运作管理机构应争取获得安排谈判议程的主动权。拟定谈判议程时，应对谈判的时间、地点、人员、内容作总体规划，一方面使议程安排具有合理性、系统性，以获得目标对象的理解和接受，另一方面议程安排要尽可能使赛事运作管理机构处于有利位置。比如，在与目标对象进行首轮谈判时，可将谈判的地点选择在对方办公场所，这有利于直观地了解对方实际情况，也有利于表达己方的诚意，建立双方的信任感，增进进一步深入谈判的可能性。如果是由对方拟定谈判议程，体育赛事运作管理机构应该通盘考虑该议程的利弊因素，尊重对方公平合理的安排，对不合理的安排则应明确提出异议，要求修改。

体育赛事商业赞助谈判时间的安排，主要是要合理地分配好各议题谈判占用的时间多少以及先后顺序。这种安排既要考虑能否在计划时间内完成谈判进度，更要考虑如何才能达到最好的谈判效果。比如，在体育赛事商业赞助谈判中，关于赞助金额所花费的谈判时间通常最多，有时谈判双方都急于使对方接受己方报价，容易导致僵局的出现，甚至“一拍两散”。若将赞助金额议题与权益议题的谈判进行交叉安排，则会给双方谈判带来更多的空间。

体育赛事商业赞助的谈判议程并非是机械的、固定不变的，应该根据谈判的实际情况及时进行改变，同时也要考虑到各种不可确定因素，预留出机动的时间。

（三）谈判场地的选择与布置策略

谈判场地的选择与布置不仅会影响谈判的效率，还会使谈判双方的心理情绪因素发生变化，从而影响谈判的效果。谈判场地的选择包括谈判和谈判会场两方面。谈判地点一般是己方、对方，或者第三方，无论是何处，应该满足交通方便、环境优美、安全、安静等基本条件。谈判会场应根据谈判人数的多少、时间的长短、内容的保密程度进行选择，可以是会议室、会客室、办公室、酒店商务套间等，会场应该具备必要的谈判设备，如电脑、打印机、投影仪等。会场的布置主要是座次和环境的安排。在座次安排上，如果会场中是长形或方形桌，一般谈判双方面对面入座，双方主谈者坐于中间位置，各方的其他谈判人员分别坐在主谈者两侧；如果会场中是圆桌，双方主谈者一般对坐于圆桌直径两端，各方的其他谈判人员仍是分别坐在主谈者两侧。环境的安排包括保证会场适宜的光线、温度及其他的会场气氛装饰等。

（四）谈判价格的制定与调整策略

体育赛事商业赞助谈判价格的制定也属于体育赛事市场开发的价格制定，可以采用本章第一节中介绍的价格制定方法。

体育赛事商业赞助谈判中的价格调整一是调高价格，一是调低价格。调高价格的情况相对少，但并非绝无可能，比如在谈判过程中，有其他企业对赛事表示出赞助兴趣或者意向，就极有可能促使谈判价格的提高。此外，给予谈判对象权益的增多或者变化也可能导致谈判价格的提高。而调低价格的情况则较多，最常见的原因是为了给予目标对象一定优惠，以促成赞助协议的尽快达成。无论是调高价格还是调低价格，都要小心谨慎进行。调高价格可能会破坏双方建立起来的信任关系，而调低价格也可能会使目标对象对赛事的商业价格产生怀疑，或者认为赛事的商业赞助还有很大的降价空间，而拖延谈判时间，使赛事运作管理机构处于被动地位。因此，体育赛事商业赞助的谈判价格调整要把握好时机和分寸，有充足而合理的依据或者理由。同时，调整的幅度不应过大，调整的次数也不能过于频繁。

四、体育赛事商业赞助合同签订

（一）体育赛事商业赞助合同概述

体育赛事商业赞助合同的签订，标志着体育赛事运作管理机构与赞助赛事的企业双方从法律意义上确立了彼此的权利和义务，赛事商业赞助回报执行工作必须严格按照赞助合同中的条款来进行。因此，签订赛事商业赞助合同是赛事商业赞助回报执行工作从书面内容向实际行动过渡的重要环节，是商业赞助谈判工作的结点，是商业赞助回报执行工作的起点。

体育赛事商业赞助合同首先要符合我国法律、行政法规，尤其要注意遵循与体育赛事商业赞助合同签订紧密相关的《中华人民共和国体育法》《中华人民共和国合同法》《中华人民共和国民法通则》《中华人民共和国广告法》《中华人民共和国著作权法》《中华人民共和国商标法》《中华人民共和国专利法》《特殊标志管理条例》等法规、条例。此外，赞助合同也要符合赛事的统一规定及规则。其次，在签订体育赛事商业赞助合同前，赛事运作管理机构需对合同的内容及条款仔细研究，反复考虑，结合现实资源和人力资源情况，从可行性上进行认真分析，以免给合同签订后的商业赞助回报执行工作带来不必要的麻烦，增加执行难度，甚至带来执行风险。

（二）体育赛事商业赞助合同主要条款

1. 双方名称和地址

赞助合同应写明合同签订双方单位的名称、法定地址及法定代表人姓名。

2. 赞助事项及内容

包括赞助现金的具体金额、货币单位、付款时间、付款账号、发票要求；如果是物资，则要求写明具体产品名称、型号、数量、计价方式、交送时间与地点、运输费用由何方支付等；如果是服务，则要求写明服务的提供日期、服务标准、服务人员的数量、服务计价标准等。

3. 双方权利与义务

在赞助合同中，一方有权利，另一方必有义务，反之亦然。因此，赞助合同的双方都是权利主体，同时也是义务主体，并且双方的权利和义务应该是对等的。体育赛事运作管理机构签订赞助合同的主要目的是从企业处获得现金、产品或者服务，而其义务则主要是向企业提供回报权益并保证权益的实现。而对于签订赞助合同的企业而言，向体育赛事运作管理机构按时按量交付现金、产品或者服务是它最主要的义务，而其权利则主要是享受赛事相关的回报权益。在体育赛事商业赞助合同的实际拟定中，赞助企业所享受的回报权益通常作为单独一部分进行表述，这是因为回报权益条款在合同中通常占据最大篇幅，内容也相对独立，单独表述更为明确和清晰。

4. 陈述与保证

陈述与保证是对双方签订合同的资格、意图的申明。比如，体育赛事运作管理机构保证己方为该赛事名称、会徽、吉祥物标志的所有权人。

5. 保密责任

对于体育赛事运作管理机构而言，商业赞助谈判项目通常并非独此一项，如果合同信息的披露很可能会影响日后其他赞助谈判工作的效果；对于赞助企业而言，出于各种原因也可能不愿公布赞助赛事的细节。因此，双方可以就保密责任达成一致。如双方可以达成保密条款，对本合同内容、赞助方案、促销资料、活动方案、活动预算书等予以保密，规定未经对方书面同意，不得向任何第三方披露。

6. 合同期限

合同的有效期限一般是自签署生效之日起，至赞助项目完全执行完毕后自动终止，或者是双方约定的某个日期时终止。

7. 合同转让

合同转让条款是对双方是否可以或者在何种情况下可以将合同中的权利与义务向第三方转让的规定。

8. 合同修订与补充

合同修订与补充条款是对赞助合同修订与补充的方式及生效进行规定。

9. 违约责任

违约责任是对赞助合同方不履行合同或者不完全履行合同时所必须承担的义务的规定，这是约束双方行为的重要条款，必须订得具体明确，至少应包括违约情况下应承担的法律、经济责任，以及对违约金、损害赔偿、强制履行等的规定。

10. 不可抗力

不可抗力是指合同主体无法控制的某类事件的发生，使得某些合同条款无法执行时，任何一方都将免于承担由此给对方造成的损失而需承担的责任。需要对不可抗力进行明确规定，因为双方可能对不可抗力的理解有分歧，比如体育赛事运作管理机构认为政府干预是不可抗力，赞助企业可能并不同意此种看法。

11. 争议和仲裁

争议和仲裁条款是对执行赞助合同过程中，发生争议时的解决方式及程序的规定，如因本合同的签订和履行本合同及与本合同有关的一切争议，双方应尽量协商解决。如协商不成，双方同意任何一方可向仲裁机关提出仲裁申请，并按其规则进行仲裁，该仲裁裁决为终局性。

12. 通知

通知条款是对执行赞助合同过程中双方信息传达方式和信息

获得确认方式的规定。比如，合同中可能规定一方给另一方的通知须以书面形式通过邮寄、传真或快递送达，那么电子邮件形式的信息传递就不视为双方正式的信息沟通方式。此条款的主要作用在于规避双方沟通延误或者歧义所带来的风险。

13. 生效

一般为双方法定代表人或者授权代表签字盖章后生效。

14. 适用法律

如果双方都属于境内机构，则赞助合同受中华人民共和国法律管辖并按其解释。如果赞助商为境外机构，赛事运作管理机构应要求赞助合同适用法律为中国法律，避免法律上的风险。

15. 法人或授权代表签章

赞助合同应由体育赛事运作管理机构及赞助企业双方的法人代表签署，如果由授权代表签字，则需提供法人签字的授权书。注意不要遗漏签署日期。

以上只列出了体育赛事商业赞助合同的一般条款，在实际操作中，因根据赞助项目的具体情况及双方洽谈、谈判的结果进行适当的增减。

五、体育赛事商业赞助回报执行

做好体育赛事商业赞助回报执行工作，最重要的一点就是要正确、合理地确立赛事商业赞助回报执行中的管理程序和规范。

（一）体育赛事赞助回报执行工作程序

1. 制定回报执行工作计划

负责赞助回报执行工作的人员要注意仔细阅读赛事商业赞助合同，根据合同条款列出赞助回报的内容。如果在回报执行中遗漏了合同规定的企业赞助回报任何一个环节，不仅会破坏体育赛事运作管理机构的专业与诚信形象，而且还会构成赛事运作管理机构的违约行为，甚至承担法律、经济责任。

制定回报执行工作计划表（表 8.1）是回报工作计划的具体表现方式。制定回报执行工作计划表有两个好处：一是通过按时间顺序和逻辑顺序列出回报执行工作的各个环节，有利于使执行者直观了解什么时间、由谁做什么事，避免混淆执行的先后顺序及人员的职责分工，便于工作井然有序地开展；二是能让赞助企业预先知道回报执行工作将如何进行，给企业留下一个细心周到、专业诚信的服务形象，也便于赞助企业提供支持与配合。制定回报执行工作计划表应至少包括编号、工作事项、工作内容、时间、执行人、备注这几项。

表 8.1　2004 年“中国联通杯”雅典奥运会亚洲资格赛工作计划表

工作事项	工作内容	完成时间
奖杯	确定奖杯设计样稿，交由乙方确认	2004-03-02
门票	门票制作、印刷	2004-03-02~2004-03-06
	门票销售	2004-03-08~2004-03-24
	在零售门票时,协助赞助商派发相关资料	2004-03-08~2004-03-24
	赠送门票 6000 张给赞助商	2004-03-15
记者通气会	通气会记者邀请及议程安排	2004-03-10 前
	召开媒体记者通气会	2004-03-10
秩序册	落实秩序册设计、印刷	2004-03-16 前
荣誉证书	落实组委会向赞助商代表颁发的荣誉证书	2004-03-16
奖杯	制作奖杯	2004-03-16

场内布置	比赛场地布置	2004-03-08~2004-03-17
	落实拳击台周边甲级及乙级广告牌	
	落实比赛体育馆场内广告牌	
	播音员试播	
	电动记分牌调试	
	场内彩色显示屏播放调试	
	悬挂场内条幅	
接待工作	安排国家体育总局官员和世界拳击协会官员下榻酒店	2004-03-16~2004-03-17
	接待国家体育总局官员和世界拳击协会官员	2004-03-17~2004-03-18
	派发记者证，记者背心、无线上网卡	2004-03-18
	接待运动员报到	2004-03-18
	提供参赛运动员训练场馆	2004-03-18
场外布置	落实体育中心广告牌 制作、安装、维护、拆除工作	2004-03-16~2004-03-26
	落实安装赛场周围赞助商 提供的大型空飘气球	2004-03-18~2004-03-25
	落实观众主入场口广告牌 制作、安装、维护、拆除工作	2004-03-18~2004-03-25
	落实赛场外、入场口道路总赞助商彩旗制作、安装、维护、拆除工作	
招待酒会	布置招待酒会场地及现场赞助商广告牌	2004-03-18
	招待酒会有总赞助商企业标识的背景版设置	
	介绍与会领导和嘉宾	

开幕式	落实开幕式议程	2004–03–18
	落实出席开幕式就座主席台官员名称及职务	
	布置开幕式现场	
	介绍与会领导和嘉宾	2004–03–19 上午
赛事安排	为参赛运动员进行 身体检查、称重、抽签	2004–03–19 上午
	为工作人员及媒体记者派发 由赞助商提供的专用背心	2004–03–19 上午
	落实比赛赛程执行工作	2004–03–19~2004–03–24
现场宣传	落实比赛举牌的审定工作	2004–03–16 前
	落实赛场比赛前播放赞助商宣传片	2004–03–18~2004–03–24
	赛场播音	2004–03–19~2004–03–24
	协助赞助商派发宣传资料	2004–03–24
颁奖	落实每个级别决赛后 参与颁奖官员名称及职务	2004–03–23 前
	落实颁奖小姐安排工作	2004–03–23 前
	落实广东电视台颁奖电视报道	2004–03–24
媒体宣传	落实电视台每天播出 标有赞助商标识的赛事公益广告	2004–02–16~2004–03–25
	落实广东电视台体育频道直播赛事三场	2004–03–15 前
	落实多家电视台在赛事期间播放赛事新闻	2004–03–25 前
	将赛事重要新闻提供给 CCTV–5 频道播出	2004–03–25 前
	落实报纸刊发赛事新闻	2004–03–28 前
闭幕式	提供比赛闭幕式颁奖官员名称及职务	2004–03–24 前
	比赛简短闭幕式安排，颁奖官员颁奖	2004–03–24 晚

（注：此处略去了表中的编号、执行人、负责人及备注栏）

2. 配备人员，组成回报执行工作组

对于赛事回报执行小组的人员选择，应该按照“让专业的人做专业的事”的原则，抽调工作经验丰富、业务熟练的人员。如果有些工作找不到合适的人员，应该考虑雇用其他专业公司或单位来参与赛事赞助回报执行工作。

3. 制定个人工作清单，实施项目组长负责制

通过制定个人工作清单，能够使执行工作组在组长领导下将各项工作明确地落实到每个人的身上，并且规定每个人所属任务的完成时间和进度，从而做到了分工明晰、要求细致，也使执行人员有了一定的紧迫感，能够更快更好地完成执行工作。工作清单实际上是将工作计划进一步细化至个人，一般至少包括序号、工作事项、工作说明或要求、完成时间、完成情况。

4. 工作实施

体育赛事商业赞助回报执行工作的实施内容在表 8.1 中已详细列出，在此不多加赘述。不过要注意几点：首先是回报执行工作人员之间要相互协助和沟通，共同合作完成任务；其次是在回报执行工作实施过程中要保证信息传播的通畅，便于上下级共同协作来处理各种突发事件；再次是要定期向赞助企业报告回报执行工作的实施进程，并就一些实施情况进行交流，有利于执行工作更好地完成（比较简单而有效的方法是：赛事运作管理机构明确 1 人作为联络人，赞助企业或者其代理机构各自明确联络代表并组成工作小组，以便于协调与执行）；最后，要在实施回报执行过程中保持与媒体、政府的良好关系，从而使回报执行工作更加顺利。

5. 反馈与监督

在赛事回报执行过程中需要做好反馈和监督工作。通过行之有效的监督，能够使每个工作人员严格遵守工作纪律，激发小组执行人员的主观能动性，积极主动地投入工作。赛事回报执行小

组的管理层要对应每个执行人员的工作清单来定期检查工作进度。这样有利于小组的指挥核心了解执行工作的现行进度，以便根据各种情况统筹全局，调整工作进度与目标。执行小组可以通过定期召开工作例会的方式来及时了解反馈回来的检查结果，再根据发现的各种问题进行讨论，集思广益，找出解决办法，确保体育赛事赞助回报执行工作的顺利开展。

6. 提交回报执行报告

赛事结束后，将涉及回报执行工作的相关资料归纳整理，装订成册，并制作出专门的报告，交给赞助企业。这是履行回报执行十分重要的一项工作，让赞助企业全面体验赞助赛事的成果与效益，做到善始善终。

7. 评估总结

评估和总结是回报执行工作实施阶段的最后一个环节。执行小组要对执行工作的实施情况进行评估，可以从资源利用率、成本控制、企业满意度等方面评估，做出评估报告。然后执行小组召开最后的执行工作总结会议，结合评估报告来总结执行工作实施过程中的经验和教训，奖罚兑现，最后形成总结报告。

（二）体育赛事赞助回报执行管理规范

管理规范是指管理的制度化、标准化、规范化。在体育赛事的回报执行中，管理规范更多的是要求：在一个完整的工作执行体系中，以科学的“人性理论”为基础，通过确立严格的管理规章制度和正确的价值观念体系，对回报执行工作人员的意志行为选择进行引导，最终实现赛事回报执行目标。

1. 外部管理规范

外部管理规范是指赛事回报执行单位的外部环境对于管理规范的一般性要求，具有普遍性，主要包括如下内容。

(1) 遵守国家法律法规。无论管理的方式如何，都必须要在国家法律法规规定的范围内进行操作和执行。这一点是原则性的管理规范要求。例如，在签订合同时要遵守《合同法》，在对员工进行绩效评估时要遵守《劳动法》，等等。

(2) 遵循“人性定理”。“人性定理”是管理学的第一原理，是管理规范的核心所在。这一定理简言之，即“任何一个健康的人的任何一个行为，都是服务于他自己的目的的”。因此，在体育赛事回报执行的管理中要为回报执行过程中所有利益关联主体的利益着想，而不单单是以自身赚钱赢利为目的。同时还要注意在管理过程中完整地承认实施执行工作的所有被管理者的主体地位，充分尊重人的价值、尊严、地位和个性，使他们更加积极主动地完成赛事回报执行任务。

2. 内部管理规范

内部管理规范是指体育赛事赞助回报执行工作的组织根据其内部的具体情况所实行的一系列适宜的管理措施，主要包括：

(1) 目标正确。“做正确的事情比把事情做正确更重要”，这是管理学的名言。因此在实施赛事赞助回报执行工作之前，要先明确管理目标。这其中包括明确管理目的、管理状态、管理标准、管理效果、管理的对象及其特点、管理的方法、对策和手段等。

(2) 职能相称。职能相称的含义分为两层。一层是指实施赛事赞助回报执行工作的组织，其职能分工要与组织目标相称，即依据组织目标确定组织职能和机构设置，确保组织机构职责明确。另一层是指实施赛事赞助回报执行工作的组织，其人员素质要与所属职位相称，即依据岗位职责确定人员素质条件。职能相称是实现组织目标的基础，做不到这一点，一切愿望都是空想，因此必须非常重视。

(3) 资源保障。体育赛事回报执行的过程实质上就是各种资源优化整合的一个过程。因此在赛事回报执行的管理中要注意以充足的资源条件为保障。这其中包括：人才资源的保障、财力资源的保障、物资设备资源的保障、信息资源的保障、时间空间条件的保障、环境资源的保障、人际关系资源的保障、技术手段与市场需求的保障等。这些保障条件一个都不能缺少。

(4) 机制合理。管理的关键在于运行什么样的机制。这就要求依据管理任务制定管理制度，建立具有保证赛事回报执行效果的各项工作制度，从而做到管理行为正确、有效。合理的机制包括：责权机制——明确职位责任和责任的承担原则，明确部门与个人的工作责任，明确部门与个人的工作权益；制约机制——明确制约关系、制约原则、制约措施；监督机制——明确监督责任、监督对象、监督任务、监督内容、监督途径，监督之后还要有监督，形成连锁监督；反馈机制——主要包括明确反馈的目的与意义，明确反馈的原则与方法，明确反馈的内容与形式，明确反馈结果的处理原则；激励机制——明确激励的目的与方向，明确激励的对象与方式，明确激励的手段与效果反馈。

第三节　体育赛事门票销售

一、体育赛事门票销售概述

体育赛事门票是观众观看赛事现场比赛的凭证，能否吸引到一定数量的现场观众，并且使他们支付款项（购买门票、通过赞助或者捐赠获得门票），是决定赛事运作能否成功的关键因素之一。体育赛事门票销售是体育赛事市场开发工作的重要组成部分，其重要性主要体现在以下两个方面。

其一，体育赛事门票销售收入通常是赛事市场开发收入的重要甚至主要来源。以奥运会的市场开发为例，其收入的四大组成部分分别是电视转播权出售、商业赞助、许可权出售和门票销售所得的收入。如图 8.2 所示，2000 年悉尼奥运会门票收入占市场开发总收入比例达 14%。又如图 8.3 所示，第九届全国运动会市场开发中门票收入所占比例高达 22%。

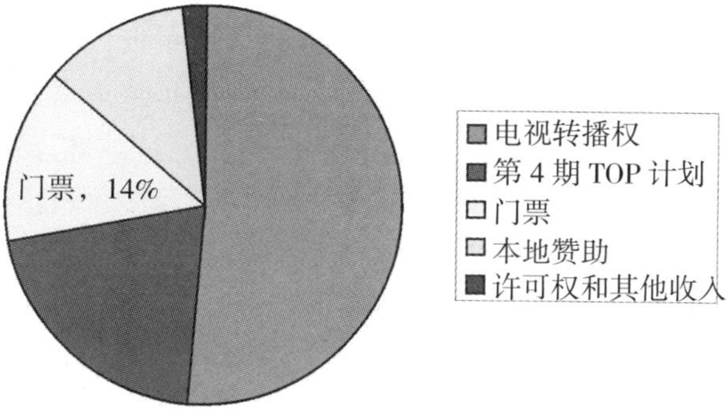

图 8.2　2000 年悉尼奥运会市场开发门票收入所占比例

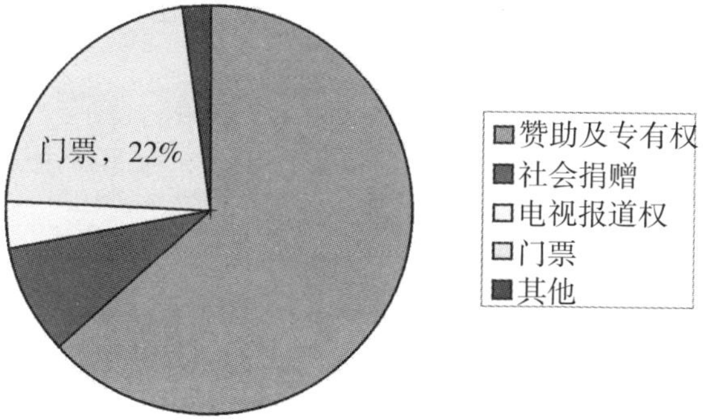

图 8.3　第九届全国运动会市场开发门票收入所占比例

其二，体育赛事门票销售在赛事市场开发工作中的重要地位还体现在门票销售情况直接或间接的影响赛事市场开发其他方面的工作。门票销售与商业赞助、电视转播权销售、特许经营权转让等都存在着正相关的关系。门票销售情况良好，是向企业证明赛事受公众欢迎与关注的最直观证据；同样，也是向电视转播权潜在的购买单位证明赛事具有广泛市场需求的有力证据；对于特许经营权尤其是现场的经营权的转让而言，更是非常有利的因素。反之，当门票销售情况欠佳时，也会对市场开发其他方面的工作产生不同程度的负面影响。

门票销售情况的好坏受诸多因素影响。不仅仅取决于体育赛事竞技水平的高低，还受到赛事的娱乐功能是否丰富、赛事的营销推广是否到位、门票销售渠道是否通畅、门票价格制定是否合理等诸多原因的影响，甚至社会环境中各种经济、政治、文化等各种复杂因素都会制约着门票销售的情况。因此，体育赛事门票销售管理是一项复杂的、系统的工作，需要精心筹划、谨慎运作，同时注意规避各种可能的风险，并且及时甄别并解决遇到的各种问题。

二、体育赛事门票销售的准备工作

门票销售的准备工作主要包括门票数量、座次统计，划分座位区域，票面设计与印制。在体育赛事的实际运作中，这些工作有时并不归属于赛事运作机构的市场开发部门管理，它们可能由竞赛部门或者制证部门负责。这种职责上的划分并非毫无道理。赛事门票与竞赛是紧密相连的，竞赛部门有时对于比赛场地的观众席位以及现场不同视角观看效果更为熟悉，由竞赛部来统计门票数量、座次、划分座位区域有一定优势。从另一角度来说，票务工作涉及赛事的后勤保障，门票和其他赛事证件一样是一种赛事现场出入的凭证，因此，由制证部门管理也有一定道理。但可能产生的不利因素则是这些部门在统计、设计、印制赛事门票时通常会忽略了对门票销售工作的支持。因此，即使赛事门票的统计、设计、印制归属于其他职能部门负责，也应使市场开发部门及早参与到这些工作中去，使门票的统计、设计、印制过程中兼顾门票销售及其他市场开发工作。在实际运作中，确定体育赛事运作管理机构的主要高层领导之一对门票工作进行分管是极为重要的，有利于统筹协调不同职能部门间的分工与合作，使门票销售工作从门票数量、座次统计、区域划分及设计、印制时就开始进入运作，而不是直到门票已经完全印制完毕才着手进行。

在门票的设计、印刷中，需考虑下面这些基本要素，并以清晰、准确、美观的方式通过票面向观众传递出来。

1. 门票编号
2. 赛事名称
3. 赛事日期
4. 价格
5. 类别（赠票、全价、优惠票）
6. 等级（贵宾票、嘉宾票、普通票）
7. 座位及指定区域（用不同门票颜色显示座位区域）
8. 放弃声明
9. 赛事信息（如交通图、注意事项和禁止携带物品等）
10. 赞助商信息
11. 联系信息（门票销售管理部门的联系方式）

从以上这些票面要素中我们可以看出，票面的设计、印制有许多涉及门票销售的因素，比如价格、类别、等级，也有与其他市场开发工作相关的因素，比如赞助商信息。此外，从法律的意义上来说，赛事门票的票面方案实际上是一个门票销售方与购买方的要约合同，涉及双方的权利义务问题。体育赛事运作管理机构在设计和印制门票的过程中，对门票销售工作流程中的各个环节多加考虑，尽可能多地通过票面要素来规避门票销售中可能出现的风险。例如，假票是目前体育赛事中门票销售管理的难题之一，如果在票面上约定观众必须以正常渠道购票，那么就能有效避免出现假票纠纷问题；在票面上对退票的前提条件进行明确约定，也是降低退票风险的有效方法之一。因此，我们再次重申并强调，门票销售管理工作并非始于门票印制完毕，应该与门票数量、座次统计、区域划分及设计、印制工作同步运作。

三、体育赛事门票销售的管理工作

（一）体育赛事门票销售策略

体育赛事门票销售策略主要包括门票的分类策略、销售时间策略、销售网点策略、定价策略等。

体育赛事门票的分类方法很多。按门票是否要求对号入座，可以划分为开放式门票（即无须对号入座，先入场者有选择座位的优先权）和编号式门票（即必须按票面上座位号对号入座）；按座位不同区域与位置划分，可以划分为贵宾票（通常是靠前靠中心、视野开阔、没有视线障碍的座位）、普通票（靠后的、较远的、较偏的座位）、包厢票（有相对独立分隔空间的多个座位，通常供机构使用），贵宾票、普通票及包厢票又可划分为不同等级；按比赛场次分，可以划分为单场票和套票（含多场比赛门票或者赛事所有比赛门票）。对门票的分类，类似于市场中其他产品和服务的分类，既是不同门票本身所具有特征的客观反映，向市场提供能够满足不同需求的门票，也是公平体现不同门票的价值，制定门票价格的基础。

体育赛事门票的销售时间是指门票销售时间上的统筹计划，包括何时开始预订、何时开始售票、何时结束售票等。制定门票销售的时间策略要综合考虑门票的销售成本、购票者的心理变化、市场竞争情况等因素。过早开始销售门票很难收到好的效果，因为市场对体育赛事的需求通常是一个随着比赛时间临近而渐热的过程。简而言之，人们对赛事的关注以及观看赛事的欲望和需求是逐渐增强的，太早开始售票可能面临需求过低的问题。但如果太迟开始销售门票则会面临较大风险，当门票销售情况不好时缺乏应变时间。

体育赛事门票的销售网点策略是指门票销售网点数量、类型、分布区域的计划与设置。在其他变量不变的情况下，门票销售网点数量与门票销售成本存在着正相关关系，即门票销售网点数量的增加会增加门票销售成本。因此，对门票销售网点所需要的数量进行评估是十分必要的。每个门票销售网点都应该出售所有不同价位的门票，以满足社会公众不同的需要，但也要兼顾不同销售网点的具体情况有所区别。门票销售点最为常见的是在赛事举办的场馆，但并不局限于场馆，所有能有效接触到潜在的购买者的地方都可能成为销售网点，比如音像店、社区、酒吧、写字楼、大型商场、超市等，这些销售网点在进行门票销售的同时，也可以同时配合进行赛事的宣传推广工作。

体育赛事门票的定价策略是与门票分类、门票销售时间策略紧密相联的，应根据门票的类别、销售时间来建立门票价格体系。套票、团体票会比一般的零售票便宜；通过预订方式销售的门票也会在价格上给予一定优惠。比如， 2006 年 9 月 29 日~10 月 1 日在上海举行的 F1 中国大奖赛，于 2005 年 12 月就宣布了门票价格策略，规定凡在 2006 年 3 月 1 日前购票，可以享有票价约 10%的优惠。根据门票类别、销售时间及其他标准对门票进行价格分级有利于更好的体现门票所具有的价值，吸引具有不同价格承受能力的潜在购买者，但要注意价格的分级不能太过复杂，否则会使门票的销售管理过于复杂，增加管理成本，得不偿失。尤其是大型综合性赛事，项目多，可销售门票数量大，销售方式和渠道复杂，建立既有合理层次又相对简洁的价格体系是十分必要的。以近三届奥运会（1996 年亚特兰大奥运会、2000 年悉尼奥运会、2004 年雅典奥运会）为例，各项目比赛门票价格分级各不相同，其中，花样游泳、田径和足球等项目的门票均被分为A、B、C三级；网球、排球、篮球等项目的门票均被分为A、B两级；而射击、垒球等项目的门票只有一级。此外，奥运会的大多数比赛项目越来越普遍地采用分两级价格的方式，以简化门票销售管理工作的难度。

（二）门票销售方式与渠道

体育赛事门票的销售方式可分为由体育赛事运作管理机构直接进行门票销售，或者全权委托专业票务管理公司代理门票销售，或者两种方式相结合。这三种方式各有利弊。

由体育赛事运作管理机构直接销售不会产生代理成本，便于控制，但容易受制于体育赛事运作管理机构单一而薄弱的销售渠道。委托专业票务管理公司全权代理门票销售，可受益于它们的专业技术和经验，但会产生代理成本，对代理公司的行为不易控制，风险较大。两种方式相结合似乎是比较可取的方式，但如果运用不恰当，不仅无法互相协同合作，还可能导致体育赛事运作管理机构和票务管理公司间的渠道冲突，冲击赛事门票价格，影响赛事形象。

三种门票销售方式没有绝对的好坏之分，体育赛事运作管理机构应该根据赛事的特点以及赛事运作管理机构自身的能力、经验进行权衡选择适宜的门票销售方式。如果是本地周期性举行的常规赛事，已经拥有较为稳定的观众群体，采用体育赛事运作管理机构直接销售或者委托赛事举办的场馆售票点进行销售是简单易行而有效的方法，但如果是大型综合性赛事，门票销售对象范围广、数量多，只依靠赛事运作管理机构的力量很难建立高效、完善的门票销售管理系统，在此种情况下，委托有资质、有经验的票务管理公司承担部分门票销售工作是较为可取的方式。以2006年F1中国大奖赛的门票销售为例，上海国际赛车场经营发展有限公司采取了直接销售与代理销售相结合的方式，将北京和天津地区的票务代理权授予了爱玛娱乐控股(香港)有限公司的北京全资子公司“艾美文化(北京)有限公司”。

（三）门票销售登记管理

门票销售登记管理是指对购票者的身份、联系方式及所购门票价格等信息进行登记和管理。并非所有体育赛事的门票销售都会进行登记管理，但在规格高、票价昂贵或者规模大、安全风险高的体育赛事中，门票销售登记管理是一项极为重要的管理制度。其作用主要体现在三方面。

其一，门票销售登记管理是为门票退换做准备。体育赛事门票售出一般都不予退换，或者对退换的条件有所限制，但有时为了提高服务质量、维护赛事运作管理机构的形象，也会根据购票者需求、提供退票、换票服务，登记制度有利于降低退换票中出现假票、伪票的风险，也有利于追踪购买者退换票的具体原因，有针对性地妥善解决相关问题。此外，团体票或者其他打折票的销售，由于票面上一般没有明确折扣价格，如果没有严格登记制度，一旦出现退票，购买方和销售方就极有可能出现争执。

其二，门票销售登记管理是为赛事现场安全保障服务。对购票者的身份信息进行登记有助于对比赛现场观众的管理，降低赛事的安全风险。一旦发生突发事件，能够提供可供跟踪调查的重要信息。

其三，门票销售登记管理是为赛事市场开发工作提供信息的数据库。记载、统计、分析门票购买者的信息，既有利于服务观众，提高观众满意度，又有利于了解观看赛事者的人口特征和消费偏好，为商业赞助、电视转播权销售提供支持。同时，对于体育赛事运作机构日后再次举办赛事时制定门票销售策略也有很大的运用价值。

第四节　体育赛事电视转播权开发

一、体育赛事电视转播权概述

（一）体育赛事电视转播权的含义

体育与媒体，尤其是体育赛事与电视的合作达到了互利双赢的结局。现代体育赛事与电视的结合极大地促进了体育赛事商业化运作的成熟，电视缩短了体育赛事与普通大众的社会距离，使体育赛事传播速度加快，社会覆盖面扩大，体育赛事得到更大范围的推广，甚至为体育赛事传播全球化打开了一条广阔的通路。与此同时，体育赛事给电视带来了激动人心的节目内容，提高了电视收视率，为电视机构的赢利扩张提供了最佳途径。为体育赛事和电视带来双赢的直接推动力就是体育赛事电视转播权，它在为体育赛事带来电视转播权销售收入和商业赞助收入的同时也刺激了电视收视率的高速增长及随之而来的电视广告投放量的巨幅增加。

体育赛事电视转播权，简而言之，是指体育赛事主办单位有权决定是否给予某一电视机构对赛事进行电视报道的权利，以及对于被授权进行电视报道的机构提出相应要求的权利。按照国际惯例，体育赛事电视转播权是谁主办比赛就归谁，如奥运会的电视转播权归属于国际奥委会，我国全国运动会的电视转播权则属于国家体育总局。

对于体育赛事电视转播权的开发，主要体现在对电视转播权的出售上。在国际上，体育赛事电视转播权一般分为 3 个部分，即新闻报道权、赛事集锦权和赛事实况转播权。电视机构凡是播出 3 分钟以上的赛事画面，就要购买新闻报道权；集中播出 15

分钟以上的集锦画面，就要购买赛事集锦权；对赛事实况进行转播，就要购买赛事实况转播权。赛事电视转播权按电视媒体性质，可分为有线转播权、无线转播权和卫视报道权3类；按地域又可分为全球版权、洲际版权、国家版权和地区版权。

（二）体育赛事电视转播权发展历程

20世纪20年代电视的发明使现代体育赛事的发展如同插上双翼，飞速发展。这源于电视对体育赛事的转播与纸质媒体对赛事报道相比具有无法比拟的优势。电视对体育赛事的转播主要有以下三个优点：其一，能够用电视屏幕画面提供比赛即时情况，使观众产生身临其境的感觉，使体育赛事不再受制于地域、时间、语言、文化的局限，真正实现了时间与空间的突破，全世界各国人民都可以通过电视收看他们所喜爱的各种赛事；其二，电视对赛事的转播中可以随时插入相关信息，比如与比赛有关的一些赛况介绍和技术分析等，这有助于观众全面了解比赛情况，提高观众的欣赏水平，深受观众欢迎；其三，通过应用一些电视制作技巧，比如快节奏剪切、慢镜头、重放、体育明星特写等，满足了观众的审美要求，使观众得到更多的视听娱乐享受，充分表现了在体育赛事中的速度与力量、健康体魄的美感、体育运动的精神，让观众从中受到深刻的激励。因此，电视对体育赛事的转播具有独特的刺激和魅力，成为满足人们观赏需求的一种无可替代的传播媒介。

体育赛事电视转播权正是随着电视对体育赛事的转播相伴而生的。1936年首次将电视转播技术应用于柏林奥运会，这标志着电视转播技术在体育界应用的开始。而1948年BBC为拍摄伦敦奥运会付费，则标志着体育电视转播权进入萌芽阶段。1958年国际奥委会将电视转播权写进《奥林匹克宪章》，明确界定奥运会体育比赛为娱乐内容。之后美国三大广播公司在购买转播权上展开了商业角逐，推动了转播费的上涨。1984 年，尤伯罗斯对第 23 届奥运会进行商业化运作，大幅提高了电视转播费，让国际奥委会走出了破产的阴影。1995 年后，国际奥委会实施长期的电视转播权销售战略，不断开发美国之外的市场，奥运会转播权价格成为天文数字，而且呈现不断上升趋势。

随着电视和转播技术的发展与普及，电视转播也推广到其他体育赛事。国际上，尤其是国家奥委会和美国，其有关市场运行的法律规则的建立，对世界体育电视转播权市场的形成、发育和完善产生了重要影响。电视转播权已成为奥运会和足球世界杯，及许多国际单项体育组织和国家协会的财政支柱。体育赛事电视转播权，在当今已成为一种国际公认的知识产权，并且成为保持现代体育赛事生存与发展的基本收入之一。在国际奥委会开展创收活动的初期，所有的收入基本上来自出售奥运会电视转播权，最高时达到国际奥委会总收入的 95%，而 2004 年雅典奥运会电视转播权仍占该届奥运会市场开发总收入的 50%之多。在世界范围内，足球市场开发中的电视转播权也占有同样地位。据统计，欧洲国际足球俱乐部的电视转播收入几乎占其全部收入的 10%~20%，有的甚至高达 38%。英超和其他一些热点赛事的转播在相应的俱乐部的收入中占到了至少 60%以上。从国外的一些体育俱乐部来看，出售电视转播权是其生存的重要经济支柱，其收入有的甚至高达俱乐部全部收入的 40%。

尽管体育赛事转播权被视为体育赛事市场开发的掘金之地，但并非所有的体育赛事都适宜进行电视转播权的运作，只有具有较强社会影响力和关注度的大型综合性赛事、热门项目的职业联赛，或者其他具有创新性、能有效帮助电视媒体提高收视率、增加广告收入的体育赛事，才有可能成功出售电视转播权或者通过其他形式进行电视转播权的有偿转让。

二、体育赛事电视转播权的销售方式

体育赛事电视转播权，作为一种国际公认的知识产权，既是现代体育赛事的基本收入来源之一，也是电视产业的一个核心组成部分。综观几十年来国内外体育赛事电视转播权发展历程，其销售方式主要包括议价购买、公开招标、广告置换、中介运作、一揽子计划等方式。

1. 议价购买

这种方式是指电视转播权销售方与购买方就赛事电视转播权的价格进行协商、谈判，议定价格，达成销售的方式。这种方式无论在过去还是现在，在国外或者国内都运用得相当普遍。无论是单项赛事还是综合性赛事，也不论是小型赛事还是大型赛事，通常都采用此方式。这种方式的优点之一在于保证电视转播权销售过程中取得最大经济利益同时，还能使体育赛事得到最广泛的报道，包罗最广泛的观众，从而更大范围地推广赛事，使体育赛事更广泛地深入人心，促进体育运动的健康发展。

2. 广告置换

广告置换是媒体之间经常采取的经营手法，这里的广告置换是指赛事主办单位或者运作管理机构不直接收取电视机构转播赛事的费用，而是由电视机构提供等价的广告时段来实现电视转播权的有偿转让。广告内容可以是赛事宣传，也可能是赞助商的商家广告（技术、产品等）。一般来说，这种方式是在体育赛事市场运作不太成熟或者赛事商业价值尚未得到普遍认可的情况下所采用的销售方式。这种方式在我国较为常见，比如，1994 年，全国足球甲级联赛启动。中国足协与中央电视台签了一个 5 年协议，中央电视台用广告时段作为电视转播权的偿付方式，转播每场比赛给足协 2 分钟广告时段。又如，我国第八届全国运动会、第十届全国运动会也都采取了广告置换方式实现电视转播权的有偿转让。

3. 公开招标

这种方式是由赛事主办单位或者运作管理机构面向众多电视机构，采取公开招标的方式来出售电视转播权。比如，1992 年奥运会电视转播权在美国是通过招标的形式出售的，在美国三大广播公司的竞争中，NBC 公司以 401 亿美元中标。这种销售方式以市场经济发达、体育市场成熟为前提，电视机构会将购买精彩体育赛事电视转播权视为展现自我形象、证明自身实力、赚取高额利润的好机会而积极竞争。但如果没有公开、公平竞争的市场机构，或者电视机构间实力相差悬殊，又或者赛事影响力一般，则很难通过招标方式来成功销售赛事电视转播权。一旦招标不成功，还可能给赛事声誉带来负面影响，因此，公开招标方式需要谨慎运用。

4. 中介运作

全球体育产业的繁荣催生了体育中介经纪行业，这其中就包括众多从事体育赛事电视转播权代理销售的中介机构。对于小型赛事而言，它们可能缺乏足够的信息、人员、渠道去推广及销售其电视转播权，中介机构是对于它们是一个不错的选择。而对于大型赛事而言，它们有雄厚的财力、良好的品牌及优秀的人才，但同时也面临着更为广阔的电视市场，也就是说，它们期望电视转播权卖得更高价钱的同时赛事也能传播得更广，因此，它们也有可能选择专业从事电视转播权销售的中介公司，以便能更好地实现电视转播权销售。

5. 一揽子计划

这是指在销售体育赛事电视转播权时，不是每届销售，而是将数届赛事的电视转播权打包出售。比如，1995 年，美国 NBC 电视公司同国际奥委会签署了电视转播协议，以 25 亿美元的价格购得 2004 年和 2008 年夏季奥运会、2006 冬季奥运会的电视转播权；1995 年年末，美国职业棒球联盟与全美网络电视局签订了 5 年的合同，协议金额为 160 亿美元，其中 FOX 电视局 57 亿美元，NBC 电视局 48 亿美元，ESPN 电视局 44 亿美元，FOX 电报电视局 17 亿美元；1998 年，国际奥委会同阿拉伯国家电视联盟签署合同，以 185 亿美元购买了 2000~2008 年奥运会的电视转播权；2005 年，我国中央电视台从中国足协手中买断了“中国之队”未来 5 年的电视转播权。这种销售方式可以保证体育赛事电视转播权销售的稳定性和延续性，降低谈判成本，有利于电视与体育赛事实施战略性合作，更好促进双方发展。

三、电视转播中赛事与媒体的竞争与合作

电视介入体育赛事，最初的动力也许只是源于人类希望跨越时空观看精彩赛事的渴望，但其中蕴含的商业价值很快被赛事组织者、电视机构和各种利益集团发现，从而促发了电视转播权的有偿转让。电视转播权这几十年的发展历程中，既有电视机构与体育机构之间的利益之争，又有彼此的精诚合作，在实际上一方面扩大了各种体育赛事的传播时空和影响力，培育了体育赛事广阔的大众市场，给体育赛事的生存和发展带来了可观的收入和坚实的支持。

为了达到更好的转播效果，以更高的价格销售体育赛事转播权，体育赛事主办单位或者运作管理机构在不违反体育精神，不妨碍体育比赛正常有序举行的前提下，有时需要对赛事组织进行一些调整。比如，国际足联考虑到电视转播的因素，把原来 20 分钟的中场休息改成了 15 分钟；国际排联为了增强电视转播的观赏性，也把比赛改成了每球得分制，取消了发球权争夺；而高尔夫比赛就更商业，所谓金牌赛、一杆赛都是为了能

够在电视转播中插入获胜者庆祝大会；为了让 NBC 得到更大的广告收益，让美国人在黄金时间看奥运，雅典奥运会组委会还决定将田径比赛的决赛时间向后推延一个小时；2006 年的欧洲足球锦标赛也不例外，进入小组赛最后一轮后，比赛均在葡萄牙当地时间的 19:45 分开球，而此时是法国、德国、荷兰、意大利等“足球强国”“经济大国”的晚上 20:45 分，恰是电视转播的黄金时段，最好时段的电视广告销售便能为欧足联带来最理想的转播权费用。当然，一项赛事电视转播权能否成功销售，最根本的因素仍然是赛事是否具有可观赏性，是否能吸引广大电视观众的眼球。

四、电视转播权有偿转让方案（实例）

第九届全国运动会电视转播权是我国大型综合性运动会第一次销售成功，以下的《第九届全国运动会电视报道权有偿转让实施方案》即为当时电视转播权销售的实际运作方案。

《第九届全国运动会电视报道权有偿转让实施方案》

根据国家体育总局与广东省人民政府对中华人民共和国第九届运动会电视报导权进行开发的指示精神，按照《中华人民共和国第九届运动会电视报道权开发规则》的规定，制定中华人民共和国第九届运动会电视报道权有偿转让实施方案。

一、总则

（一）九运会电视报道权属于主办单位国家体育总局。九运会筹委会（九运会组委会成立后为组委会。下同）全权负责九运会电视报道权的开发，授权第九届全国运动会粤兴有限公司（以下简称九运会粤兴公司）负责实施有偿转让工作（附件一）。九运会粤兴公司按照逐步走向市场的原则，扩大宣传效果，注重社会效益，有偿转让九运会电视报道权，所得收入归九运会使用。

（二）九运会筹委会广播电视部负责组织和协调九运会电视转播有关工作。

（三）凡欲在九运会决赛期间对九运会进行采访报道的电视台，应向九运会筹委会购买电视报道权，未购买电视报道权的电视台记者不得进入九运会的任何比赛场馆进行采访活动，专题节目也不得使用赛事画面。

（四）九运会电视报道权包括现场采访报导权和赛事转播权。购买赛事转播权的单位同时享有现场采访报道权；仅购买现场采访报道权的单位不享有赛事转播权；购买了赛事转播权或现场采访报道权的电视台均可制作和播出赛事集锦。

二、九运会电视公用信号的制作标准

九运会筹委会将以广东电视台为核心台，组建九运会电视报道主播台，在广州的广东广播电视中心设立主控室，按照原国家广播电影电视部制定的电视技术标准，向购买了九运会电视报道权的电视台提供公用信号。公用信号采用符合我国电视技术标准的设备进行制作和传输。

三、九运会电视报道权有偿转让实施办法

（一）九运会电视报道权的范围和开发方式

1. 九运会电视报道权是指对九运会决赛阶段的比赛（含开、闭幕式）的电视报道权。

2. 按照谁使用谁缴费的原则，九运会电视报道权面向全国的电视台公开有偿转让。

3. 九运会电视报道权分为全国版权和地方版权。按播出形式还分为无线版权、有线版权和卫视版权。

（二）九运会电视报道权全国版权的有偿转让

九运会电视报道权的全国版权只售给中央电视台，价格为

450 万元。九运会电视报道权的全国版权在确保中央电视台独家首播的前提下，地方卫视可选购中央电视台不直播的场次，按场次分别购买。

（三）九运会电视报道权地方版权的有偿转让

九运会电视报道权地方版权分有线版权和无线版权，以播出频道为准，购买时可一并购买，也可分别购买。地方版权仅限于覆盖各自的行政区域。赛事转播权和现场采访报导权分别公开向全国的各省、自治区、直辖市、省会城市、计划单列城市、地级市（县）电视台有偿转让。

1. 赛事转播权（地方版权）定价见表一（地级市以下电视台购买赛事转播权按地级市台标准定价）。表一（略）。

2. 现场采访报道权（地方版权）定价见表二（地级市以下电视台购买现场采访报导权按地级市台标准计价）。表二（略）。

四、九运会电视报道权有偿转让程序

（一）九运会粤兴公司组成九运会电视报道权业务洽谈工作组（附件二），于 8 月 1 日前向全国的电视台发出有转让九运会电视报道权的征询函。九运会粤兴公司负责九运会电视报道权有偿转让的商务洽谈，各电视台统一向九运会粤兴公司交费。

（二）凡需购买九运会电视报道权全国版权的电视台，填写《九运会电视报道权全国版权有偿转让申请表》（附件三），向九运会粤兴公司提出申请，同时提交赛事卫星直播计划，经九运会筹委会广电部审核，由九运会粤兴公司发出缴费通知书（传真），按标准（450 万）交费后，办理有关证件手续，即取得九运会电视报导权全国版权。申请受理截止日期为 2001 年 8 月 30 日止（以当地邮戳为准），申请一经发出不得更改。

（三）凡需购买九运会赛事转播权（地方版权）的电视台，填写《九运会赛事电视转播权（地方版权）有偿转让申请表》（附件四），向九运会粤兴公司提出申请，经九运会筹委会广电部审核，由九运会粤兴公司发出缴费通知书（传真），按表一标准交费后，办理有关证件手续，即取得赛事转播权。申请受理截止日期为2001年8月30日止（以当地邮戳为准），申请一经发出不得更改。

（四）凡需购买九运会电视现场采访报道权（地方版权）的电视台，以播出台为单位，填写《九运会电视现场采访报导权（地方版权）有偿转让申请表》（附件五），向九运会粤兴公司提出申请，经九运会筹委会广电部审核，由九运会粤兴公司发出缴费通知书（传真），按表二标准交费后，办理有关证件手续，即取得现场采访报道权。申请受理截止日期为2001年8月30日止（以当地邮戳为准），申请一经发出不得更改。

（五）九运会粤兴公司将于9月30日前传真告知各电视台购买了全国版权的电视台的赛事卫星直播计划，购买了九运会电视赛事转播权（地方版权）的电视台，可就全国版权的电视台不做直播的赛事，填写《九运会赛事转播权（地方版权）上星赛事申请表》（附件六），向九运会粤兴公司提出书面申请，经九运会筹委会广电部审核，由九运会粤兴公司发出缴费通知书（传真），按每场次1万元交费后，即可在卫星频道播出相应赛事。申请受理截止日期为2001年10月10日止（以当地邮戳为准），申请一经发出不得更改。

（六）已购买了九运会现场采访报道权（地方版权）的电视台如需购买赛事转播权（地方版权），填写《转购九运会赛事电视转播权（地方版权）申请表》（附件七），向九运会粤兴公司提出书面申请，经九运会筹委会广电部审核，由九运会粤兴公司发出缴费通知书（传真），除补足差价外，另按赛事转播权（地方版权）本台定价总额的10%缴纳手续费后，办理有关证件手续，即取得赛事转播权。申请受理截止日期为2001年9月11日止（以当地邮戳为准），申请一经发出不得更改。

五、九运会电视报道权有偿转让说明

（一）购买了九运会电视报道权的电视台，必须遵守九运会有关电视报导的规定进行采访报道。

（二）九运会筹委会将按照电视报道的有关规范提供服务。

（三）购买了全国版权的电视台所需机组数量，必须于9月11日前向筹委会广电部提出书面申请；购买了九运会电视报道权的省（自治区、直辖市）级电视台可派2台单机（每台单机随机人员2人），省会城市、计划单列市级以下电视台可派1台单机（每台单机随机人员2人），按照有关规定进行采访。

如需增加机组的电视台，填写《九运会电视报导增加机组申请表》（附件八），向九运会粤兴公司提出申请，并经九运会筹委会广电部审核，由九运会粤兴公司发出缴费通知书（传真），按每机组5万元交费后，办理有关证件手续，即取得相应该机组相应的报导权。申请受理截止日期为2001年9月11日止（以当地邮戳为准），申请一经发出不得更改。

如需租用设备的电视台，与九运会主播台联系。

（四）港、澳、台及境外电视报道权有偿转让按九运会筹委会审定的方案另行实施。

（五）本方案由九运会筹委会广电部负责解释。

六、联系办法、联系人（略）

附件

1.《授权书》（略）

2.《关于组成第九届全运会电视、广播报道权业务洽谈工作组的批复》（略）

3.《九运会电视报道权全国版权有偿转让申请表》（略）

4.《九运会赛事电视转播权（地方版权）有偿转让申请表》（略）

5.《九运会电视现场采访报道权（地方版权）有偿转让申请

表》（略）

6.《九运会赛事转播权（地方版权）上星赛事申请表》（略）

7.《转购九运会赛事电视转播权（地方版权）申请表》（略）

8.《九运会电视报道增加机组申请表》（略）

9.《九运会转播设备及信号传输安排表》（略）

本章思考题

阅读本章相关链接一，试分析美国通用电气公司成为国际奥委会 TOP 赞助商是出于哪些战略考虑？你认为与可口可乐、三星、通用电气这样的国际知名企业相比，我国的联想集团成为奥运 TOP 赞助商的利与弊分别是什么？

本章练习题

1. 体育赛事市场开发的工作程序是什么？其中资源统筹有何作用？

2. 体育赛事商业赞助策划方案的主要内容包括哪些部分？

相关链接一

GE 奥运赞助的第一条和第二条腿

美国通用电气公司（GE）是国际奥委会的第九个 TOP 赞助商。

2003 年 6 月 6 日，在国际奥委会总部瑞士洛桑举行的奥运赛事转播权的竞标中，GE 下属的全国广播公司（NBC）以 22.01 亿美元一举夺标，在这 22.01 亿美元的巨额支出中，其中有近 2 亿美元是 GE 支付给国际奥委会的赞助费，由此，GE 成为国际奥委会的第九个 TOP 赞助商。

虽然对于 GE 这样一个年收入高达一千多亿美元的大公司来说，钱已经不是问题，但 GE 同时也是一个以强调绩效而著称的公司，对于每一个项目的投资，背后都有其理性的商业逻辑。

“我们不会仅仅追求短期的财务回报，而主要着眼于长期的效益。”2004 年 2 月 16 日，通用电气（中国）有限公司董事长孙礼达接受本报记者专访，在谈到 GE 成为国际奥委会顶级（TOP）赞助商的计划时，曾这样表达 GE 的姿态。

3 月 29 日接受本报记者专访的 GE 公司奥林匹克赞助项目负责人、NBC 副总裁马克·路易斯则这样认为：奥运会赞助商关系有利于公司战略目标的实现，这包括品牌宣传和业务目标，“尽管目前还没有一个明确的关于回报投资率的数字”。

NBC 的平台作用

GE 的 TOP 赞助商关系主要体现在 NBC 的转播权，这是整个单子的重头戏。

1988 年，NBC 以 3 亿美元的竞价，获得了汉城奥运会的独家转播权，此时的 NBC，已经被杰克·韦尔奇纳入旗下。此后，NBC 也就一直拥有夏季奥运会独家转播权，虽然为此付出的费用以倍数增长，但回报也在同样快速增长。

持续地获取奥运转播权成了 NBC 的一个重要战略——也是 GE 的战略。在 GE 业务集团中，NBC 已经成为增长最快的事业部之一，2004 年开始的 GE 新战略调整中，NBC 已经被列入了“增长引擎”（详见本报报道《伊梅尔特百日维新：一个中心，两个基本点》），其在 GE 集团中的地位不言而喻。

2003 年，国际奥委会对 2006~2012 年奥运会转播权进行公开竞标，包括 NBC，FOX，CBS，ABC/ESPN 等在内的全球顶级电视机构都磨刀霍霍地加入了这场竞争，为了击破 NBC 十多年来的垄断优势，各家电视机构亦是重金云集，一决高下。

面对这种情势，NBC 不得不使出撒手锏，拉出背后的大靠山——母公司 GE。

从 GE 的角度来说，对地位越来越重要的 NBC 没有理由不伸出援手。此时 NBC 正在消化巨资并购而来的问题累累的威旺达娱乐部门，并正在大张旗鼓地进行更多的收购活动，这个时候，NBC 能否继续持有奥运转播权，对其正在和即将进行的这一系列活动，都将产生连环效应。

2003 年 6 月 6 日，在瑞士洛桑，谜底揭晓，NBC 以 22.01 亿美元的标的中标，FOX 和 ABC/ESPN 以 20 亿美元报价落马。在 NBC 的 22.01 亿美元报价中，20.01 亿美元用于支付电视转播权，其中 8.2 亿美元用于购买 2010 年冬奥运会的电视转播权，11.81 亿美元用于购买 2012 年夏奥运会的电视转播权（2004 和 2008 年夏季奥运会已经被 NBC 分别以 7.9 和 8.9 亿美元的价格买下），剩下的 2 亿美元则由 GE 以赞助费的名义支付给国际奥委会。

正如《今日美国（USA Today）》所分析，NBC 能够获胜的主要砝码不是那多出来的 0.01 亿美元的微弱优势，更重要的是其背后的 GE 集团，因为 GE 的业务领域涵盖建设、电气、能源、金融、安保、医疗等多个领域，这些领域都有可能为奥运链条的其他环节提供服务。NBC 的奥运赞助项目负责人、NBC 体育频道主席迪克·艾博沙尔在接受媒体采访时也这样说，“在和国际奥委会的一次会谈中，我们告诉他们，这一次，他们不仅仅是和一家美国电视台合作，而是要和一个强大的公司合作，这对我们成功获得竞标是非常重要的。”

由是，GE 第一次真正地加入了国际奥委会十大顶级赞助商之列。

另一只脚

从伊梅尔特的角度来讲，支持 NBC 继续获得转播权只是 GE “顶级赞助商计划”的一只脚，此次赞助计划的另一个重要考虑是 GE 品牌。

据GE中国的一位高层介绍，GE正准备借助奥运TOP赞助商关系，推出一个全球性的品牌推广计划，这个全球性的品牌计划将于2005年推出，因为，根据国际奥委会的授权，GE从2005年1月开始，可以使用国际奥委会的标识进行商业宣传活动。

“我们将通过一系列的活动，在我们的客户和潜在客户中树立GE公司的品牌形象。”马克·路易斯称。

毫无疑问，GE的确是一个伟大的公司，但是，在很多人眼里，GE也是一只“业务极其复杂的怪兽”，当年爱迪生发明灯泡的那个公司现在已经包括了能源、基础建设、医疗、运输、金融、保险等等多重业务领域。多元化战略不可避免地带来的一个新的问题——品牌。

研究资料显示，产品越单一，品牌的认知度和持久度则更易创建和保持，比如可口可乐，但是产品越多元化，品牌的认知度和持久度创建和保持的难度系数也随之增大。

一位在GE中国地区工作多年的高层告诉本报记者一个其亲身经历的故事：有一次，这位高层因工作关系，和一位地方省长进行交流，对方一听是通用电气的，就激动地握手说道，“啊，你好你好，你们的汽车很不错啊。”面对被误认为是通用汽车的尴尬，这位高层只有哭笑不得地解释，“我们造了飞机，但目前还没有造汽车。”

应该说，在其核心客户群中，GE的品牌知名度是不需质疑，人们都很清楚GE究竟是做什么的，GE的产品优势何在，但是，在泛客户群中，GE的知名度却不像想象的那么乐观，并且，客户可能只是知道GE在与其接触的那个领域内的专业度和知名度，对于GE整体的品牌，却难以留下一个清楚的印象。

“许多年来，GE更多的是一个企业对企业（B2B）的公司，不像许多企业对消费者（B2C）的公司，比如可口可乐、宝洁那样，后者注重更广泛的大众品牌传播。”这位GE高层表示了他的困惑。

类似问题引起了 GE 高层的高度重视，“客户至上”“为客户创造价值”一直是 GE 致力提倡的口号，但是，如果客户无法理解公司的品牌，也就无法理解公司的价值，这是一个非常危险的征兆，公司高层意识到，有必要在更广的范围内，进行有效的品牌推广计划。

在 2004 年初开始的组织结构重组中，伊梅尔特已经宣布，GE 将统一对内和对外的形象宣传，将向客户、投资者和其他权益相关人士展示一个更易接近，信息更丰富的形象，这被看成是新的品牌广告计划的暗示。

“奥运会是世界上最卓越且最有价值的品牌之一，我深信，赞助关系将有助于提升 GE 的品牌。”马克·路易斯对本报记者说。

GE 的回报

在 TOP 赞助商关系确立之后，GE 快速行动，成立了专门的“奥运小组”，负责后续的品牌及市场推广活动。

“我们的市场营销方式将有别于消费品公司，他们的宣传更集中于广告和促销活动。而我们的营销目标是让我们的产品进入奥运会。”马克·路易斯称。GE 还是坚持用适合自己的方式行事——一种更适合 B2B 公司的方式。

据马克·路易斯介绍说，GE 和国际奥委会的 TOP 赞助商关系，将通过现金、实物（GE 产品）和服务来实现，但是，当询问到一些具体的细节问题，比如在总赞助金额中，现金、实物和服务所占支付的比重将分别是多少，在实物赞助的方式上，是采用租赁的方式还是采用一次性赞助的方式等，马克的回答则是，“无法给出具体数字”，他认为现在还没有具体到这个细节。

即使这样，这还只是万里长征走出的第一步。按照业界公认的看法，在赞助费之后，至少需要 2~3 倍于赞助费的资金的投入，也就是说，GE 还将需要投入至少 6 亿美元左右，以进行一系列的市场和品牌推广计划。比如，要告诉更多的人关于赞助这件事，那就要通过各种方式增加或者修改广告的投放。

TOP 赞助商并不是那么好当的，虽有诸如可口可乐、三星这样的成功案例，也有像施乐这样的失败案例（他们前两天已经宣布将退出 TOP 赞助商之列），对于 GE 这样的公司来说，首次正式成为 TOP 赞助商，只能成功，不能失败，GE 的“奥运小组”肩负的担子不小。

据其介绍，GE 首席营销官亲自披甲上阵，担任“奥运小组”的负责人，负责全部的奥运品牌和业务推广项目，该小组还专门设立了一位负责奥运相关跨业务销售项目的总经理，负责和各个相关事业部之间的沟通，而 NBC 数十年来的奥运营销经验，更为 GE 提供了天然的参考。此外，GE 公司广告部也指定专人负责奥运全球沟通和品牌宣传。在奥运会的主办城市，如雅典、都灵和北京，都设有专门的跨业务集团和跨业务部门的团队，和总部互动，服务奥运项目。

奥运营销攻防两例

富士借奥运冲进美国市场

1979 年，尤伯罗斯正式就任美国奥运会组委会主席。

他天才地想出了通过电视转播权和赞助商来取得收入的办法。当他找到美国柯达公司，希望给 500 万美元以上的赞助，把奥运会同行业唯一的赞助权拿走。柯达自恃是行业老大，只同意赞助 100 万美元和一大批胶卷，讨价还价。尤伯罗斯耐心等了半年，最终还是没有达成协议。正需求海外扩张机会的富士主动出击，积极申请参加赞助，甚至把赞助费由 400 万美元提高到 700 万美元，获得了 23 届奥运会的独家赞助权。在奥运会上，富士大出风头，销量激增，给柯达以重创。借此富士也成功地打开了美国市场，扭转了被柯达釜底抽薪的被动局面。

“两乐”的奥运争夺战

可口可乐和百事可乐这对老冤家在奥运会赞助上争夺也十分激烈。早在1980年第22届奥运会上，百事可乐就与可口可乐进行了一场激烈的营销战。由于百事可乐在奥运会开幕前两个月便在各比赛场地竖起大面积广告宣传牌，并在多处地方设点推销，在运动会期间向各国运动员和大会工作人员散发赠饮券，给获奖运动员赠送纪念品，又多次举行酒会招待各国运动员及名流贵宾，结果名声大振，在那次广告竞争中，百事可乐的盈利超过可口可乐约1/3。

自从国际奥委会推出了TOP计划后，可口可乐就不惜血本投入巨资连续成为TOP赞助商，也同时赚取了丰厚的利润。例如1996年亚特兰大奥运会，可口可乐公司在当年第三季度的盈利增加了21%，达到9.67亿美元；而同期百事可乐的利润却下降了77%，只有1.44亿美元。

可口可乐的体育营销至今已有近百年的历史。自1928年赞助奥运会以来，1930年赞助第1届世界杯，可口可乐从未停止过赞助这些活动（1980年莫斯科奥运会痛失阵地，马上就明显落后百事可乐，于是在1984年洛杉矶以超过赞助费900多万美元力保在手）。可口可乐的赞助预算在营销预算中一直占据重要位置。尤其是1996年，高达6.5亿美元，约占当年营销预算13亿美元的一半和销售额185亿美元的3.5%。另据可口可乐消息称，在长野冬奥会的时候，在当天可口可乐的销售额比预期的要上涨3%，奥运会是主要因素之一。可口可乐还通过悉尼奥运会使其品牌在澳大利亚受到了空前的欢迎，并有力地提升了品牌价值。可口可乐也希望能在希腊和北京奥运会上取得巨大的成功。

【段晓燕：《GE赞助奥运的第一条和第二条腿》，《21世纪经济报道》，2004-03-31】

相关链接二

恐怖主义压抑奥运热情 雅典门票销售遭遇瓶颈

8月13~29日，这是雅典奥运会并不漫长但是令人期待的时间跨度。在离雅典奥运会开幕不到3周的时间里，赛事门票的销售工作已到了一个节骨眼上。尽管这次雅典奥运会回到她的发源地，但是门票销售工作历史性的不顺可能使众多体育场呈现空场的尴尬局面。

雅典奥运会组委会表示，他们售出的赛事门票只占530万张待售门票的1/3。而悉尼奥运会的这个时候，已售出门票占待售门票的一半，而且悉尼奥运会的赛事门票的票价极为高昂。在760万张待售门票当中，悉尼奥运会组委会总共推销出其中的80%。

买票吧，组委会主席呼吁

上周，雅典奥运会组委会主席詹娜·安切洛帕洛斯·扎斯卡拉基呼吁希腊国民购买未能售出的赛事门票，从而避免整个国家陷入举办世界最庞大赛事出现大量空场的尴尬中。票价合理，随处可买。安切洛帕洛斯在接受雅典广播台采访时表示，对于希腊国民而言，这是一生等一回、体验奥运的良机。

组委会还在雅典当地展开了规模庞大的广告宣传活动，最低门票只售10欧元，合计12.4美元。为什么与4年前的悉尼奥运会相比，雅典奥运会的赛事门票销售工作不是很顺呢？目前有多种理论对此作出解释，其中最常被提及的是：对安全问题的担心以及欧元对美元的强势。希腊政府被指责没能在全球范围内做好奥运会的宣传工作，这一点要逊色于2000年的澳大利亚政府。

9·11后，美国人看重安全

门票销售量的巨大萎缩主要归咎于自2001年9·11袭击之

后，只有很少一部分美国人到希腊旅游。据希腊旅游官员透露，这个夏天只有 5 万美国人来希腊旅游，而在 9·11 之前的每年夏天，平均有 20 万美国人去希腊旅游。美国旅游官员则认为有四大因素导致去希腊旅游的美国游客量巨减：体育场容量太小、美元对欧元的贬值、对安全的担心以及门票促销工作的不力。

美国驻希腊大使馆就设在雅典，大使馆官员表示，与四年前的悉尼奥运会相比，现场观看雅典奥运会的美国游客预计减少 30%。然而大使馆特使则表示，这其中最大的原因不在于对安全问题的担心，而是美元对欧元的弱势，这就使得来希腊旅游显得极为昂贵。目前，1 美元只值 0.8 欧元。有证据显示，当旅游价格问题不成为障碍后，对安全问题的担心还不足以让美国游客置身于雅典奥运会之外。无论旅游价格多么高昂，众多奥运会赞助商并不缩减旅游代表团的规模，这也是答谢全球客户的一种需要，有的跨国公司将组织由零售商、雇员、顾客以及商业伙伴组成的 3000 人旅游团。

交通问题教授斯塔斯波罗斯说，他坚信赞助商、官员以及运动员在交通问题上不会有麻烦，因为届时他们入住的高档酒店、奥运官方据点将提供特别的交通服务。但是斯塔斯波罗斯担心那些中低档酒店将面临交通噩梦。

不打折，组委会追求公平

事实上，交通问题的悲哀可能归咎于门票销售工作的迟缓、懈怠。一美国公司经理说，在雅典奥运会上，许多跨国公司的 VIP 客人一天只能获得一场比赛的一张门票，而在此前的奥运会上，一个 VIP 客户一天可以获得两场奥运赛事的多张门票。跨国公司可以想象，由于雅典一些具体的复杂问题，他们的 VIP 客人一天无法观看两场比赛。然而雅典奥运会销售工作人员却没有对这个问题特别关注，因为在为赞助商准备的 90 万张门票当中，只有其中的 8%，也就是 7.2 万张被退回。

雅典奥运会组委会并不考虑选择将剩余门票打折来提高销售量。对那些提前一年购买门票的游客而言，打折不公平。雅典奥运会门票销售总监马顿·斯米塔斯克表示，如果真打折，我们会给所有购买门票的游客提供折扣优惠。今年早些时候，组委会主席安切洛帕洛斯还期望奥运会届时会爆满。据美联社报道，雅典奥运会组委会日前还做了一次民意测验，将近 500 万雅典市民中的 40%届时将留在雅典观看奥运会各项赛事。而在 5 月份所作的民意测验中，表示观看奥运会的雅典市民只有 26.1%。这表明购买赛事门票的意愿正在增长。组委会这样解释最近的一次民意测验。

4 年前，悉尼奥运会组委会官员当时就立志让每一个赛场都接近于爆满的状态。就拿开幕式而言，悉尼奥运会组委会就特意将售票口 24 小时开放。那么雅典该具有什么样的服务意识呢？

【比尔·潘宁顿，安斯·卡拉萨瓦：《恐怖主义压抑奥运会热情雅典门票遭遇瓶颈》，《城市快报》，2004-07-25】

第九章　体育赛事的后勤保障

本章学习要点：

- 体育赛事接待服务的含义、地位和特点
- 体育赛事接待服务的机构设置
- 体育赛事接待服务的主要内容
- 体育赛事接待服务工作与其他方面的合作
- 体育赛事安全保卫工作的一般程序
- 体育赛事安全保卫工作的主要内容
- 体育赛事安全保卫工作与其他方面的合作
- 体育赛事供电供水保障工作的主要内容
- 体育赛事医疗卫生保障工作的主要内容

第一节　体育赛事的接待服务

一、体育赛事接待服务概述

（一）体育赛事接待服务的含义和地位

体育赛事的接待服务是指为参加、参与赛事的各类相关人员提供住宿、餐饮、交通一系列服务的集合。体育赛事运作管理机构需要为运动员、教练员、赞助商、技术官员、政府官员、媒体记者、各界名人等等提供接待服务，这些人统称为体育赛事的接待对象。

体育赛事的接待工作通过计划、组织、执行、监控、评估等一系列工作流程将赛事运作管理机构、赛事接待对象及其他提供赛事接待服务的供应商紧密联系在一起，通过沟通、协调达到赛事接待服务的供需平衡，为赛事创造优质服务，优美环境。

体育赛事成败的两大传统核心标志，其一是竞赛组织，其二就是接待服务。体育赛事接待服务是赛事后勤保障系统的重要组成部分之一，贯穿于赛事保障工作的全过程，是体育赛事运作管理机构必须承担的核心职责之一。

（二）体育赛事接待服务的特点

体育赛事的接待服务既不同于赛事运作的其他职能，也不同于其他会议、参观及活动的接待服务。体育赛事接待服务的特点有：

1. 接待服务工作中存在许多量化指标，比如，住宿房间数量、规格；用餐排队时间长短；车辆配置数量等等，其优劣将会很清楚地显现出来。

2. 接待服务工作的直接对象是人，构成了人与人，人与物，人与事的特殊关系，不同对象对接待的需求相差甚远，接待标准难以统一，使接待服务工作成为赛事运作中矛盾多发和集中的职能领域。

3. 接待服务对象数量多，并且通常是同时到达和同时离开。尤其是大型赛事，几乎所有接待设施和服务人员满负荷或超负荷工作。

4. 竞赛成绩与运动员个人和团体利益直接相关，使竞争白热化，因竞赛因素产生的不满情绪或者矛盾，也将使体育赛事接待工作承受不同于其他活动的压力。

5. 媒体对体育赛事的关注，使得体育赛事的接待服务往往成为公众事件，而并非只是赛事运作管理机构内部的职能行为。

（三）体育赛事接待服务的发展趋势

随着体育赛事运作中市场化程度的不断增强，商业因素的逐渐融入，以及社会对服务质量意识的普遍增强，体育赛事的接待服务中也出现了新的发展趋势。

1. 成本—效益意识

传统的体育赛事运作中，接待服务被视为一个成本支出的职能领域，不能为赛事创造经济效益。赛事接待服务部门往往缺乏成本控制意识，片面追求接待的高标准，导致不必要的浪费，影响赛事的整体效益。随着与国外成熟赛事运作管理机构交流沟通的增多，以及国内商业环境的日益发展，国内的赛事运作管理机构在接待服务方面的成本—效益意识也逐渐加强。

首先，是加强了对接待服务成本预算的控制，提供适宜的接待服务。所谓适宜，即因时、因人、因地、因比赛规格而拟定接待标准，而非一味追求高档、豪华。比如，如果是举办旨在促进商务沟通的名人高尔夫邀请赛，提供的服务理应以豪华，甚至奢侈为标准，但假如是公益性赛事，则简单、干净、舒适的接待服务更能为赛事创造良好形象。

其次，是加强了对接待服务的市场开发，即将接待服务也视之为赛事效益的创造领域之一。比如，在选择赛事餐饮提供商时，赛事运作管理机构考虑的不仅仅是餐饮提供商的资格、规模、能力，还常常就餐饮提供商开拓市场、推广品牌方面的需求进行合作，寻求餐饮提供商对赛事的赞助和支持。

2. 接待服务工作的信息化

体育赛事接待服务工作一直是个“劳动力密集”的职能领域，接待对象的资料收集、报名、报到、问询等等各种服务都需要大量的工作人员来完成。随着因特网、视频电话、赛事管理信息系统等信息技术的运用，许多传统上必须人工完成的工作开始通过电脑及网络完成，减少了所需的工作人员数量，更重要的是提高了接待服务工作的效率和服务质量。比如，接待对象的资料、对接待的特定要求都可以通过因特网快捷地传送至赛事运作管理机构。又比如，运动员在配备了电脑和宽带网络的宾馆房间里可以方便地在赛事官方网站上查询到关于赛事举办地衣食住行、旅游、购物、娱乐、通信、银行等各方面的帮助信息。

二、体育赛事接待服务工作程序与内容

（一）体育赛事接待服务的一般步骤

1. 了解接待对象的期望的服务，对接待服务的整体工作量进行估计，同时要“摸清家底”，即赛事运作管理机构所拥有的可用于接待服务的所有资源

比如，对于就餐，一共多少人员就餐？什么样的人员？什么标准？什么方法？什么口味？什么民族？什么时间？什么地点？误餐了怎么办？比赛没有进行完毕怎么办？餐券是否可以通用？没有餐券怎么办？餐券丢失怎么办？伤病员就餐怎么办？住院了就餐怎么办？需要酒水怎么办？餐券是否可退换？餐券不够是否可以买？在哪里买？多少钱一张？如何结算？菜单是否一天一式，七天不重复？供应牛奶吗？供应水果吗？食物中毒怎么办？等等问题，还可以就关于就餐问题列出许多问题。

2.条件允许下尽可能满足甚至超过接待对象的期望；条件不允许的情况下，要与接待对象及早沟通，使其期望值调整

赛事的接待对象们大多有参加其他赛事的经历，常常会将各类赛事的接待服务进行比较，而且往往是将本次赛事的短处与其他赛事的长处相比。接待部门对此种现象与其消极抱怨，不如积极应对，通过各种方式与接待对象进行沟通，加强宣传，调整其期望值。此外，使接待对象参与到接待计划的制订过程中，也是

提高他们满意度的好方式之一。比如，在赛事筹办过程中，向赛事不同类别的接待对象寄送征询函，必要时举行座谈会，征求他们对赛事接待服务计划和方案的建议。

3. 在赛事筹办过程中，对接待对象需求的变化及时做出反应，对接待工作中出现的问题快速疏导、解决

赛事接待服务面临的直接对象是人，而人的心理与行为都处在不断变化的过程中，而且接待工作的环境也在不断变化，因此接待部门在把握赛事接待服务工作的基本规律、制订周密计划和方案的前提下，必须关注接待对象需求的变化，及时做出反应。比如，团体比赛项目运动队的离赛日程可能会因为比赛成绩而变动，随之而来的则有住宿、餐饮、票务一系列的变动。

前面已提到赛事激烈的竞争性往往导致过激事件的发生，给赛事接待服务工作造成压力。比如运动员取得了好成绩，会饮酒作乐、狂欢、聚会，运动员没有取得预期的成绩也会饮酒浇愁，个别自尊心特别强、期望值特别高的运动员还会有自杀的倾向，还有的会寻衅闹事。因此，在接待工作中，要始终坚持正面疏导，积极预防。

4. 赛事结束后，要对接待服务情况进行评估，总结经验或教训

对接待服务情况进行评估，既是对接待服务工作人员进行绩效考核、表彰奖励的需要，也是为以后赛事的筹办积累经验。

（二）体育赛事接待服务的机构设置

赛事接待服务的机构设置需要从体育赛事接待工作的实际情况出发，对赛事接待的工作量进行估计，有基本的工作思路和要求，有这种情况下开始构建具体的机构、职位，并配置合理的人员。规模较小的赛事可以采用简单的简单型组织结构。如图 9.1 所示，在接待部门下不再设处室，由部门管理者对赛事的接待工

作负责，部门人员需要参与住宿、餐饮、交通等多方面的接待服务工作，通常对部门人员各自承担的接待职责没有明确划分，强调整个部门的团队合作。

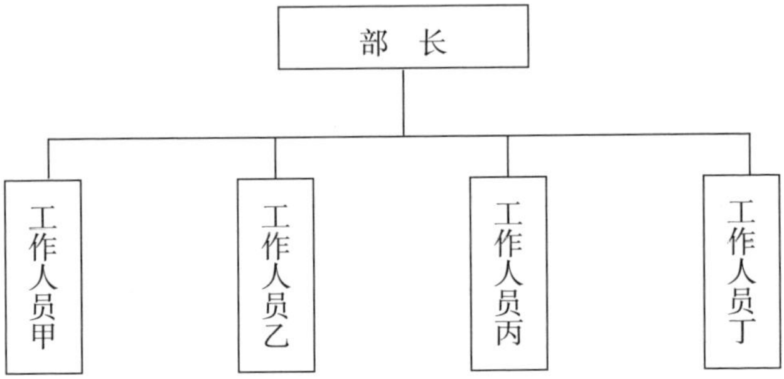

图 9.1　小型体育赛事接待部门简单型组织结构

当赛事超过一定规模时，简单型的部门组织结构由于缺乏工作人员之间的明确分工，而且决策权过于集中于部门管理者，决策速度可能无法适应接待服务的效率要求，建议采用职能型组织结构。如图 9.2 所示，在接待部门内部分设处室，工作人员被安排到具体的接待服务工作领域，避免权责的重复；同时，决策权可以根据实际情况一定程度和范围上由各处室承担，加快工作效率；此外，这样的组织结构也便于随着赛事的筹办进程，对职能处室进行增减，比如，赛事筹备的初期阶段可能无需设交通管理处，但临近赛事时，这一职能处室则是必需的并且应该处于相当关键的地位。

如果是大型综合性赛事，由于接待对象人员数量相当多，人员结构、层次复杂，有时应采用矩阵型组织结构，一方面依照接待服务中的具体职能进行处室设置，一方面根据按照不同的接待对象配置具体的管理人员。图 9.3 示意了大型综合性赛事接待服务部门的矩阵型组织结构，图中上部排列的是住宿、餐饮、交通等职能，但在纵坐标上增加了各类接待对象，如竞赛人员、政府官员、媒体记者、赞助商等，每一类对象由专人负责接待工作，他将为其负责的类别从各职能处室抽调有关人员。这样在横向的职能处室增加纵向坐标的结果，就是将接待职能和接待对象的因素结合起来，兼顾了简单型组织结构和职能型结构的优点。

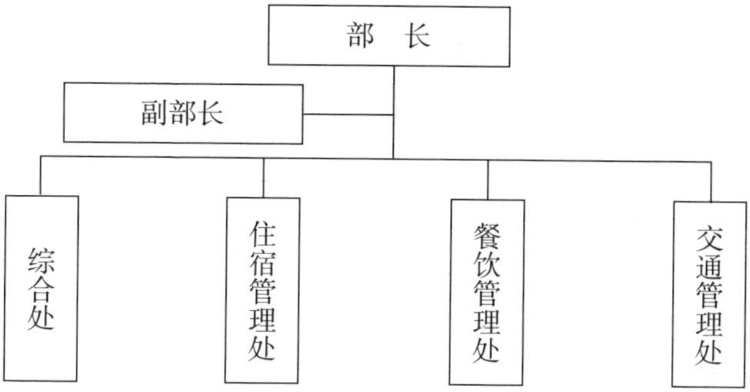

图 9.2　大型体育赛事接待部门职能型组织结构

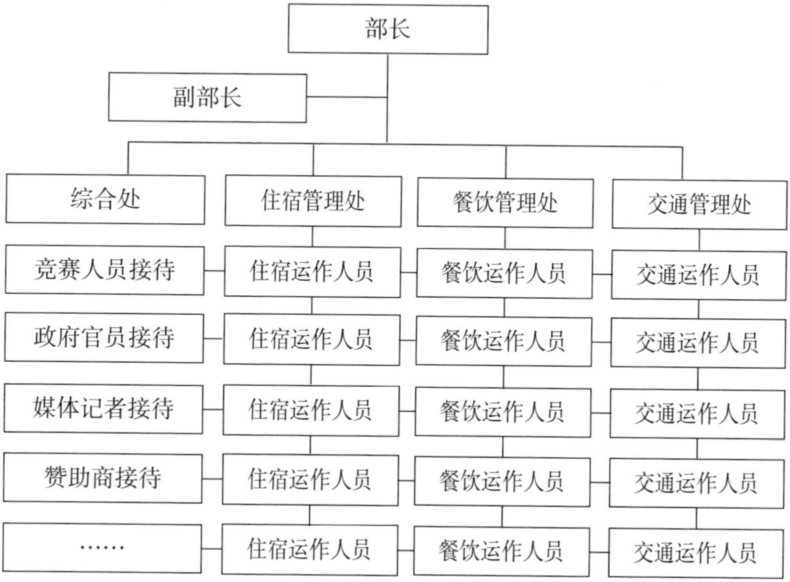

图 9.3　大型综合性体育赛事接待部门矩阵型组织结构

（三）体育赛事接待工作的主要内容

1. 住宿服务

主要内容包括确定需要提供住宿宾馆的对象类别；结合各类接待对象的数量、规格、抵离时间确定接待宾馆；依照接待对象对住宿时间、地点、竞赛项目的需求分配接待宾馆；编制接待宾馆的服务标准，包括《宾馆接待工作规范》《客房卫生设备达标方案》《宾馆设施使用规定》《服务人员着装、行为、语言行为规范》《消防安全工作方案》《24小时值班经理制度》等下发到各接待宾馆；组织开展对宾馆相关人员的培训工作；对各接待宾馆进行周边环境布置等。

2. 餐饮服务

提供优质餐饮服务的首要前提是了解各类接待对象的餐饮需求，即确定各类接待对象的用餐类别、用餐时间及饮食习惯。

用餐类别包括固定用餐和非固定用餐。固定用餐又分为宾馆接待用餐点和场馆固定用餐点。非固定用餐大都是因为特殊工作原因而需要接待部门向接待对象提供的餐饮服务方式，比如向竞赛裁判员、记者提供的场地用餐。此类用餐服务的关键是餐饮的及时供应及卫生标准。非固定用餐包括快餐、食品及饮品。

用餐时间也需要根据不同接待对象加以区别，比如向安排记者的餐饮时，需要注意记者的工作时间很长，只要新闻中心还没有关门，记者驻地就应继续提供饮食服务，而运动员用餐时间则应和竞赛安排结合起来。

饮食习惯则与接待对象的种族、民族、宗教、区域、个人喜好等等诸多因素相关，应事先对接待对象的饮食习惯进行征询，尤其要注意不同接待对象的饮食禁忌。

在全面了解接待对象的饮食需求的基础上，选择餐饮供应商。餐饮供应商的选择方式需根据赛事的实际情况而定。较小规模的赛事可采用询价、报价、洽谈、比较的方式来确定餐饮提供商；大规模的赛事则有必要采用公开招标的方式进行餐饮供应商的选择。在选择餐饮供应商时，要注意与负责医疗卫生的部门进行合作，确定餐饮卫生标准及认定餐饮供应商的卫生资质；在涉及大额的餐饮业务量时，有必要与赛事的市场开发部门合作，争取餐饮提供商对赛事的赞助。

3. 迎送服务

迎送服务要求制订详细的迎送工作方案，方案的内容一般包括迎送对象、抵离时间、站点设置、迎送团队、交通保障、迎送路线、迎接与欢送的要求等等。

迎送服务成功的首要前提是信息的准确，即必须准确获取各类接待对象抵离的时间、地点、车次、班次、人数等信息，有不详情况要提前通过电话、传真等途径核实清楚，对于贵宾的迎送还要求接待人员事先了解迎送对象的年龄、外貌特征。

火车站、汽车站、机场设置的接站点要派驻站长，按预计的迎送工作量安排工作人员，配备接站所需的迎候牌、指示牌、鲜花等。站长及工作人员的联系方式应及早通知迎送对象，以保持沟通的畅通。

4. 交通服务

交通服务是指为接待对象提供交通便利，主要包括两方面的工作，一方面是赛事期间各类接待对象的用车需求，另一方面是各类接待对象的中转票务需求。

交通服务的工作包括制订交通服务运作计划；组织开展赛事运作管理机构用车征集工作；借调或招募驾驶员，制订《驾驶员工作服务手册》，开展驾驶员培训工作；依据接待对象类别分配工作用车、服务用车；制订用车的相关规定及车辆运行路线；制订中转票务工作方案，协同铁路、航空部门落实各类接待对象的中转票务等等。

规模较小的赛事一般将交通管理的职能归属于接待部门，而大型综合性赛事由于交通服务涉及与城市交通管理部门及铁路、航空等部门的大量协调工作，常常在赛事运作管理机构中设立独立的交通管理部门。

三、接待服务部门与赛事运作管理机构内外部的合作

（一）与赛事运作管理机构内部其他部门的合作

在接待对象类别及数量的调研摸底上，要与赛事运作管理机构的各部门沟通，了解各部门对口接待对象的住宿、餐饮、用车、中转票务需求，以及赛事运作管理机构工作人员的餐饮、用车需求。比如，需要在新闻宣传部门的配合下，了解参加赛事的媒体记者的接待需求；在市场开发部门的配合下，了解赞助商的接待需求等。

在住宿服务、餐饮服务、车辆调度等工作的实施过程中，接待服务部门都必须保持与各部门的合作，对各部门对口接待对象的住宿、餐饮、用车等需求进行分类汇总，并在各部门支持下一一落实。

在参与接待工作的宾馆服务人员、餐饮服务人员、志愿者、驾驶员等人员培训上，要与人力资源部、志愿者管理部合作，制订培训计划，开展培训工作。

在接待服务工作的财务保障方面，应与财务部门保持沟通，合理编制接待服务各项工作的财务预算，向财务部门报批。此外，由于接待服务工作中涉及众多固定物产的购置或借用，需制订固定物产处置计划。

（二）与赛事运作管理机构外部组织及人员的合作

体育赛事接待服务工作量巨大，并需要各种软、硬件服务设

施，运作管理机构的接待部门不可能将所有接待服务工作“一手包办”。实际上，接待部门主要是对接待服务工作进行统筹管理，具体的住宿、餐饮、用车等工作一般外包给专业的组织及人员运作。这也使得接待部门成为赛事运作管理机构中与外部联系最多的部门。对于大型赛事而言，接待部门常常要与政府机关、宾馆、餐饮饭店、食品公司、饮品公司、快餐服务公司、铁路部门、航空公司、公交公司、汽车服务公司、旅行社等等众多组织进行协调、沟通与合作，来完成千头万绪的赛事接待服务工作。

在与外部组织及人员的合作中，要慎重选择接待服务提供商。在选择方式上，可以是洽谈或者公开招标，要依据赛事运作管理机构的有关规定及不同方式的成本考虑。比如，公开招标有利于促进投标单位的竞争，争取更为有利的服务价格，但可能会需要花费更多的时间、资金组织招标工作。确定了接待服务提供商后，要注意合同细节，详细规范双方的职责，明确各自的权利义务，避免可能出现的法律、经济风险。

第二节　体育赛事的安全保卫

一、体育赛事安全保卫概述

（一）体育赛事安全保卫的定义和地位

体育赛事的安全保卫是指对体育赛事的比赛、重大活动现场、驻地及其他场所提供安检、交通疏导及消防应急等服务，保障赛事相关人员人身和赛事相关设施安全等工作的集合。

安保既是体育赛事成功举办的根本保障，也是赛事成功的主要标志之一。为实现体育赛事安保工作的战略目标，赛事运作管理机构需要完成多项预定的工作任务。

体育赛事的安全保卫不仅仅是警方的事情，也是赛事组织者和赛事相关活动组织者的重要事情。安全保卫也不仅仅是某一方面单独的问题，也是一个整体性的问题，每个人都有积极参与并保障安全的责任和义务。

体育赛事的服务对象包括了参加赛事的运动员、教练员、裁判员、观众、媒体、官员等各个群体，以及相关各类设施、设备，人员数量多，背景复杂，涉及面广，决定了安全保卫工作的风险程度非常高。安全保卫工作中的任何失误或事件都将引起社会的广泛关注，如果出现失误，而又控制不力，甚至会导致“功亏一篑”。因此，体育赛事的安全保卫工作直接影响到赛事的运作能否成功，直接影响到体育赛事运作管理机构的形象。

（二）现代体育赛事安全保卫特点和趋势

现代社会的流动性、复杂性使社会生活的风险日益增加，加之体育赛事本身所具有的聚众性、对抗性，使体育赛事安全保卫成为一个受到广泛关注的热点。现代体育赛事安全保卫的特点和发展趋势着重表现为以下几方面：

1. 体育赛事安全保卫领域逐渐扩大

我们在第一章提到当今的体育赛事已经超载了单纯的体育概念，成为社会事件，对社会政治、经济、文化方方面面产生影响，而体育赛事的安全保卫所涵盖的领域也随之逐渐扩大，不仅仅包括了体育场馆内部的安全防范，还包括了体育赛事举办地的社区、城市安全、公共交通管理、信息安全等非常广泛的领域，是人防、技防和物防的紧密结合。

2. 体育赛事安全保卫中高科技含量增多

科学技术的发展及运用，加之国内外赛事运作管理机构之间技术经验交流，使得体育赛事安全保卫中高科技含量增多，在大型综合性赛事中更是占据了核心地位。电子安全防范系统、电子门票系统、城市智能交通系统、联网报警服务系统、可视光摄像机、红外热像仪等等越来越多地用于体育赛事的安全保卫工作中。比如：除开幕式所有人员常规安检外，所有开幕式表演人员的道具及入场采访记者的设备均需通过专门的“X”光机透视；开幕式会场外设有8个、会场内设有的200个“电子眼”，可精确地看到对面观众的面部表情。

3. 体育赛事安全保卫的投入日益升级

随着体育赛事安全保卫领域的逐渐扩大，高新科技的快速发展，体育赛事安全保卫在人力、物力和财力方面的投入也日益升级。比如2004年雅典奥运会，希腊政府花费了116亿美元的巨资，而仅安全保卫一项的费用就高达13.9亿美元，几乎相当于2000年举办悉尼奥运会的全部费用。又如，第九届全国运动会开幕式的安全保卫中的人力投入。当晚，在举行开幕式的广东奥林匹克中心体育场，由600余名民警负责安检门的观众安检，有180名使用手持式金属检测器的民警负责对可疑人、物进行更细致的安全检查，加上体育场内场与看台上的便衣民警，及场外负责交通疏导及消防应急的警力，实际参与到开幕式安全保卫的警力总数超过10000人。巨大的安全保卫费用已给众多体育赛事运作带来沉重压力，安全保卫系统的经济性、实用性开始引起赛事运作管理机构的重视。

4. 体育赛事安全保卫中人文化因素的增强

高科技武装起来的严密的赛事安全保卫系统降低了赛事的安全风险，有时却给参加与参与赛事的人员增加了不便。强调体育赛事安全保卫以人为本，增强安全保卫中的人文化因素正成为新的发展趋势。以人为本的安全保卫要求根据不同使用人群的不同需求，提供有针对性的服务。对于体育赛事的观众而言，体育场馆往往是个人或者家庭娱乐的场所，除了欣赏比赛外，他们还有饮食、娱乐、购物等其他需求，安全保卫要提供他们行动上的便利，而不是让他们觉得欠缺出入场馆的自由。媒体记者是赛事的重要参与者，为了最及时地报道赛事，他们的活动范围和活动频率往往很大，安全保卫部门要为他们提供最为便利的安全通道。

二、体育赛事安全保卫工作程序与内容

（一）制订安全保卫总体计划和方案

为使体育赛事安全保卫各项工作高效运行、严谨有序，赛事的运作管理机构应结合赛事的实际情况，借鉴其他赛事的成功经验，制订赛事安全保卫工作的总体计划及方案。

在制订赛事安全保卫方案方面有以下建议：

1. 确定赛事安全保卫的关键环节和重要区域

一般情况下，入场安检、消防安全为赛事安全保卫的关键环节；比赛场馆、运动员驻地、重大活动如开、闭幕式的举行现场为重要安全保卫区域。在制订赛事安全保卫总体计划的基础上，应该针对这些环节和区域分别制订详尽的安全保卫方案和处置各类突发事件的应急预案。

2. 对安全保卫的对象进行分类

主要指按照身份、级别等对赛事相关人员进行分类，制订不同的安全保卫策略。这是因为不同类别的人员背景不同、数量不同、行为方式不同，受到的风险及可能的威胁也不同，只有在区别各自的特点及需求后，才能制订及实施适宜的安全保卫策略。

3. 随着时间和情况变化调整方案

在场馆、驻地、现场、安检、消防、通信、防恐、证件等各类方案制订完成后，并不意味着这些方案是一成不变的，应该随着赛事安全保卫工作的逐步深入，赛事内外部环境的变化，尤其是社会安全形势的发展和变化，不断进行更新、补充和完善。

（二）安全保卫工作的机构设置

安全保卫总体计划和方案需要组织严密的机构和高效的人员去执行。体育赛事的运作管理机构应该合理设置安全保卫部门，聘请专业工作人员，即使是小规模的赛事，也至少应该设置专职专责的人员负责安全保卫工作。大规模综合性赛事，在安全保卫部门内部可以根据职能分工，分设处室，如图 9.4 所示。

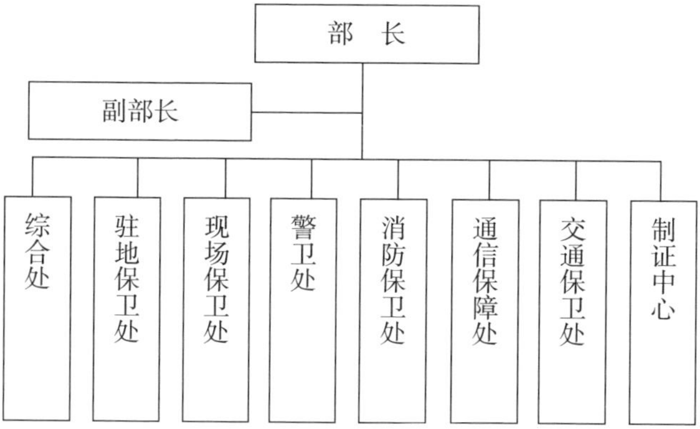

图 9.4　大型综合性赛事安全保卫部门组织结构

无论是赛事的规模大小，在安全保卫工作的组织方面，始终要保证的是集中、统一、高效、畅通的指挥系统，并且要建立严格的安全保卫工作管理制度，包括工作制度、会议制度、公文处理制度、重要事项监督制度、保密制度、财务制度、印章管理制度等。

在建立了赛事安全保卫组织架构，配备了相关工作人员后，需制订并实施安全保卫培训计划。一方面是安全保卫基础知识培训，包括赛事知识、赛事礼仪等；一方面是针对安全保卫工作人员所承担的具体职能开展的专业培训，包括紧急救援、现场疏散、突发事件处置、场馆驻地安检规范等。

三、安全保卫部门与赛事运作管理机构内外部的合作

（一）与赛事运作管理机构内部其他部门的合作

安全保卫部门是对体育赛事的安全保卫工作进行统筹管理的部门，需要与赛事运作管理机构的其他职能部门保持沟通，协调安全保卫工作中出现的各种问题。

在新建、改造和扩建场馆的安全保卫配套设施建设方面，应与场馆建设部门合作，对场馆的交通、消防、通信等安全设施进行检查，督促场馆按照安全保卫配套设施标准进行建设和改造，对存在的安全隐患需及时解决。

在安全保卫所需要的装备的购置方面，应与负责物资采购或者提供部门进行沟通，由安全保卫部提出装备的标准和要求，并进行严格的检查验收。

在竞赛的安全保卫方面，应与竞赛部合作，竞赛部应及早向安全保卫部门提供赛事的竞赛日程安排及其他的重要赛事信息，如有变动，也须及时告知，以便安全保卫部根据竞赛安排做好安全保卫力量的布置及调整。

在加强赛事相关人员及对社会面的安全保卫意识方面，应与新闻宣传部门合作，根据赛事筹办的进展状况和实际需要，针对不同群体进行赛事安全宣传，并及时发布有关安全保卫方面的公告，如开幕式时交通管制公告等。

在驻地宾馆、饭店的消防、人员安全保卫方面，应与后勤保障部门合作，在其协助下对驻地进行建筑消防的安全检查，要求负责接待的部门提供准确、详细的参赛人员驻地信息，根据资料确定不同区域的安全保卫级别和安全保卫力量的布置。

在志愿者安全知识培训及志愿者参与安全保卫工作方面，应与人力资源部门（或志愿者管理部门）合作，对所有志愿者进行

基本的安全知识培训，并根据安全保卫部的需要和要求，选用部分志愿者。

在赛事相关大型活动如开幕式、闭幕式的安全保卫方面，应与大型活动部门沟通，根据活动方案制订具体的安全保卫方案，并要求大型活动部门提供参与活动表演人员的详细资料，对人员做好管理。

在赛事赞助商商业活动的安全保卫方面，应与市场开发部门进行沟通，要求市场开发部门及早提供详细的赞助商商业活动方案，由安全保卫部门就活动的安全事宜进行审核，并配置适量的安全保卫力量。

在安全保卫工作的财务保障方面，应与财务部门随时沟通，安全保卫部应及早向财务部门提出安全保卫的财务预算，由财务部门进行审批，接受财务部门的监督。

除此之外，安全保卫部也应与办公室、行政部门保持良好沟通与合作，保证安全保卫工作的顺利进行。

（二）与赛事运作管理机构外部组织及人员的合作

安全保卫部与赛事运作管理机构外部的合作主要在两方面，一方面是政府有关职能部门，一方面是安全保卫设备供应商。前者主要包括公安、交通、消防、通信等部门，后者则包括安检器材供应商、交通保卫设施供应商、消防器材供应商、通信器材供应商等。

除此之外，现代的大型体育赛事由于内外部环境越来越复杂，体育赛事运作管理机构只依靠自身的安保技术和力量往往心有余而力不足，因此日益重视开展与国内外专业的安全保卫机构进行合作，充分吸收和借鉴成功经验，学习和运用新的安全保卫技术。比如，北京奥组委组织就于 2005 年召开了国际大型活动安全措施论坛（IPO）第六次北京封闭会议，聘请了数十名中外奥运安保专家和顾问，为2008北京奥运会提供各类安全保卫咨询和服务。

第三节　体育赛事其他保障工作

一、体育赛事的供电、供水保障工作

（一）体育赛事供电、供水保障工作的定义和地位

体育赛事的供电、供水保障工作是指赛事运作管理机构组织和协调供电、供水单位，对比赛场馆、人员驻地、办公场所及赛事相关重大活动场所的供电、供水设备进行更新、改造和维护，并对供电、供水运作进行调度和调试，保障赛事期间的用电、用水安全及供电、供水的充足稳定，以保证赛事的顺利进行。供电、供水保障工作是体育赛事后勤保障体系的组成部分之一。

（二）体育赛事供电、供水保障工作的组织

体育赛事运作管理机构根据赛事需要，设置供电、供水保障部门、处室或者专职人员，负责协调、检查、督促赛事的供电、供水保障工作。大型赛事常专设供电、供水保障部门，部门内按职能可分为供电、供水调度中心，供电、供水设备保障处，现场保障处等。

由于供电、供水保障工作技术性强，要求配置的工作人员必须熟悉和掌握供电、供水设备运行及维护等知识。

对供电、供水保障工作人员要进行有关赛事场馆，驻地供电、供水设备操作、运行与维护方面的培训，熟悉赛事的水力、电力系统，提高对供电、供水运行过程中突发事故的处理能力。

（三）体育赛事供电、供水保障工作的主要内容

体育赛事供电、供水保障工作的两大目标是保证赛事的水电供应和用电、用水安全。为达到这两大目标，供电、供水保障部门的工作内容主要包括：

1. 统筹与监控电力、水利工程的新建、改造和维护

无论是新建场馆、驻地，还是对原有场馆、驻地的维修改造，都会涉及电力、水利工程的建设，包括新建、改造和维护等。供电、供水保障部门应对赛事相关区域电力、水利工程建设进行指导、检查，确保符合电水供应和安全用电、用水的要求，了解电力、水利工程建设进度，保证工程的完成时间，并预留出足够的试运行时间。

2. 制订赛事筹备与举行期间的供电方案

在赛事筹备过程中，向赛事各用电、用水部门提供连续、稳定、充足的电和水供应；在赛事举行期间，保证赛事各用电、用水区域的电和水供应，保证开、闭幕式和各项竞赛和其他重大活动的顺利进行。

3. 指导、监督赛事各区域的用电、用水安全

对各类比赛场馆、人员驻地及运作管理机构的办公地进行安全用电、用水的指导、检查、监督，组织定期巡视和特别巡视，及时发现用电、用水存在的安全隐患，督促相关单位整改，并对整改情况核查，排除隐患，确保用电、用水安全。

二、体育赛事的医疗卫生保障工作

（一）体育赛事医疗卫生保障工作的定义和地位

体育赛事的医疗卫生保障工作是在赛事的运作管理过程中，以提供安全、卫生赛事环境为目标，开展有关卫生监督、医疗救

护、疾病控制、医疗保健等方面工作的集合。

医疗卫生保障工作是体育赛事后勤保障体系的组成部分之一，是赛事顺利举办的重要保证。

（二）体育赛事医疗卫生保障工作的组织

体育赛事运作管理机构根据赛事需要，设置医疗卫生保障部门、处室或者专职，负责向赛事提供医疗保障服务。大型赛事常专设医疗卫生保障部门，部门内按职能可分为医疗救护处、卫生监督处、疾病防控处、医疗保健处等。

医疗卫生保障工作需配备具有医务专业知识、经验丰富的工作人员，包括医疗救护人员、卫生督察人员、疾病防控人员等。

对医疗卫生保障工作人员要进行培训。对医疗救护人员的培训侧重于掌握急诊医学的基础理论、常见危重病的临床特点及赛事突发事件中的急救处理。对卫生督察人员的培训侧重于相关法律法规和赛事有关医疗卫生规定的培训，要求熟练使用卫生检测设备。对疾病防控人员的培训侧重于掌握常见传染病的特征、疫情监测手段及传染病疫情应急处理。

（三）体育赛事医疗卫生保障工作的主要内容

体育赛事医疗卫生保障工作的目标主要有四点：

1. 为参加、参与赛事的人员提供优质、高效的医疗救护服务，保障赛事相关人员的身体健康。

2. 通过卫生督查工作，为赛事提供安全、卫生的饮食、住宿环境。

3. 通过对环境卫生的综合整治，杜绝或减少疾病传染源，预防疾病传染。

4. 为赛事部分接待对象提供医疗保健服务。

为实现以上目标，医疗卫生保障部门的工作内容主要包括：

1. 医疗救护

主要包括院前急救与院内救治工作的有机结合。医疗救护工作的主要地点为赛事开、闭幕式及其他相关重大活动现场、比赛和训练场馆、接待对象的驻地宾馆等。此外，赛事举行前应事先选择并确定符合要求的医院负责院内救治工作。

对于开、闭幕式及其他相关重大活动现场的医疗救护，要事前掌握活动的全面情况，包括时间、地点、人员数量、进出通道等，在活动现场适当位置设置急救医疗站，标志必须醒目易见，现场需配置医疗救护资源，保证足够数量的救护车和医务人员。在比赛和训练场馆设立医务室，根据比赛日程和比赛项目的具体情况，配备医疗救护资源。在驻地宾馆根据实际情况设置医务室或者派驻医务组，实行 24 小时值班制。定点医院要委派固定的联络员，要做好充分的人员、物资、设施和设备的医疗救护准备工作。

2. 卫生督查

卫生督查工作要求保证所有赛事相关人员的饮食、住宿及赛事公共场所的安全卫生，至少需要制订《赛事食品卫生方案》《赛事饮用水卫生方案》《赛事公共场所卫生方案》，依据工作计划和方案开展卫生督查工作。

协同赛事接待部门，与负责向赛事提供餐饮、住宿服务的饭店、宾馆、食品饮料商等签订卫生管理责任书，并对提供餐饮、住宿服务的人员进行卫生知识培训。

分期分批对接待饭店、驻地宾馆及其他接待单位进行卫生监督检查和指导工作，及早发现安全卫生问题并解决问题。对场馆、驻地的周边环境进行整治，清除卫生死角，保障环境的安全卫生。

3. 疾病预防控制

主要包括赛前和比赛期间的传染病预防控制工作。需要制订《赛事传染病预防控制方案》《赛事除害防病方案》《赛事期间宾馆、饭店发生食物中毒、传染病和饮水污染事故应急处理预案》等工作方案。

在赛前要与举办地政府或者社区的政府部门做好辖区范围内的环境综合整治工作，加强赛事举办地的传染病疫情的常规监测工作，做好传染病诊断、预防及消毒除害用药品和器械的储备工作。

比赛期间要建立赛事传染病疫情专报制度，做好传染病疫情常规报告，制订紧急控制疫情暴发或蔓延的措施，一旦赛事相关人群中发现传染病疫情时，应及时采取有效的防控措施，确定把疫情控制在最小范围内。

4. 医疗保健

赛事需要向部分接待对象（主要是赛事的贵宾）提供医疗保健服务，旨在通过良好的医疗保健服务进行有效的公关、商务交流及外交活动。提供医疗保健服务的保健医生要求具备精湛的医术、强烈的责任感及一定的沟通水平。在定点医院设立的医疗保健点，在条件许可的情况下，应提供绿色通道服务。

三、体育赛事的通讯保障工作

（一）体育赛事通讯保障工作的定义和地位

体育赛事的通信保障工作是指赛事运作管理机构组织和协调邮政、固定电信、移动电信、寻呼等邮电通信服务商，为赛事比赛场馆、驻地及周边地区提供通信服务，保持赛事相关人员内外部沟通的渠道顺畅，保证赛事的顺利举行。通信保障工作是体育赛事后勤保障体系的组成部分之一。

（二）体育赛事通讯保障工作的组织

体育赛事运作管理机构根据赛事需要，设置通信保障部门、处室或者专职人员，负责赛事的通信保障工作。由于通信保障工作技术性极强，赛事通信保障的具体工作通常由邮电通信服务商承担，而赛事运作管理机构内设的通信保障部门、处室或专职人员，主要负责对赛事通信工作的统筹管理，以及对邮电通信服务商的监督。通信保障工作人员要求具备一定的通信保障和经验，有较强的协调、监控能力，以及处理突发事故的能力。

（三）体育赛事通讯保障工作的主要内容

体育赛事通信保障工作的主要目标是满足参加、参与赛事的人员工作及私人方面的通信需求，提供及时、优质的市内通话、国内外长途通话及信件包裹递送服务。

体育赛事通信保障工作的主要内容包括：

1. 通信设备的保护

在场馆建设改造及水电工程中，防止因施工损坏通信电缆的问题。同时，在安全保卫部的配合下，对其他恶意破坏通信电缆的违法犯罪行为进行防止、控制和惩处。

2. 通信容量的保障

在移动电信服务商的配合下，调查评估赛事通信容量，尤其是峰值容量。根据容量需要制订通信保障方案，必要时设置基站或安装信号发射器，保障赛事及相关重要活动的通信畅通。

3. 通信服务网点的设置

根据赛事对固定电信、邮政服务及邮品的需要，在场馆、驻地及周边地区设置服务网点，提供市内电话、长途电话、IP 电话、纪念邮品发售及信件包裹邮寄等服务。

四、体育赛事的信息系统保障工作

（一）体育赛事信息系统保障工作的定义和地位

体育赛事信息系统，是体育赛事电子信息服务系统的简称，包括基础网络系统和应用服务系统，其中基础网络系统包括骨干网络系统、本地网络系统、场馆网络系统和枢纽工程建设；应用服务系统包括人员注册系统、计时计分系统、现场成绩处理系统、综合成绩处理系统、数据通信系统、综合查询系统、竞赛信息系统、仲裁录像系统、指挥调度系统、通信服务系统以及多媒体查询系统、办公系统、电子商务系统等方面。

现代社会信息技术发展迅速、日新月异，传统的依靠文字记录和传送的信息传播方法已经难以适应现代体育赛事的需求。使用现代化信息技术，建立和维护体育赛事信息系统，一方面有利于提高赛事运作效率，一方面也能提高赛事运作质量。信息系统在体育赛事运作中具有广泛的服务范围和影响力，是运作管理机构内部工作人员和外部公众包括媒体、供应商、运动员、观众等获取有效信息的重要系统。信息系统保障工作是赛事运作顺利进行的不可或缺的部分。

（二）体育赛事信息系统保障工作的组织

体育赛事运作管理机构根据赛事需要，设置信息系统保障部门、处室或者专职人员，负责信息系统保障工作；由于信息系统建设与维护是相当复杂的系统工程，通常需要与网络运营商、网络工程公司及软件服务公司合作，或者聘请专业的技术顾问来保证实现预期目标。

（三）体育赛事信息系统保障工作的主要内容

1. 保证赛事信息系统运行通畅

体育赛事信息系统是以竞赛组织为中心的现代化赛事运作管理工具，因此体育赛事信息系统保障工作最重要、最核心的内容就在于集中一切技术力量保证赛事比赛期间信息系统的正常运转，包括计时计分、现场成绩处理、综合成绩处理、综合成绩查询等系统的无故障运行。如果无法保证这些与竞赛息息相关的信息系统的运行，那么其他的诸如新闻宣传、观众服务、内部协调等功能也就失去了存在的基础和意义。

2. 保证赛事信息系统的安全

信息系统增进现代体育赛事运作效率和质量的同时，也引起了许多安全风险。这些风险来源于系统的自身和外部两方面。前者是由于系统本身设计、安装、运行方面的缺陷、漏洞，可能导致信息系统运作中错误的产生，后者则是某些恶意及不法分子对赛事信息系统的攻击，轻则影响信息系统正常运行，重则导致系统瘫痪，引发巨大损失。因此，要通过技术防范和严格管理两方面的工作来加强对赛事信息系统的安全管理。

五、体育赛事的气象保障工作

（一）体育赛事气象保障工作的定义和地位

体育赛事的气象保障工作是指通过对赛事举办地历史气象数据的分析，对赛事举办时间段进行天气预测，向赛事主办单位建议合适的赛事日期，同时为赛事和赛事相关活动提供气象服务。对于大型综合性赛事而言，可在适当条件下通过科技手段，对大气进行人工影响，以保证赛事重大活动如开幕式的顺利进行。气象保障工作是体育赛事后勤保障体系的组成部分之一。

（二）体育赛事气象保障工作的组织

体育赛事运作管理机构根据赛事需要，设置气象保障部门、处室或者专职人员，负责气象保障工作。大型综合性赛事常专设气象保障部门。

气象保障工作是技术性极强的工作，常常采用从气象部门借调人员的方式来配置工作人员，以保证对专业知识和技术能力的需要。

（三）体育赛事气象保障工作的主要内容

体育赛事气象保障工作的主要目标，一是向赛事各项比赛及赛事相关活动提供及时、准确的气象预报服务；二是帮助选择赛事重大活动的举行时间，并尽可能保障重要活动和比赛当天没有降水。

气象保障工作的主要内容包括：

1. 气象服务

向竞赛及赛事相关活动提供气象实况信息、天气预报报警、现场天气预报报警、环境气象监测等气象服务。

2. 天气保障

准确预测重大活动当天天气，制订相应的应对计划和方案。有实际需要且条件允许的情况下，对人工消雨实施方案进行可行性论证，制订方案，培训人员，进行演练，为重大活动的天气进行保障。

本章思考题

阅读本章相关链接一，你认为现代高科技的快速发展给体育赛事的安全保卫工作会带来何种影响？请从正反两方面进行剖析。

本章练习题

1. 体育赛事运作管理的保障工作主要包括哪几部分？
2. 体育赛事接待服务工作的主要内容有哪些？

相关链接一

从数字看十运会安保　多项提醒保障交通秩序

警用直升机、动力伞、搜爆仪、排爆机器人、安检门等。一系列高科技将被应用于十运会安全保卫工作中，此外，还有以人为本、注重体现人性化的服务。此次十运会的安保工作，将高科技和服务性相结合，凸显新的安全观。

从数字看十运会安保

3架直升机。9月7日，首架国产“直九”H410G警用直升机正式装备南京市公安局，该机最多可以乘载10人或运输2吨货物，最高升限达5000多米，最大巡航时速近300公里，可担负空中巡逻、通信支援、对地指挥、追踪罪犯、空运人员物资和观测灾情等空勤任务。投入实战后，一架警用直升机的作用相当于30辆警车和100名警察。加上已经投入使用的R22、R44警务直升机，目前南京警方特警直升机大队的3架警用直升机已全部装备到位，并将迅速投入十运会安保工作中去。

8架警用动力伞。十运会期间，南京市公安局警航大队动力伞中队的8架动力伞将担负交通疏导、追踪搜捕、反恐突击等安保任务。警用动力伞可在现场上空巡逻，并将现场图像通过热成像仪和摄像头等装置传送给指挥中心，有利于合理调配警力，对突发事件进行先期处置。

25只搜爆犬。南京警方目前拥有兴奋性高、工作持久性强的“史宾格”和“拉布拉多”等品种优良的搜爆犬25只，经过强化训练，受训犬基本达到了安检搜爆的使用要求。同时，警犬大队购买了5辆警犬专用车，并配备了大学兽医专业人才，力保十运会期间上岗警犬状态良好。

80余个安检门。十运会开幕式现场将设置7个安检通道，架设80余个安检门、16台X光通道机和1台车载X光通道机，配备300多只金属探测器，部署安检力量近500人，对进入奥体中心参加开幕式的80000余人实施人身安检。

近400个探头。奥体中心共设置了近400个监控探头，监控范围达1平方公里。最大的一个探头安置在100多米高的新闻中心观光塔上，负责监控场馆外的情况。

多项提醒保障交通秩序

为保障十运会期间交通安全畅通，南京市交管部门印制了大量提示宣传册，诸如《南京市区行车指南》《交通民警值勤指南》等，还印发了《致外地机动车驾驶员的一封信》，详细介绍了十运会期间南京市区的交通组织方案，同时向机关干部、市民发出步行上下班的倡议。

据南京市交管部门透露，为及时、安全疏散人群，南京市交管部门根据奥体中心的地形和道路状况专门制订了预案，并开发了数据演示系统。根据预案，十运会开幕式后20分钟内，观众可全部撤离奥体中心体育场；30分钟内，奥体中心区的人群可全部疏散；1小时内，所有车辆可完全撤离奥体中心管制范围。

开幕式当天，南京将有400辆公交车组成5条十运会专线接送观众。同时，地铁的运行频率也将加快，每趟列车的发车时间间隔将由平时的10分钟缩短为4~5分钟，方便市民出行。

十运会安保凸显以人为本

“大家不要慌，我是安全疏导员，听我指挥!”临场指挥的安全疏导员成为十运会安全保卫工作的一大亮丽风景。体育馆、地铁站等公共场所人流量大，极易出现安全事故。为此，十运会安保部门专门组织安排了安全疏导员队伍，由警察和部分志愿者组成，分布在各个公共场所、交通要道。

据警方介绍，安全疏导员不但要眼观六路，耳听八方，还要对所在地区的地形地貌熟悉掌握，并具有很强的现场指挥能力，一旦出现情况，疏导员要立即挺身而出，并振臂高呼，亮明身份，稳定群众情绪，指挥大家进行有序撤离和疏散，防止发生踩踏和骚乱事件。

参与十运会交通运输的驾驶员要掌握的本领也不少。为保障运动员、裁判员及时到达指定赛场，客车驾驶员必须对市区道路交通组织情况了如指掌，对各条正常线路、应急备用线路等都做到心中有数，一旦在路上抛锚，驾驶员应该会做简单的处理。此外，每辆客车上都备有两个灭火器，驾驶员事先都要进行灭火技能培训，掌握应对自燃等事故的基本技术。

十运会安保工作十分重视服务性。十运会安保部部长、江苏省公安厅厅长黄明说，“以往很多安保工作只顾安全而忽略了服务，十运会是人民的节日，理应让人民群众享受到便利的服务。为此，我们尽量缩小交通管制的区域范围，实行车辆单双号控制通行的时间也较短，最大限度地为老百姓提供便利，减少扰民”。为方便市民观看十运会比赛，江苏警方还建议调休，10 月 11~12 日放假。在奥体中心赛场，警方在安排座席时，尽量让观众座席靠近停车场的位置，缩短步行距离。而对于一些安检的要求，则在门票上进行说明提醒。

【王骏勇，郭奔胜：《从数字看十运会安保　多项提醒保障交通秩序》，新华网，2005-10-08】

相关链接二

体育大赛新课题：如何理性对待恶性传染病

综合国内外媒体报道，大型体育比赛日渐增多，三大难题——反恐、禁药、黑哨——越发受到关注。然而，几年来，随着诸如禽流感、疯牛病、非典型肺炎等恶性传染病的传播，如何对付这些经常置人于死地的疾病，成为了各种体育大赛的重要课题。

反恐—禽流感并重

纽约世贸中心 9·11 事件发生之后，恐怖活动成为了重大体育赛事最为关注的问题。大量人口集中的体育场馆最有可能成为恐怖活动的袭击目标。

时至如今，恐怖活动依然是重大体育赛事优先考虑的问题。

但是大型体育赛事的运作管理者现在不仅要对付规模很大的恐怖活动，也要注意到只有用显微镜才可能看到的病毒，比如中文称之为禽流感的 H5N1。

美国媒体报道，禽流感病毒已经从韩国扩散到东欧，发展到了英国的首都伦敦。在亚洲，已经有几十人死于禽流感，因此禽流感越发引起人们的关注。

现在，距离今年冬季规模最大的体育赛事都灵冬奥会只有 14 周时间了。各国奥运会官员正在追踪禽流感，而且将这种追踪活动与冬奥会反恐相提并论。

该放手时就放手

其实，重大体育赛事与传染病发生关联的情况由来已久。最常见的处理方式是取消比赛，从根本上消除传播渠道。

1956 年的墨尔本奥运会之前，欧洲传言牲畜可能出现传染病。当时，畜牧业在澳大利亚经济中占据重要地位。为此，澳大利亚拒绝让夏季奥运会的马术比赛在澳大利亚举行。最终，这项比赛改在北欧的瑞典举行。墨尔本奥运会也成了现代夏季奥运会中唯一分在两个国家举行的奥运会。不过，澳大利亚的这个举动避免了牲畜传染病在澳大利亚传染的可能性。事后，人们赞扬了墨尔本奥运会组织者的这种理性态度。

重大体育赛事遭遇流行病被取消不仅局限于奥运比赛。国际足联这方面的经验更为丰富。1991 年，国际足联 U–17 足球比赛原定在厄瓜多尔举行。比赛快要开始时，厄瓜多尔发生了恶性传染病霍乱，比赛不得不改在远离美洲的意大利举行。

1995 年，国际足联 U–20 比赛地点为非洲西部的尼日利亚。尽管尼日利亚为这项重大赛事进行了充分准备，可是大赛之前当地却发生了流行性脑炎。国际足联考虑到非洲人口第一大国尼日利亚有 1 亿多人，传染疾病的机会太多，不得不将比赛改在西亚的卡塔尔举行。

2003 年的非典型肺炎在中国人的记忆中留下了深刻印象。当时，世界杯女足比赛定于在中国举行，重点为武汉等地。武汉筹备女足世界杯花掉了上亿人民币。国际足联仅仅开了半个小时的会议就决定世界杯女足大赛不在中国举行，最终改在美国举行。

当时，中国的某些媒体对于国际足联的决定颇有微词，有的还认为“第三者插足”，抢走了举办女足世界杯的机会。两年之后，我们撰写稿件时再度想起这段历史旧账，眼光开阔了许多，佩服国际足联不在中国举办女足世界杯的正确态度。由此看来，举办重大体育赛事的国家和地区出现恶行传染病时，最优先考虑的解决办法是改变地点。毕竟，付出的场馆建设费用可以得到适当的补偿。而且，这次举办不成下一次还可以争取举办机会。2007 年世界杯女足比赛在中国举办也验证了这种做法的正确性。

预防切莫等闲看

都灵冬奥会马上来临，如何预防冬奥会发生禽流感，美国奥委会走到了前面。最近，美国奥委会官员积极与世界卫生组织官员联系。美国奥委会要求参加冬奥会的美国运动员前往都灵之后要多洗手；同时对于教练员进行了防止传染病的基本培训，让教练懂得如何发现禽流感以及如何观察禽流感的症状。

三周前，美国运动员阿波罗·安东·奥诺和其他运动员参加了在韩国举行的速度滑冰比赛。美国奥委会官员告诫这些运动员，尽量少去动物云集的公共市场。

两年前，中国发现非典型性肺炎之初，街头巷尾，人人戴上个大口罩。眼看自己的同胞各个口罩捂嘴，那些不怕死的爷们儿也开始效仿起来，戴口罩者越来越多。用卫生专家的话来说，这种情况表明。中国人的健康防病意识增强了。人们逐渐懂得如何理性地对付恶行传染病。

“防患于未然”应当成为理性对待恶性传染病的经典语句。

虽然意大利至今还没有发现禽流感病毒，欧洲还没有人染上禽流感。但是，美国奥委会已经开始“防患于未然”。美国奥委会考虑到是否推出应急计划，即改变美国运动员的旅行路线、改变美国参加冬奥会运动员的住房安排或者减少他们在都灵的逗留时间。一旦禽流感在欧洲流行，美国奥委会的应急计划马上到位，而且其他保护性措施也将到位。

美国奥委会高级官员透露，美国奥委会已经制订出冬奥会一旦发生禽流感，如何对于参加比赛的美国运动员进行隔离的计划，以防止禽流感在美国扩散。美国奥委会还在离开都灵最近的地方租赁了住所。在发生禽流感时，这些住所可以让美国运动员迅速脱离冬奥会大多数参赛者，以便放慢传染速度。

疫情报告须优先

对于恶性传染病过分惊恐，造成混乱，混淆人心当然不可取。不过，医学发展到今天，对于恶性传染病的疫情监视报告开始时往往含混不清。按照国际公认的看法，禽流感只要符合三个条件才能够算得上全球性暴发——这是一种新型的、高度致命的传染病。禽流感具有传染给人类的能力。出现人际传染现象。只有第三个现象出现，才能算得上是全球暴发禽流感。到目前为止，这种现象还没有出现，因此现在还不能称之为禽流感全球暴发。从目前的情况来看，只有那些亲手处理过成百万只带有病毒的家禽或者鸟类的人传染上了禽流感。

但是，联合国和世界卫生组织的疾病协调员们认为，随着野鸟每一次迁徙，禽流感病毒更有可能演变成为更为厉害的杀手。因此，举办现代大型体育赛事的地方首先要与联合国和卫生组织密切联系和配合，了解恶性传染病的情况和疫情，然后将情况通报给参加比赛的各地区选手。美国奥委会体育医学主任埃德·雷恩说：“现在，媒体上的大字标题只是宣扬禽流感是一种新型的和人们知之甚少的传染病。目前，人们对于禽流感的较为深刻的了解不外乎这是一种容易混合的病毒。”

2003 年中国的非典型肺炎使得板蓝根和感冒冲剂这两种中药变成了“救命稻草”。医务工作者也奉劝普通百姓保存这两种药品，以防万一。

其实，世界上的其他国家和地区在大型运动会之前的做法与中国大致相同。2000 年悉尼奥运会之前，新泽西一家医药公司向美国奥运代表团捐献了抗感冒药 TAMIFLU。2002 年的盐湖城冬奥会时，美国运动员患上流感，但是依靠药物治疗，很快痊愈。雷恩强调：“经过几年的努力和实践，我们可以保证，我们能够对付体育大赛的传染病。而且，随着恶性传染病的不断暴发，我们在研究对付这些恶性传染病的方法过程中，进行了不失时机的努力。”

【胡孝乾：《体育大赛新课题：如何理性对待恶性传染病》，新华网，2005-11-10】

第十章 体育赛事的风险管理

本章学习要点：

- 体育赛事风险的含义
- 体育赛事常见风险事件
- 体育赛事风险管理的含义
- 体育赛事风险的识别
- 体育赛事风险的评估
- 体育赛事风险的应对
- 体育赛事风险的控制

第一节 体育赛事风险概述

一、体育赛事风险的含义

风险，是指不确定事件发生的可能性以及它可能的后果。任何体育赛事都存在风险，每一个体育赛事运作管理者都能理解风险是体育赛事所固有的。

人们在谈到体育赛事风险时，常常会将风险与不确定性事件等同起来，其实这两者并不相同。体育赛事风险的含义要与体育赛事的既定目标联系起来，即只有那些一旦发生会延误体育赛事或者导致体育赛事损失、甚至失败的不确定事件，才是体育赛事风险。也就是说，如果某些不确定性与体育赛事的目标并不相关，它们就不属于体育赛事风险范围。例如，如果一场羽毛球赛在某市体育馆内举行，那么当天是否下雨与现场能否举行比赛就是不相关的，但是如果是在体育场举行的田径比赛，则当天下雨的概率就不仅仅是不确定性事件，它将对比赛产生影响。因此在前一种情况下，下雨只是一个不相关的不确定性，而在后一种情况，下雨就成为影响比赛能否顺利举行的一个风险。

二、体育赛事的常见风险事件

（一）自然灾害

自然灾害，指给人类生存带来危害或损害人类生活环境的自然现象，包括洪涝、干旱灾害，台风、冰雹、雪、沙尘暴等气象灾害。我们所说的体育赛事运作中可能遇见的自然灾害主要指赛事筹备及举行过程中可能发生的极端天气事件，如高温、暴雨、雷电、冰雹和雷雨大风等。这些极端的天气事件对参赛运动员及观众的身体是不利的，会阻碍赛事的顺利进行。为了将可能出现的自然灾害的危害降到最低，首先需要对举办地的气象规律作充分了解，对赛事及相关重要活动的举办时间进行审慎选择；其次，要做好如果发生自然灾害的应急预案，从物资配备、时间安排上做好准备工作（贾春晨、王奇峰：《北京奥运突发事件应对思考》，北京市政法管理干部学院）。

（二）交通事故

交通事故，从广义上讲，是指在宇宙空间范围内，人们在使用交通工具（包括航空器、水上船舶和陆上交通运输工具等）进行空间移位时所发生的造成人身伤亡或者财产损失的事件。这里指的是在赛事期间由体育赛事运作管理机构负责管理的交通工具所发生的交通事故，以及赛事相关人员发生的交通事故，更广泛意义上，应该包括赛事期间通往赛事场馆主要干线上发生的严重交通事故，也包括各种原因造成的影响赛事运作的交通事故。尤其是大型体育赛事期间，人员流动性大，车辆多，一旦发生交通事故，需要及时查明原因，迅速疏通。不能及时处理重大交通事故将会带来许多意想不到的后果，甚至会成为其他风险事件的导火索。比如，当运动队乘坐代表团自备车辆奔赴赛场的途中，发生交通事故，即便体育赛事运作管理机构对交通事故没有直接责任，赛事却必然会受到该交通事故的影响，必须改变赛程，甚至取消比赛。

（三）流行疾病

流行疾病，指在短时间内或一个地区内大量人群同时得病。全球经济的快速发展已对整个地球生态环境造成了不可逆转的破坏，大自然正用它自己的方式向人类报复，追溯这些年国外的疯牛病、口蹄疫，到国内的非典型性肺炎、禽流感，还有许多病因不详的疾病，正呈大规模性、突发性、变异性出现。在全球化国际环境下，某些新型流行疾病的传播和蔓延，将造成严重的社会恐慌以及巨大的经济损失和人员伤亡，对国家安全和国际安全构成严重的威胁和危害。而对于体育赛事来说，在赛事举行期间，比赛现场人口聚集，尤其是大型赛事更会使举办地流动人口短时间内快速增加，成为流行疾病传播的高风险时期和区域，做好流行疾病监测和预防是十分重要和迫切的。

（四）暴力犯罪

暴力犯罪，指以人体作为强暴对象或者借助于杀伤性或破坏性工具实施的攻击性行为。常见的暴力犯罪类型有抢劫犯罪、杀人犯罪，涉枪犯罪、绑架和敲诈勒索犯罪、强奸犯罪、械斗引起的犯罪，以及恶势力引发的犯罪等。体育赛事期间的暴力犯罪包括社会人员对赛事相关人员的暴力犯罪，也包括赛事相关人员之间的暴力犯罪等。暴力犯罪不但直接侵害被害人的生命和健康，而且还严重危害赛事秩序和赛事相关人员心理安全，同时也对社会安全造成危害。当赛事涉及多个国家、地区参与时，暴力犯罪事件还有可能引发政治事件，带来更大的负面影响。因此，暴力犯罪是赛事运作中必须警惕、防范和控制的风险。

（五）体育骚乱

体育骚乱是体育赛事中比较多发的风险事件，这与体育赛事本身的竞争性、对抗性有一定关系。它是通过群体性情绪得不到控制引发的事件，闹事本身不是一种主观故意，它是赛事期间特定群体自发、有诱因或趁机的动乱，具有极大的煽动性、从众性。例如，足球比赛结束后，球迷在场内燃放烟花爆竹，展示侮辱性标语、条幅等物品的，向场内投掷杂物等等扰乱秩序的行为。由于体育赛事参与群众人数多、成分复杂、情绪激昂，既难以预料又难以控制。闹事可以引发各种各样的其他突发事件的发生，如暴力犯罪、火灾、政治事件等。

（六）重大火灾

重大火灾并非体育赛事特有的风险，但对于体育赛事这样集众性的社会事件而言，一旦发生重大火灾将造成巨大危害。体育赛事重大火灾风险的来源主要有三方面：其一，场馆、驻地消防隐患；其二，人员违章用电、用火；其三，人为纵火。体育赛事运作管理机构应针对相关场所开展消防安全专项整治，消除火灾隐患，落实消防安全措施，同时要增强相关工作人员的消防意识，对工作人员进行救助知识培训等。

（七）食物中毒

食物中毒也是体育赛事中屡见不鲜的风险事件，主要发生于运动员、运动队和代表团当中，也包括发生在工作人员、现场观众及其他相关人员中的食物中毒事件。食物中毒事件不仅危害人员身体健康，而且影响比赛正常秩序，引发公众对赛事运作管理机构的不满，损害赛事形象，导致经济损失等。例如，2006 年 4 月，英超联赛热刺与西汉姆联对阵前，热刺队 10 名球员疑似食物中毒，提出要求比赛推迟 1 天或者到晚上 6 点（原定下午两点开球），但负责赛事安全保卫工作的警方出于安全考虑只允许推迟 2 小时。热刺 1 比 2 客场输给西汉姆联，并失去冠军杯资格。热刺已向英超提出重赛要求，而球迷、各俱乐部、媒体也对该事件十分关注，甚至各种“阴谋论”也传播得沸沸扬扬，给赛事带来了负面影响。因此，在赛事运作中要加强对食品卫生的管理，在比赛场馆、运动员及代表团驻地和相关宾馆饭店严防食物中毒和饮用水污染事件的发生。

（八）政治事件

政治事件，主要指由政治因素引发的突发性事件。政治事件往往具有一定的现实性、社会性，所触发的问题往往是社会上人们比较关注，政府也比较谨慎对待的一些热点问题。有比较公开的，带有冲动性质的；也有相对隐蔽的，趁人不备在暗中进行的。前一种表现诸如：游行、示威、抗议、静坐、绝食等，往往带有群体性。后一种表现诸如：散发大字报、小字报，矛头指向社会、政府、组织机构等，多见于个体行为。体育赛事属于集众性的社会公共事件，尤其是大型赛事，政府在其中充当着重要角色，使赛事容易成为政治事件爆发的领域，体育赛事运作管理机构要严防和妥善处理在赛事期间发生游行示威、聚众抗议、公共场所自杀等事件。

（九）恐怖主义

从国际法来说，恐怖主义指个人或某个政治集团为了达到一定的政治目的而非法使用暴力和破坏手段，对他人的生命、自由、财产及公共设施造成危害的犯罪行为的总称。此类犯罪具有很大的隐蔽性、突发性和后果的严重性。恐怖主义是一种严重影响赛事秩序和社会治安的刑事犯罪。应对有可能发生的恐怖主义事件，体育赛事运作管理机构应从心理准备、技术装备、侦破手段、善后事态处理等方面着手，对于大型赛事而言，更应充分借用公安系统力量应对恐怖主义风险。

以上各种体育赛事中的风险事件，并非彼此孤立存在的，它们之间是联系或者交叉的关系，某一种风险事件有可能会转化或者引发另一种风险事件，并对赛事运作各方面产生预料不到的负面影响。为了更好地应对这些风险事件，体育赛事运作管理机构必须对风险进行全面科学的管理。

第二节　体育赛事风险管理

一、体育赛事风险管理概述

我们在上一节介绍了体育赛事的常见风险，然而在体育赛事实际运作中，识别运作过程中存在哪些不确定性事件，判断哪些不确定性事件是和体育赛事运作直接或间接相关的，评估这些事件可能导致何种程度的负面影响，却是体育赛事风险管理中难度最大的事情。体育赛事风险管理就是尽可能地识别体育赛事运作过程中潜在的可能对赛事产生负面影响的不确定性事件，对它们可能产生的负面影响进行评估，制订当这些不确定性事件发生时应采取的应急计划，采取措施使它们发生的可能性降低或者使其负面影响降到最小程度。

体育赛事风险管理并非可有可无的过程，它实际上是与体育赛事运作管理融为一体的“内在过程”。体育赛事风险管理的主要目的在于以下几个方面：

1. 预防体育赛事风险。体育赛事风险像其他风险一样，预防与控制是成本最低、最简便的方法。赛事运作管理机构应根据赛事的特征，识别整个运作过程中可能存在的风险，并对可能导致风险的因素进行限制，并有针对性地采取应对措施，以达到避免或降低风险的目的。

2. 应对体育赛事风险。对体育赛事风险进行管理，就是要建立体育赛事风险管理体系，确定风险管理的制度、流程、策略和计划，从而确保风险发生时能够理智冷静、胸有成竹地应对。

3. 控制体育赛事风险。主要是指体育赛事风险一旦发生后，能通过风险应对计划和相关措施阻止风险负面影响升级或者蔓延。

4. 在风险中求发展。体育赛事风险管理的最高境界就是总结经验教训，让赛事在风险发生时能积极应对，将风险视为发展机会，在风险消除后能更上层楼。

5.实现赛事运作管理机构的社会责任。赛事运作管理机构作为社会一员，应当承担社会责任。赛事运作管理机构卓有成效的风险管理，将促进社会的安定与进步。反之，将可能使赛事风险事件成为社会的负担，给社会带来不可估量的危害。

事实上，即便体育赛事运作管理机构没有实施正式的体育赛事风险管理，在实际的运作过程中却都涉及对各种风险的识别、评估、应对和控制，只不过没有形成正规化、制度化的体育赛事风险管理过程。而建立正式的体育赛事风险管理过程则是为了使赛事运作管理者及所有相关工作人员能更清楚地认识到风险管理在体育赛事运作中的地位和作用，从而更好地识别、预防和应对风险，降低风险可能造成的损失。正式的体育赛事风险管理过程分为四个阶段，第一步是识别风险，第二步是评估风险，第三步是应对风险，第四步是风险控制。我们将在下面分别对四个阶段进行阐述。

二、体育赛事风险识别

体育赛事风险管理的第一步就是要识别风险。风险管理应该被视为一种主动而非被动的方式，它是一种预防性过程，用来尽可能减少可能导致损失的不确定性事件的发生，并使一旦不确性事件发生所引起的负面后果最小化。因此，主动、积极地识别风险成为体育赛事风险管理首要的工作。此外，识别风险的重要性还在于处理风险事件的成本通常随着体育赛事运作的推进而逐渐增加。在赛事运作初期如果能够尽早识别风险，就可能避开这些风险，或者尽可能使风险的负面影响最小化，而如果进入赛事运作后期，处理风险事件的成本则会迅速增加。例如，在选择赛事举行的场馆时，如能尽早发现场馆设计上的安全隐患，体育赛事运作管理机构则可以考虑另行选择场馆，或者与场馆经营单位协商消除安全隐患。但如果当赛事整体推广已经开始，门票进入设计与制作阶段，再发现场馆的安全隐患问题，如果此时再更换场馆，则会产生很大成本以及时间影响。

体育赛事风险识别阶段常见的错误是看中结果而不是造成这一结果的事件。例如，体育赛事运作管理机构的市场开发管理部门工作人员可能会提出赞助商不按时支付赞助款项是一项风险，但这其实是结果，需要考虑的是造成这个结果的各种原因：是赞助合同的制约条件不足？是赞助商经营不善？是赞助商信誉不好？还是因为回报可能无法使赞助商满意？又如，向赛事提供比赛器材的供货商可能无法按期交货，这也常被视为一项风险，同样需要从源头去考虑，是怎样的因素可能会导致这种现象的发生：生产能力不足？运输延误？赛事运作机构无法及时付款？供货商信誉不好？体育赛事运作管理机构的各个部门工作内容、性质不同，所面临的风险也不同，每个部门都应对本部门工作进行详尽的风险识别，并向机构管理高层提交风险报告。

识别体育赛事风险有一些现实可行的方法。在国内体育赛事运作管理中，尚很少设置专门的风险管理部门或者团队，但可以在由体育赛事运作管理机构的高层管理者或者某项具体工作的负责人召集风险管理会议，邀请相关人员参加，采用头脑风暴法或者其他专业技术识别潜在的风险。采用头脑风暴法时，最重要的法则是不要在会议上评价、评论或评估，要鼓励所有参加会议的人员提出尽可能多的潜在风险。而采用专业技术识别风险时，最重要的是要邀请到与工作紧密相关的专业人员参加，倾听其意见。例如，在筹建赛事广播电视中心时，应在计划阶段就邀请媒体机构专业人员，尤其是具有体育赛事广播电视报道经验的人员参加风险管理会议，听取他们对广播电视中心设计方案的意见，识别方案中存在的可能风险。除了工作人员和专业技术人员以外，也应多征求政府机构、赞助商、供货商、媒体、观众及其他相关各方的意见，使得识别赛事风险的视野更为广阔，触角更为敏锐，也有助于获得更多方面对赛事风险管理的支持和投入。

除了召开风险管理会议，向专业人员及相关人员征询意见以外，借助于历史记录来识别赛事风险也是一种常用的方法。通过对过往赛事，尤其是类似赛事历史档案资料的查询与了解，来识别赛事运作管理中可能存在的风险。对历史记录的借助并不局限于有文字及影像记录的资料数据，也包括访问那些有丰富经验的体育赛事运作管理者及专业顾问。

三、体育赛事风险评估

体育赛事风险识别阶段所得到的最大结果是一张详尽的风险

清单，包括了所能考虑及设想到的可能会给赛事运作带来负面影响的不确定性事件。但这些风险出现的概率是不同的，可能产生负面影响的程度是不同的，可以被预见的程度也是不同的，并非所有的风险都应该给予一视同仁的关注和重视，这既是不现实的，也是没有必要的。这就涉及体育赛事风险管理过程的第二个阶段——评估风险。

体育赛事风险评估可以是主观的、可量化的，或者两者相结合的。我们认为量化的风险评估更客观、更可靠，若要对风险作出量化评估，首先需要大量的客观准确的数据的支持，而这些数据的获得、统计和分析所耗费的金钱和时间成本都是高昂的。此外，每一场体育赛事对于其他体育赛事而言都可以说是独一无二的，这也使得以往数据的精确和参考价值打了很大折扣。因此，在实践中，完全采用量化方式对体育赛事进行风险评估是极少的。而完全主观的“专家意见”或者“直觉的、拍脑袋式的”预测完全依赖于个人的能力、经验，虽然有成本低、简洁明了的优点，但也可能出现严重的疏忽或者错误。将量化和主观两种方法结合起来使用是相对稳健而又高效的方法。例如，可以依据历史数据列出风险清单及风险初步排序，再由专业技术人员、有经验的赛事运作管理者、具有某方面杰出技能的顾问在风险清单的基础上进行评估，调整风险排序。

体育赛事风险评估的常见工具有情景分析法和风险程度评估矩阵法。

情景分析法是最简单和最常用的风险分析方法，实际上是通过对未来情景的假设来评价风险。在采用情景分析法时，承担风险评估工作的人员应针对以下几个方面对风险清单中的每一个风险进行评价：在体育赛事运作中不希望发生的事件；这些事件一旦发生的所有后果；事件后果对体育赛事影响的大小或严重性；事件发生的可能性或者概率；事件可能在体育赛事运作中哪个阶段或者何时发生等。例如，假设体育赛事运作中某项目比赛器材出现质量问题可能性大约是 20%，后果可能是降低该项目比赛水平、延误项目期限、导致运动员损伤等，影响可能是成本上升 30%，项目期限延误 10%，这一风险事件可能在项目举行期间出现，同时会影响赛事其他项目的比赛。通过情景分析法得出的信息有助于赛事运作管理者对风险清单上的每个风险事件进行评价，判断哪些是值得加以注意或者重视的风险。

风险程度评估矩阵法是将不同风险的严重程度进行分类，填入某种形式的风险程度评估矩阵中。矩阵一般围绕风险事件的影响和发生概率而构建。

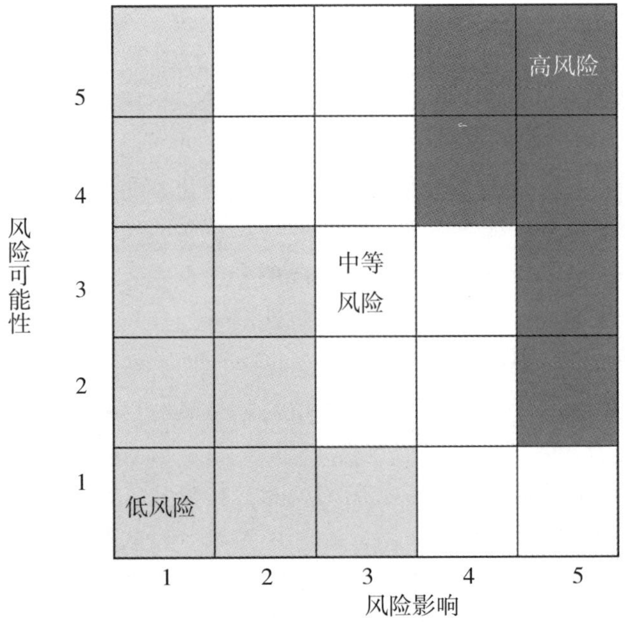

图 10.1　风险程度评估矩阵图

如图 10.1 的风险矩阵的分别由风险事件发生的可能性（5 个等级）和事件的影响程度（5 个等级）构成矩阵的纵坐标和横坐标，将矩阵分为 25 个方块，每个方块代表一定等级的风险事件发生可能性和影响度，这 25 个方块又可以划分为主要的、中等的和较小的风险区域，分别用黑、白、灰三种颜色表示。黑色高风险区域在矩阵的右上角（高风险可能性 / 高影响），白色中等风险区域在矩阵中间（中等风险可能性 / 中等影响），灰色低风险区域（低风险可能性 / 较小影响）。此外，应该注意的是，风险影响一般而言比风险可能性更为重要，例如，在体育赛事运作中，竞赛组织工作始终是根本，由于比赛器材造成运动员损伤即便是 5%的概率也被视为高风险事件，应给予高度重视和防范。

为体育赛事建立风险评估体系有利于采取相应的风险应对方案及措施。例如，随着北京大型活动的不断增多，尤其是随着 2008 北京奥运会的日益临近，北京警方为确保大型活动达到“精确指导、精确组织、科学用警”，推出大型活动 5 级风险评估体系。每个等级都有相应的颜色和安保方案，按照等级分为低级、低中级、中级、中高级、高级，对应颜色为绿色、褐色、黄色、橙色、红色，而评定风险的参考因素关键是看活动的可控制程度，除了参考观众人数外，还要考虑气候条件、人员群体构成,以及场馆硬件条件、舞台搭建情况等因素。这样的风险评估体系将为 2008 北京奥运会的风险管理提供有力支持。

四、体育赛事风险应对

对体育赛事运作中的风险进行识别和评估后，必须根据实际情况，作出相应的风险应对决策，制订不同的风险应对计划及措施。对风险的应对决策大致可以分为降低风险、转移风险、分担风险和保留风险。

降低风险是体育赛事运作管理最理想的目标，因此也是赛事风险管理中优先采取的应对措施。在体育赛事运作实务中有两种降低风险的常用方式。其一是降低风险事件发生的可能性，例如，大型体育赛事开幕式都会举行彩排和预演，就是试图通过测试，发现开幕式中存在的系列问题，并找到解决办法，那么即使在正式举行时仍存在风险事件，数量和程度都会大大减少；为赛事运行而新建的体育场馆在投入使用前也通常举行小型比赛或者文艺表演以检测场馆功能，发现各种潜在的问题以及时消除。其二是减少风险事件发生后对赛事运作的负面影响，例如，为了降低开幕式点燃火炬不成功的负面影响，通常会准备 1～2 个备用方案；广播电视中心、新闻中心的通讯、供电也会提供后备系统以减少通信、供电故障所带来的负面影响。

转移风险是一种并没有改变风险，但改变了风险承担者的措施。例如，向赛事提供交通服务的汽车公司，与体育赛事运作管理机构就赛事用车服务签订了固定价格合同，那么汽车公司将承担燃油价格上涨引起成本上升的风险。又如，体育赛事运作管理机构为所有观看赛事的现场观众购买人身意外险，是通过支付一定费用，将风险转移给保险公司。在采用转移风险的措施也应对风险时，应该明确风险承担方的责任及体育赛事运作机构相应支付的费用或其他对价条件。

分担风险与转移风险的不同在于不是由一方承担风险，而是将风险分配到各方。这在体育赛事运作机构与代理机构合作中最为常见。例如，代理体育赛事市场开发部分业务的经纪公司，需要向体育赛事运作管理机构交纳一定保证金。一旦代理业务不成功，体育赛事运作管理机构要遭受损失，而经纪公司也会损失保证金，这是对经纪公司的约束，也是一种风险分担的方式。

保留风险实质上是一种识别到风险的存在，但对风险不采取主动措施的应对方式。这会在两种情况下存在：其一是风险影响小，不值得花费成本去应对，其二是风险相当大，以至于不可能通过降低、转移或者分担风险来应对，这就是我们常说的不可抗力事件，比如洪灾、地震等，这样的风险事件概率极小，因此体育赛事运作管理机构通常选择保留这种风险。

风险应对决策需要根据实际情况选择，无论是哪一种风险应对决策，都旨在增强体育赛事对于风险的承受能力，尽可能地降低风险事件可能造成的负面影响。风险应对决策需要具体的风险应对计划支持。对于体育赛事运作中的高风险事件应该制订详尽的风险应对计划，至少应该包括组织机构、人员配备与培训、硬件设施及应变方案。组织机构是指应在体育赛事运作管理机构中建立专门的风险事件应对团队，以区别一般意义上的安全保卫或者后勤保障部门，应具有高度的整体调度能力和全面指挥的权利，直接向赛事运作管理机构指挥系统最高领导报告和负责。人员配备应该是专业人员同普通人员相配合，起到不同的作用，专业人员解决相应风险事件的识别、评估、处理，普通人员起到宣传、警示、组织、协调等作用，并需要对人员进行相关培训。硬件设施是指根据风险性质与特征配备相应的高科技器材和其他设施，譬如应对开幕式现场恐怖活动的监视监听器材、卫星定位系统、先进交通工具、精密武器等。风险应变方案则是指针对具体的风险事件制订的相关方案，如比赛现场供电、通信故障应变方案，爆炸、火灾、坍塌事件应变方案，群体性骚乱、起哄、冲场应急方案，赛事期间城市交通堵塞应变方案。

五、体育赛事风险控制

体育赛事的风险控制实质上是指风险事件发生后的系列决策与行动，包括启动风险应变方案、监控风险发展趋势，以及防范新的风险。

前面我们强调了对体育赛事风险的识别、评估和应对，然而在现实中，仍然无法完全避免风险事件的发生。这些体育赛事运作管理机构所不希望发生的，而且对体育赛事运作具有较大范围或者较大程度影响的事件，我们通常称之为体育赛事突发事件。体育赛事风险控制中最基本、最核心的内容就是对体育赛事突发事件的处理。

对于体育赛事中发生的突发事件我们应该调动各种可利用的资源，采取各种可行的方法和方式，尽可能地控制、消除突发事件带来的负面影响，避免更大损失的产生，尤其要注意可能引发的连锁反应。处理体育赛事突发事件应该遵循以下原则：

1. 快速反应原则。体育赛事突发事件发生后会很快被媒体和公众口头传播，引起社会关注。这时要迅速研究对策，做出反应，并及时公布突发事件的真相和所采取的各项措施。在许多时候，突发事件的严重后果并不在于事件的直接后果，更在于赛事整体形象与信誉的损坏。快速反应一方面抑制事态的进一步扩大，另一方面也有助于获得公众的同情和支持，这样来减少突发事件的损失。

2. 忠于事实原则。通常情况下，体育赛事突发事件会使公众产生种种猜测和怀疑，尤其是大型赛事，更容易引起社会各方的普遍关注。当突发事件发生后，体育赛事运作管理机构要保持公开、坦诚的态度，不应该表现出高度防卫的姿态，绝不能撒谎，越是隐瞒真相越是会造成更坏的后果。

3. 立场明确原则。突发事件发生后，体育赛事运作管理机构需要保持一定的灵活性来应付事态的发展变化，但不能在公众和媒体面前闪烁其词或者立场摇摆不定，这样会让公众和媒体认为赛事运作管理机构处理事态不利，甚至以为刻意隐瞒真相。因此，对于赛事突发事件的基本立场必须严格遵守，并且反复强调。

4. 依法执行原则。体育赛事突发事件的处理需要快速反应、随机应变，根据不同情况采取必要的措施，但是也要强调依法执行，以防出现更多不可控因素。体育赛事运作管理机构必须严格按照法定权限和相关程序采取应对措施。

尽管几乎所有体育赛事运作管理机构都理解，做好风险识别与防范工作是最重要的风险管理措施，但是无论怎样，仍是不可能完全消除风险。那些擅长风险管理的体育赛事运作管理机构将比他们的同行更可能获得成功的机会。

本章思考题

阅读本章相关链接一，你认为资料中所叙述的足坛惨案哪些是可能被事前识别的风险，哪些是难以识别的风险？如果可以识别，又应该采取哪些应对措施？

本章练习题

1. 体育赛事常见的风险有哪些，试举例说明。
2. 体育赛事风险管理过程分为哪几部分，主要内容是什么？

相关链接一

世界足坛十大惨案 莫斯科惨案遇难人数最多

★1982 年 10 月 20 日 莫斯科惨案 340 人死亡

1982 年 10 月 20 日，莫斯科列宁体育场，莫斯科斯巴达克对阵荷兰哈勒姆。由于天气寒冷，所以前来观看比赛的观众只有 1 万人左右。体育场管理部门为了省事，将所有的观众都集中到 C 区看台，而球场工作人员又严重违反体育场安全规定，仅仅打开 C 区看台的一个出入口，将其他看台的出入口全部锁上。比赛接近尾声时，胜负基本确定，现场球迷纷纷起身准备提前退场，朝唯一开放的出口走去。但在终场前 1 分钟，比赛突然又起高潮，主队乘胜追击攻入一球，看台上立刻爆发出一阵欢呼声。许多已经走下看台和走到出口的观众被欢呼声吸引，立刻返身想看看到底是怎么回事。而正在这时，终场哨响，看台上兴奋的观众也开始向场外拥。两股人流就像两股汹涌的潮水一样在狭窄的出口处交汇，猛烈地冲撞起来。最终导致 340 多人蒙难。

★1964 年 5 月 24 日 利马惨案 318 人死亡

1964 年 5 月 24 日，秘鲁利马的国立体育场举行了奥运会南美洲足球预选赛阿根廷与秘鲁的比赛。在比赛结束前 2 分钟裁判吹罚秘鲁的一个进球无效，导致阿根廷击败秘鲁。看台上大量主队球迷对此判罚表示不满，情绪十分激动，并引而迁怒客队球迷，并爆发大规模球迷骚乱，酿成 318 人死亡、500 多人受伤的惨案。

★1989 年 5 月 7 日 希尔斯堡惨案 96 人死亡

1989 年 5 月 7 日，在谢菲尔德的希尔斯堡球场举行了足总杯半决赛，利物浦对阵诺丁汉森林。在球门背后的 3 号和 4 号看台是人气最高的，比赛前 20 分钟看台就已经满员，比赛开始时这两个看台约涌入了两倍于设计容量的球迷。由于没有固定的座位，看台拥挤的球迷你推我撞，而入口处的球迷并不清楚看台已满，继续拥进球场，将前排的球迷压向围栏。而此时，球场的警察却站在中线附近防止利物浦球迷“攻击”森林球迷。绝望的球迷拼命地推翻围栏，有些人攀过围栏，逃生，而大量的球迷则被活生生压死。这次惨剧，造成 96 人死亡，1000 多人受伤。警察的无能以及球场的恶劣状况，是造成这一灾难的主要原因。希尔斯堡惨案后，英格兰足总命令拆除所有不带座位的看台。为了纪念这些遇难的球迷，利物浦球队的队歌改为《你永远不会孤独前行》（You'll never walk alone），以不忘曾经的悲剧。如今，希尔斯堡纪念碑永远矗立在谢菲尔德。

★1985 年 5 月 11 日　布拉德福德惨案 56 人死亡

1985 年的 5 月 11 日，那一年，布拉德福德队夺得了英格兰丙级联赛的冠军，为了庆祝胜利，当地组织了一场地区性的友谊赛，但是在比赛中，球迷看台突然起火，人群发生混乱，共有 56 人在这场事故中死亡，265 人受伤。经过调查，事故是由于有人乱扔烟头造成的，加上当时的座位都是木制的，所以人员伤亡惨重，这也是英国历史上死亡人数最多的一次球迷惨案。

★2001 年 4 月 16 日　约翰内斯堡惨案 47 人死亡

2001 年 4 月 16 日，在南非首都约翰内斯堡的埃利斯球场，南非甲级联赛两支夺冠球队的比赛中，比赛组织者在能够容纳 7 万名观众的球场中出售了 12 万张球票，距离比赛尚有一个半小时，7 万人的体育场已经座无虚席。但球迷仍然像潮水般地涌向体育场，执勤警察随即将入口处高高的铁门锁住，致使大量球迷滞留在入口的铁门处，情绪激动。比赛开始后，主队进球的消息通过扩音喇叭传到体育场外，在场的主队球迷立刻沸腾了。他们像疯了一样向各个入口挤去。西看台入口处的球迷最多，有几万人，他们立即汇成一股巨大的力量，冲击球场的铁门，有的球迷甚至爬上了铁门，准备跳进体育场。警察为了驱散球迷，控制局势，便违规施放了催泪弹。在球迷的推挤下，球场铁门被挤倒，冲在最前面的球迷猝不及防，随之倒在铁门上，被后面大量涌入的球迷踩在脚下，而人们明明知道有人倒在地上，但根本无法停住脚步，只能踏着前面的人继续往体育场里涌。这起事故总共造成了 47 人丧生、160 多人受伤。4 月 16 日也成为南非足球史上最黑暗的一天。

★1985 年 5 月 29 日　海瑟尔惨案 39 人死亡

1985 年 5 月 29 日，利物浦与尤文图斯在布鲁塞尔海瑟尔体育场的欧洲冠军杯决赛中相遇，欧足联赛前把一个球门后的看台分配给利物浦球迷，但是却有不少尤文图斯的球迷从比利时人手中买到该看台的球票。看台上，也没有足够的警察和工作人员将两队球迷分开。在比赛中，不断有双方球迷的辱骂和投掷行为。混在利物浦球迷里的足球流氓与尤文图斯球迷大打出手，导致看台倒塌，当场压死 39 名尤文图斯球迷，并有 300 多人受伤，这就是著名的“海瑟尔惨案”。而利物浦输掉了冠军杯，赛后所有的英国球队被禁止参加欧洲的赛事长达五年之久。

★1949 年 5 月 4 日 苏佩加空难 都灵队全体遇难

一架意大利飞机在从葡萄牙返回的路上，撞到了一座名叫苏佩加的山，随着飞机残骸落下的是无数人难以愈合的心。震惊世界足坛的“苏佩加空难”令当时横扫亚平宁半岛、有红色公牛之称的都灵球队全军覆没，也让意大利足球失去了一代精英。那是 1949 年 5 月 4 日。从此之后，每年的 5 月 4 日，都灵球迷都会自发地给昔日的英雄祈祷。在意大利人看来，这些球员是真正的英雄。

★1993 年 4 月 27 日 赞比亚空难 18 名赞比亚国脚遇难

1993 年 4 月 27 日，赞比亚在前往参加世界杯预选赛对塞内加尔的比赛途中飞机失事，18 名赞比亚国脚罹难。他们的墓地就被建在该国独立体育场旁边。2002 年国际足联主席布拉特视察非洲足球发展情况时，还特地前往墓地哀悼遇难球员与官员。空难发生后，整个赞比亚国内都感到万分的惋惜，因为逝世的绝大多数球员都只有 18 岁，他们代表着赞比亚的未来。如果当时没有发生空难，赞比亚是非常有希望打入 1994 年美国世界杯的。

★1958 年 2 月 6 日 慕尼黑空难 8 名曼联球员遇难

1958 年曼联在战胜阿森纳后飞赴欧洲，客场挑战贝尔格莱德红星。是役过后，曼联以总比分 5:4 取胜。然而球队在归国途中的空难让曼联球迷在短短时间里从喜悦的巅峰坠入了悲痛的深谷。1958 年 2 月 6 日，曼联乘坐的客机途经慕尼黑加油，再度起飞后坠毁。空难中有 22 人丧生，其中有 7 名曼联球员。他们是拜恩、科尔曼、琼斯、培格、泰勒、杰弗·本特以及廉姆·威兰。邓肯·爱德华兹15天后因伤在一家德国医院去世，是球队在空难中的第八位遇难者。曼联俱乐部，曼彻斯特市以及英格兰足球界为此痛心不已。

★2001年5月6日　萨里惨案　15人死亡

2001年5月6日，伊朗东北部城市萨里的一个体育场正面看台屋顶突然塌陷，造成15人死亡，上百人受伤。当天正在进行一场足球比赛，据伊斯兰共和国通讯社报道，事故发生时，体育场内大约有2万名球迷正在观看比赛。事故发生后，当地警方试图进入体育场维持秩序，但与愤怒的球迷发生了冲突。球迷用铁棍袭击防暴警察，还有一些闹事者在球场上放火，局势一片混乱。

【宇翔：《世界足坛十大惨案　莫斯科惨案遇难人数最多》，南方网，www.southcn.com，2006-02-05】

相关链接二

第五届全国农民运动会处置突发性事件预案

为了维护第五届全国农运会期间社会政治稳定和治安稳定，确保领导和来宾的绝对安全，确保开幕式等大型活动和各项赛事的顺利进行，特制订本预案。

一、指导思想

以“三个代表”重要思想为指导，以保护人身安全为原则，以维护稳定为目标，在处置指挥部的直接指挥下，按照统一指挥、快速反应、密切配合、协同作战、公私结合、内紧外松的要求，依法、果断、有效地予以处置。

二、组织指挥

在市委、市政府、省、市组委会的直接领导下，成立第五届全国农运会处置突发性事件指挥部，由第五届全国农运会安全保卫总指挥、省公安厅正厅级副厅长×××为指挥长，省武警总队副总队长×××、消防总队长×××、宜春市委常委、市公安局局长×××为常务副指挥长，市公安局副局长、第五届全国农运会宜春市组委会安全保卫部部长×××为执行副指挥长，市公安局其他党委成员、武警支队长、消防支队长以及袁州公安分局局长、市公安局局直各单位负责人为成员，指挥部下设办公室，由×××副局长兼任办公室主任。

三、警力部署

由参与农运会安全保卫的执勤民警和武警、消防官兵作为现场的一线执勤力量，按照“属地管理、分区负责”的原则，由发生突发性事件所在地（区域）的执勤力量第一时间赶赴现场，相关地方的执勤力量和机动备勤力量负责赶赴增援。对发生在城区社会面的突发性事件，由辖区派出所民警、巡警、刑警等警种第一时间赶赴现场，社会面执勤力量、机动巡逻和机动备勤力量赶赴增援，原则上不动用正在参与农运会安全保卫工作的力量处置发生在社会面上的突发性事件，以确保农运会大型活动和各项赛事的顺利进行。

四、处置范围

在第五届全国农运会期间发生的，严重影响农运会各项重大活动和重要赛事顺利进行以及聚众围堵党政机关、新闻单位、领导、贵宾住地、堵塞公路、铁路、聚众械斗、大规模集体游行、示威上访等严重影响社会政治治安稳定的突发性事件。处置重点是发生在开幕式、闭幕式以及农运会重要赛事中的突发性事件。

五、任务分工

（一）指挥部办公室。是指挥部的决策部署执行机构，主要由安保部办公室人员组成，主要职责任务：收集、掌握事件发生、发展等情况，进行综合分析，为领导决策提供依据，并根据指挥部首长的指示、命令、意图和实际情况，采用各种手段和措施，对整个事件的处置工作进行组织、指挥。

办公室电话：××××，手机号：××××、××××。

（二）行动处置组。由公安、武警、消防、预备役等人员负责，主要任务是宣传教育群众、驱散闹事人群，拘捕在事件中进行打砸抢烧的犯罪嫌疑人，制止现行破坏活动。

（三）交通管理组。以公安交警部门为主，主要负责疏导交通，维护事件现场的交通秩序，确保赶赴增援的机动力量快速到达现场，防止发生交通堵塞和交通事故。

（四）调查取证组。以公安技侦人员为主，主要任务是采取公开和秘密的手段，对事件现场进行拍照、录像、录音、提取实物，收集掌握违法犯罪证据。

（五）情报信息组。由公安机关国保和国家安全等部门人员组成。负责搜集情报信息和事件组织者等内幕情况，及时掌握事件的发展态势，准确报告情况。

（六）通讯联络组。由公安通信等部门组成，负责整个处置工作的通讯保障，确保各种命令指示、情况信息准确传递保密畅通。

（七）后勤保障组。负责组织给养，提供器材物资准备和车辆保障，组织医治伤员等后勤保障工作。

（八）机动组。由公安、武警、消防等单位组成，主要任务是准备一定数量的机动力量，随时增援。

六、处置程序

（一）立即报告，启动预案。

一旦出现重大群体性事件及其苗头，应立即向指挥部办公室报告情况，同时根据领导指示及时启动处置重大群体性事件工作预案。

（二）领导到场，主动疏导。

情况核实后，有关领导要亲自率有关人员立即赶到现场做劝阻、疏导工作，讲明政策法律，稳定群众情绪，缓和矛盾。

（三）管制现场，遏止事态。

迅速调集力量封闭现场和相关地区，划定警戒区域，设置临时警戒线，实施区域性交通管制，不使其扩大蔓延。

（四）疏散人群，恢复秩序。

通过广播、喊话等形式，宣传有关法规和通告，澄清事实，晓以利害，动员群众离开现场，孤立少数组织指挥者和骨干。对无视警告，拒不离去的，可以使用强制措施。

（五）相机处置，打击现行。

运用公开和秘密手段，查明组织指挥者和骨干分子，控制其活动，并使用录音、摄像、照相等手段获取证据。对制造动乱、骚乱、暴乱和进行打砸抢烧的犯罪嫌疑人要及时拘捕。

（六）加强宣传，正确导向。

在处置过程中，宣传部门要在指挥部的领导下，坚持正面宣传为主，尽快研究提出宣传报道的口径和方案，经批准后及时发布新闻，争取主动。未经批准，任何机构和个人不准进入现场拍照、摄像、录音、采访，严防因宣传不当，产生消极影响。

七、几种类型的突发性事件的处置

各参战单位要按照第五届全国农运会开幕式等各种安全保卫工作方案的要求，明确各自的任务分工和所负责的区域。一旦发生突发事件，本区域执勤人员要在指挥部的指挥下迅速赶赴现场，按照各自的分工展开工作，采取不同的处置措施：

（一）发生对领导或重要来宾实施暗杀、行刺或挟持人质等暴力恐怖活动

工作步骤

1. 所在区域的执勤民警要对该区域实行包围，设立隔离带，尤其是看台执勤组负责主席台安全的民警，要迅速用警戒带把主席台包围起来，同时，协助该区域的民警迅速疏散带内

的群众。

2. 行动技术人员着便装携带取证设备对现场情况进行摄录取证。

3. 指挥部根据现场情况调集机动备勤的武警和防暴警，组织抓捕嫌疑人。可采取先围后捕，捕歼结合的方法，充分利用地形地物，设法将凶犯擒获。

4. 如果凶犯挟有人质或负隅顽抗，在保障人质和群众人身安全的前提下，诱敌动作、分散其的注意力，出其不意将其擒获或击伤、击毙。使用武器必须经指挥部批准，并在不误伤人质及群众的原则下进行。

5. 发生人员负伤的，负责该区域保卫工作的执勤民警要立即报告指挥部，并调用现场备勤的救护车迅速送医院救治。

6. 其他各执勤组维护好本责任区的秩序，一旦事态恶化，按照指挥部的命令，指挥观众有序退场。

（二）看台群众发生骚动，企图冲进内场贵宾席或舞台，或发生聚众滋事、群殴、起哄、投掷物品等制造混乱、破坏公共设施等行为

工作步骤：

1. 观众区执勤民警要立即进行口头警告，并采取措施进行阻止，防止事态扩大。

2. 指挥部根据现场情况，调集机动备警力量迅速赶到内场增援，在内场和观众区之间组成人墙，形成隔离带，防止群众涌入内场或冲进舞台，并迅速组织演职人员撤走至安全地区。

3. 行动技术人员着便装携带取证设备对现场情况进行摄录取证，作为追究闹事者责任的证据。

4. 如警力不够，则从安全搜排爆执勤组的备勤警力中调集人员赶到现场，强力控制局势。

5. 伺机控制挑头扛旗人物或为首者。

6. 其他各执勤组维护好本责任区的秩序，一旦事态变化，按照指挥部的命令，指挥观众有序退场。

（三）现场内发生爆炸

工作步骤：

1. 现场执勤的民警及就近机动力量要迅速控制爆炸现场，设置警戒线，并迅速疏散群众从各安全出口撤出场外。

2. 搜、排爆、安检机动备勤力量要迅速赶到现场进行调查取证，搜查并解除来历不明的爆炸物。

3. 伴有人员伤亡、建筑物倒塌、火灾时，所在地段执勤民警及机动力量要协助医护人员抢救伤员，消防支队的机动备勤力量要开展灭火和抢险工作。

4. 其他各执勤组维护好本责任区的秩序，一旦事态恶化，按照指挥部的命令，指挥观众有序退场。

（四）现场发生火灾

工作步骤：

1. 现场待命的消防机动力量要迅速组织灭火。

2. 所在区域的执勤民警要做好人员的疏散离场工作。

3. 指挥部根据现场情况调用机动备勤力量予以协助。

4. 交警支队、所有备勤民警要做好体育中心场外人员的疏导工作。

发生上述四种情况时，警卫工作组的民警和在主席台周围警戒执勤的民警要保护首长来宾从首长席进入退场专用通道撤至安全地带，并迅速离开现场，以免发生危险。如上述四种情况仅是一般情况，机动民警要及时排除险情，迅速平息事态，恢复秩序。如出现重大险情或已发生重大事故（事件），造成严重后果的，要在指挥部的指挥下，立即启动场内外广播系统，发布紧急通告，执勤民警和现场备勤的所有民警在指挥部的指挥下，组织观众迅速安全有序退场。

（五）发生有人进行反动宣传煽动

1. 所在区域的执勤民警要及时制止，控制现场秩序。

2. 在指挥部的指挥下，国内安全保卫支队要紧急调用警力迅速赶到现场，将为首分子、组织者带离现场。

3. 行动技术人员着便装携带取证设备对现场情况进行摄录取证，作为追究闹事者责任的证据。

4. 对现场的反动传单和标语横幅等迅速收缴，并依法对散发反动传单或挥舞标语条幅者进行处理。

5. 发现法轮功等邪教组织痴迷者自焚的，所在区域执勤民警要迅速制止，收缴火种和易燃物品；已经点燃的，消防人员要迅速扑灭，并通知医护人员抢救或转送就近医院救治。

6. 其他各执勤组维护好本责任区的秩序，一旦事态恶化，按照指挥部的命令，指挥各类观众有序退场。

（六）开幕式过程中发生停电

工作步骤：体育场要立即启动场内外广播系统，告诉观众保持冷静，以免发生意外，并尽快启用备用电源，保证开幕式等活动正常进行，同时组织技术人员进行检查，发现并彻底排除故障，在主席台警戒区执勤的警卫保卫人员要加强主席台警戒，确保领导绝对安全。指挥部根据现场情况调用机动备勤力量，协助观众区执勤民警维持好现场的秩序。

（七）由于暴雨等恶劣天气或其他原因致使开幕式等活动不能继续进行

工作步骤：体育场要启用广播系统，向观众说明原因以及补救措施，告诉观众不要惊慌、不要拥挤，各区域执勤民警要组织观众有秩序退场。

（八）发生高空坠物或场内悬挂物坠落

工作步骤：所在区域的执勤民警要维护好现场秩序并立即把坠落物转移，如造成了人员伤亡的，迅速通知医护人员抢救或转送就近医院救治。其他各执勤组维护好本责任区的秩序，一旦事态恶化，按照指挥部的命令，指挥各类观众有序退场。

（九）当场外管制区域内发生重大交通事故，造成交通堵塞

工作步骤：交通管理执勤组迅速调集力量赶赴现场予以处置，组织疏散交通做好道路清障工作，确保道路畅通。

（十）当突发事件中发生危险

工作步骤：体育场要启用广播系统，做好宣传、疏导工作，区域执勤民警和巡警等机动备勤力量要迅速赶赴抢险，防止事态扩大，同时发动群众自救互救，必要时调用志愿者协助工作。

（十一）发生观众拥挤造成伤亡事故

1. 发生拥挤的通道或场所的执勤民警要告知观众不要惊慌、不要拥挤，必要时启用广播系统发布通告，同时组织分流、疏散、抢救等工作。

2. 指挥部调动附近执勤警力赶赴增援，可采取用人墙形成分流通道进行隔离，或分段组织疏散撤离。

3. 重点维护通道（楼梯）狭窄处、人员拥挤处的秩序，保护妇女儿童先行离场，对起哄、故意拥挤以及趁火打劫的，要给予警告或抓获。

4. 组织医护人员对伤者进行救治或立即送医院抢救。

发生本方案未列举到的突发情况时，各单位在迅速报告指挥部的同时，参照本方案进行处置。

八、工作要求

（一）进一步强化忧患意识。农运会开幕式首长、贵宾云集，不排除有极少数极端分子制造事端和发生意想不到的突发性事件的可能。对此，参加保卫工作的全体人员都要引起足够的重视，进一步强化忧患意识，时刻保持高度警觉，以高度的政治责任感和使命感投入安全保卫工作。

（二）加强信息情报收集反馈。各警种、各单位的民警要加强

对敌情、社情动态的掌握，对可能危害开幕式安全和其他重大活动、重要赛事进行的线索要及时查证，妥善处置。各有关部门也要善于发现异常情况，及时上报反馈，以便采取有效措施防范控制。

（三）各单位要密切配合。参与处置突发性事件的各单位、各警种要团结协作，密切配合，听从指挥，步调一致，努力把突发性事件的危害减少到最低程度。严禁各自为政、相互推诿等现象发生。

（四）做好后勤保障工作。参与处置工作的各单位必须保证各种装备器材车辆的到位。对装备器材和车辆事先要进行必要的保养和检查，保证一旦遇到突发事件能用得上。

（五）严守纪律，听从指挥。参与处置的人员除特殊紧急情况，不得擅自离岗，随意行动。接到处置突发性事件的命令后，立即赶赴现场进行处置，处置时要讲究方法和策略，尽量做到内紧外松，并加强请示报告。

各单位应根据本方案的要求，结合各自实际情况制订分预案并抓好落实。

附　录

1. 第五届全国农运会处置突发性事件指挥部 1 号通告（爆炸、火灾、坍塌等事件）（略）

2. 第五届全国农运会处置突发性事件指挥部 2 号通告（群体性骚乱、起哄、冲场）（略）

3. 第五届全国农运会处置突发性事件指挥部 3 号通告（停电）（略）

4. 第五届全国农运会处置突发性事件指挥部 4 号通告（交通堵塞）（略）

5. 第五届全国农运会处置突发性事件指挥部 5 号通告（观众拥挤堵塞通道等）（略）

【《第五届全国农民运动会文件汇编》】

第四篇

体育赛事运作管理的结束

第十一章　体育赛事的评估和收尾

本章学习要点：

- 体育赛事评估的定义与作用
- 体育赛事评估的对象与主要内容
- 体育赛事评估的基本程序
- 体育赛事评估的主要方法
- 体育赛事评估报告的撰写
- 体育赛事文件归档的基本要求
- 体育赛事财务报告与财务报告分析

第一节　体育赛事的评估

一、体育赛事评估的定义与作用

体育赛事评估就是对体育赛事运作管理全过程进行总结与评价的过程。体育赛事评估是体育赛事运作管理工作的组成部分和重要环节，是保证体育赛事可持续发展和衡量体育赛事运作管理机构运作工作效益与效果的工具，它的作用主要表现在以下几个方面：

1. 用于衡量体育赛事运作管理是否获得了预期的社会效益和经济效益，评价体育赛事运作管理的效率与效果。

2. 用于评价体育赛事运作管理是否满足了利益相关者对赛事的特定需求，向利益相关者提供反馈信息，使利益相关人明确认识到体育赛事的价值所在。

3. 用于判断体育赛事运作管理中的优势与劣势，总结经验与教训，确认赛事取得的成绩，达到的发展阶段，以准确定位下一届体育赛事运作管理的起点，提供知识和经验，改善和提高赛事运作管理水平。

4. 提高体育赛事的声誉，建立赛事运作管理机构的专业形象，为下一届赛事获得支持和资助提供有利的数据资料。

5. 为整个体育赛事运作管理行业提供实践知识和经验，促进行业整体水平的发展与提高。譬如，奥运会的运作管理经验就被广泛传播，被运用至许多大型综合性运动会的管理当中。

大多数体育赛事运作管理机构都会对赛事运作管理进行总结，但有相当大比例的总结工作往往流于形式，并没有进行认真的评估。产生这种现象最直接的原因是当体育赛事运作进入收尾阶段后，工作人员普遍在精神和体力上都有松懈感，主观上不愿意再投入很多的时间和精力在评估或者总结上，更为根本的原因则是运作管理机构缺乏对体育赛事评估重要性的认识，低估了总结评估的价值。事实上，如果没有深入细致地对赛事运作进行总结评估，那么一切有价值的经验十分有可能被忽略，无法传承下去，而各种教训也很容易被遗忘，再下一次的赛事运作管理中又会重复以往的错误。因此，体育赛事评估在赛事运作管理中并非可有可无的部分，应该以一种正式制度的形式规范下来，使其成为提高赛事管理质量和保证赛事运作管理持续发展的重要工具。

强调体育赛事评估的在体育赛事运作管理中的重要作用，并不是要求所有赛事都需要做同样复杂、深入和细致的总结评估工作。体育赛事评估和赛事运作管理的其他工作一样，需要耗费时间、金钱和人力，一样要受到赛事运作管理机构所拥有资源的限制，因此，对体育赛事评估的时间、程度、范围都应该有合理的、必要的限定，并非越深入、越细致、越全面就越好。对于小型的体育赛事而言，总结评估可能只需要通过一次内部人员总结会议来完成；而一般规模的体育赛事则可能需要由各部门工作总结再到整个机构的工作总结评估；对于大型体育赛事而言，如何进行科学、准确的评估则是一项任务繁重、难度很高的工作，需要建立完整的评估系统，有时还需要聘请咨询公司或者专业顾问来进行总结评估。

此外，体育赛事评估并非都是在赛事运作收尾阶段进行，在体育赛事运作管理过程当中有时也需要进行评估。运作管理过程中的评估偏重检查赛事工作进度是否与计划相符，同时还需关注赛事内外部环境是否变化，运作目标与计划进度是否应该调整等；而赛事运作收尾阶段的评估更加着重于经验和教训的总结，以及对人员的绩效考核。比起体育赛事运作中的评估来说，体育赛事运作收尾阶段的评估更加细致、深入和全面。我们在以下部分将主要围绕体育赛事运作收尾阶段的评估进行阐述。

二、体育赛事评估的对象与内容

（一）体育赛事评估的主要对象

体育赛事评估的对象一是事，二是人。所谓“事”是指对体育赛事运作本身优劣得失的评价，所谓“人”则主要是指对体育赛事运作管理机构工作人员的绩效评价。

对体育赛事运作本身的评价也应该从两个角度着手。其一是从战略的角度对赛事运作进行衡量；其二是从策略的角度对赛事运作进行评估。从战略的角度对赛事运作进行评估，是指将赛事运作放在运作管理机构运营乃至举办地发展的整体背景中去总结和评价，需要评估的问题至少包括：赛事选择是否正确？赛事运作目标与运作管理机构经营战略是否有明确的联系？赛事运作是否得到了主办单位、主管单位、当地政府的足够支持？赛事运作取得了怎样的经济效益和社会效益？从策略的角度对赛事进行评估，则侧重于对赛事运作管理水平和效果的衡量，需要评估的问题至少包括：赛事运作计划与控制系统是有效的吗？赛事运作是否按计划、按预算进行？超出或者节约的原因是什么？赛事运作在组织机构、人力资源、财务管理、市场开发等各方面有何经验和教训？

对体育赛事运作管理机构工作人员的绩效评价分为对个人的绩效评价和部门（或者团队）的绩效评价。个人绩效、团队绩效和组织绩效实质上是自下而上的三个层次，赛事运作整体的效率与效果归根结底来自于赛事运作管理机构中工作人员的努力，因此对赛事的评估离不开对个人绩效的评估。同时，在赛事实际运作中，有许多工作很难明确界定为某个人的绩效，而更多的是以部门（或者团队）的绩效体现和反映出来，因而需要对部门（或者团队）的绩效进行评估。对个人及部门（或者团队）的绩效评价一方面有利于赛事运作管理机构总结赛事人力资源配备与管理上的经验与不足，一方面也为表彰和奖励工作人员提供了客观依据。

（二）体育赛事评估的主要内容

我国现阶段还缺乏对体育赛事评估的完善的科学评价体系，更多的评估是从总体上进行一些较为模糊的评价。目前主要的评估内容有：竞技水平、经济效益、政治效益等。

1. 体育赛事竞技水平的评估

竞技比赛自始至终是体育赛事的核心，因此竞技水平的高低反应了体育赛事的水平。对竞技水平的评估主要是对竞技成绩进行纵向与横向的比较分析。首先是与历史上同类赛事的竞技水平相比是否有大的提高或降低，其次是与当前国内外同类优秀运动员水平相比是否有提高或降低。对原有竞技项目成绩的打破是衡量竞技水平的重要指标，当然还有对赛事整体竞技水平的综合考量。

2. 体育赛事经济效益的评估

经济效益主要是指体育赛事运作管理机构具体的经济收益，包括现金以及物品的折算。主要是通过经济核算的方法，即总的赛事收益减去总的承办成本。此外，体育赛事，尤其是大型综合性运动会对举办地经济会有重大影响，并产生直接或间接的经济效益，但我国现阶段对此方面的评估大多数只停留在定性分析上，缺乏科学系统的定量指标。

3. 体育赛事政治效益的评估

政治效益的评估在我国体育赛事评估中占有重要的地位，这和我国竞技体育的举国体制不无关系。无论是赛事主办单位，赛事运作管理机构，赛事举办地政府对于赛事所产生的政治效益都十分关注。对政治效益的评估涉及面相当之广，比如上级领导认可度、群众反映、媒体报道数量和评价等方面来体现。

4. 体育赛事总体社会效益的评估

我们介绍了体育赛事常见的评估内容，但并非所有的赛事评估都需要进行包罗万象、面面俱到的评估。在实际运作中，赛事评估的具体内容应该根据不同利益相关者的评估需求而定。比如，主办单位重点关注赛事自身发展问题，期望赛事评估能回答以下问题：是否达到了促进体育项目发展的目标，是否在以往的竞技水准上有了进一步提高，参赛队伍在数量和水平上有何变化等；而赛事赞助商的评估需求则主要在于与商业赞助紧密相关的内容，诸如现场观众数量、媒体报道情况、电视转播覆盖范围及收视率等，对赛事所创造就业机会的评估需求则不大。因此，在为不同利益相关者提供评估服务、递交评估报告时，事先了解他们各自的评估需求，有利于有的放矢地做好赛事评估工作。

目前我国对体育赛事的评估无论是在内容还是在方法上都不成熟，没有形成完整的评估指标体系。随着我国经济的发展，在体育赛事评估经验上的积累，以及与国外同类工作的接轨，尤其是2008年奥运会在北京的举行，我国的体育赛事评估体系将会逐步建立起来。

三、体育赛事评估的程序与方法

（一）体育赛事评估的基本程序

1. 人员配置和启动

评估的第一步是要确定由谁来进行评估，即对参加评估的人员进行配置，这通常由赛事规格、赛事规模、赛事运作管理机构性质等因素决定。评估的启动应尽量保持平稳，最好是让评估成为一项为众所皆知的制度，而不要使评估被人视为突如袭来的风暴。平稳的评估启动有利于营造良好的评估气氛，让所有参与评估的人员意识到评估的目的在于不断地改善与发展，而不是对个人的攻讦和打压。正因为评估结果最终总是会与个人绩效和部门（或者团队）的绩效联系起来，保持评估过程和结果的公正与客观十分重要，却又相当困难。在选择评估人员时要尽可能周全考虑，一方面需要熟悉具体业务流程和从事实际运作的工作人员参与评估，一方面要保证负责评估过程的管理者的独立性，以尽可能保持客观公正。对于某些技术性很强的评估工作可委托专业公司进行，以保证评估质量，比如，第九届全国运动会期间，赛事运作方就委托央视咨询调查中心对全国省级、省会电视台共56个频道对第九届全国运动会电视报道情况进行监测，赛事结束后，央视咨询调查中心向赛事运作方提供了详尽的监察报告。

2. 数据资料收集和分析

对赛事的评估必须以事实为基础，以数据为依据，数据资料的收集和分析是决定评估质量与水准的关键环节。首先要明确需要哪些方面的数据和资料；其次是如何、何时、通过谁以及何种方式收集这些数据和资料；然后才是采用何种技术或方法来对数据和资料进行分析。尽管我们将数据资料收集和分析作为赛事评估过程的第二步，但在实际操作中，富有经验的赛事运作管理机构善于建立数据资料收集机制，从而能够在赛事运作全过程有效收集到各种数据和资料，比如，通过门票登记制度收集观众信息，通过要求各部门提供工作月报表来收集部门运作信息等等，这样会使评估阶段的数据资料收集工作事半功倍。

3. 撰写总结评估报告

在收集、分析赛事运作相关数据的基础上，就可以形成一个最终的赛事总结评估报告。这个过程的复杂程度会因为赛事规模的不同而差异很大。对于小型赛事而言，可能只需要一个工作人员 2~3 天的时间便可以完成完整的总结评估报告；对于大型综合性赛事而言，则可能是一个由工作团队至部门内设处室，再到部门，然后再由办公室或者文秘部门进行统一整理、汇总、修改，再经管理层审核批准，最后才形成最终报告的复杂过程。评估报告应该既包含定性又包含定量部分，尤其是后者需要给予重视和强调，尽可能地用数据和事实说话，避免评估报告空泛、浮夸的现象。

（二）体育赛事评估的常见方法

1. 书面描述法

书面描述法是最简单的评估方法，评估者通过观察、监测、分析，运用叙述性的语言，描述赛事运作的整体概况、效益、影响、经验和教训等，以赛事运作管理机构人员及部门（或者团队）的绩效等。这种方法在小型赛事中运用得最为普遍，但对于复杂的赛事运作来说，这种主要依赖于评估者个人分析与写作能力的评估方法则过于局限。

2. 关键事件法

关键事件法是一种基于行为表现的评估方法。评估者将注意力集中在那些区分有效和无效工作的关键行为方面。它包含三个重点，其一是观察，其二是记录，其三是判断何为决定工作成败的关键行为。关键事件法主要用于对个人工作绩效的实时监测和及时反馈，也可以用来对赛事运作流程是否合理、高效进行评估。它更适用于赛事运作过程中的评估，有助于改善赛事运作流程，提高人员运作效率，而对于赛事结束阶段而言，关键事件法则较少使用。

3. 评分表法

评分表法是体育赛事评估中常用的评估方法，它主要用于评估过程中对赛事利益相关者对赛事的态度、认知、情感的调查与了解。常见的评分表被设计为五点量表，每个定位点用来代表受调查者对叙述句的认可或不认可程度有多强烈。比如，针对赛事现场管理工作进行评估的评分表（表 11.1）：

表 11.1 赛事现场管理工作评分表

	优秀（5）	良好（4）	一般（3）	较差（2）	差（1）
停车场所			3		
入场管理		4			
食物质量		4			
……					

评分表法的优点在于比较客观，对于评估者的依赖比较少，而且便于做定量统计和分析；它的难度在于评分表中评分因素的设置，而且参与评估者只能给出简单的评分，无法就具体事件给出更为详细的信息。

4. 会议评估法

会议评估法是通过召集赛事运作的利益相关者参加会议，请求他们对赛事运作提供评价。无论是主办单位领导、政府机构官员、赞助商代表、媒体记者、普通观众都可以被邀请参加赛事评估会议，听取他们各自对赛事运作的评价，而这样的会议是举行一次还是一系列，需要视赛事的规模和复杂程度而定。采用会议评估法时，为了避免会议冗长、混乱、无序，要事先拟出评估清单，事先提供给参加会议者，使他们对会议主题和议程有所了解和准备。此外,会议评估法对于主持会议者的素质要求比较高,他必须能够把握会议节奏，引导与会者踊跃发言，营造会议气氛等。

体育赛事评估的方法还有很多，只单独使用一种评估方法很难达到好的效果，通常需要针对评估对象和评估内容选择不同的评估方法，才能达到更好的评估效果。

第二节　体育赛事的收尾

一、人员致谢与表彰

赛事收尾阶段，应该向体育赛事运作管理的外部机构及人员致谢，而对赛事运作内部机构及人员也应表示感谢并予以表彰。这样做的意义在于：维系与外部利益相关者的良好关系，保持运作管理机构的良好形象，肯定内部工作人员的价值与成就，激励他们在将来的工作中更加努力。

致谢的对象通常包括主办单位、政府部门、媒体记者、赞助商、捐赠者、志愿者等。表彰的对象包括直接参与赛事运作的机构及个人。以第九届全国运动会为例，表彰的单位包括广东省体育局、广东省公安厅、中共省委办公厅、广东省人民政府办公厅、中共广东省委组织部、中共广东省委宣传部、广州市公安局等数十个单位及数百名运动员、教练员及工作人员。

致谢与表彰的方式多种多样，并非一定是所费不赀，应该从赛事的规模、规格、预算以及致谢与表彰的对象等多方面进行权衡和考虑，加以选择和创新。比如，对于志愿者的表彰更倾向于荣誉而非物质，设计独特、制作精美，并且有赛事主办单位高层领导签名的致谢信便是一种向志愿者表达衷心谢意的良好方式；对于赞助商不防举行一次隆重的商务酒会或者宴会，在致谢的同时也有利于增进彼此的关系，为将来可能的合作打下基础；对于工作人员来说，轻松的聚餐或者晚会有利于消除长期以来紧张工作的压力，适当的物质奖励能更好地激励他们投入到下一阶段的工作中去。无论是何种方式的致谢或表彰，要想达到预期的良好效果，关键在于让致谢及表彰对象感到自身有价值、被认可、受重视以及公平。

二、文件归档

世界上每个国家都重视从历史特别是现代历史中寻求借鉴的经验教训。人类历史的发展具有延续性，档案在历史发展中起着传媒、承载信息的纽带作用，档案是历史文化的积淀。国际档案理事会主席库克诺曾说“本世界以来，档案观念方面的最大变化就是档案工作作为司法行政的附属物开始向档案作为社会文化财富的观念转变”。的确，档案是人类历史活动的真实记录，是人类文化的载体，是人类社会的宝贵财富。

对于体育赛事来说，档案管理同样是赛事运作中一项基础性的工作，也是一项重要的保障性的工作。在赛事结束阶段，对赛事整体运作的各类文件进行整理、归档不仅是体育赛事运作管理机构未来运营的需要，而且是我国体育赛事乃至整个体育事业发展的需要。这里所说的需要归档的文件是指在赛事筹备和举行全过程中形成的具有保存利用价值的各种文字、图表、账册、音像、电子文件、实物等不同形式的历史记录。

无论是何等规模、何种类型的赛事，都应该对文件归档范围及要求作出明确规定，以便于各工作部门及人员在收集、整理、移交文件时有章可循。在制定文件归档有关规定时，需要依据《中华人民共和国档案法》及国家体委于 1986 年制订的《体育档案工作管理试行办法》，参考其他赛事归档方法，同时要注意结合赛事自身特点。

文件归档的基本要求至少应该包括以下几点：

1. 归档的各类文件应该齐全完整。针对不同类型的文件定出归档范围，如会计档案的归档范围一般包括会计凭证类、会计账簿类、财务报告类。

2. 归档的各类文件应签署完备，保证归档文件的合法性、有效性。

3. 归档的各类文件应该真实可靠，数据不得擅自涂改。

4. 归档的各类文件的制作材料应有益于长期保存，书写材料不得使用圆珠笔、纯蓝和红墨水等易于褪色的书写材料，对已形成的字迹模糊或者易褪变的归档文件应进行复制。

5. 电子文件应与对应的其他载体形式的文件材料一起归档；音像材料（包括照片、底片、录音带、录像带等）和实物应与文字说明一起归档。

6. 归档文件的整理应系统、规范，应针对文书、音像、实物、会计、工程等不同类型与性质的文件制订不同归档规则及制度。

7. 配备适宜的档案用房和设施，应该符合防盗、防光、防高温、防火、防盗、防尘、防鼠、防虫等标准及要求。

三、财物处置

赛事结束后，应尽快对设备、器材、办公用品进行妥善处置。所有登记在册的固定资产，赛事结束后，应按照“谁发放，谁回收”的原则负责清点回收，回收的固定资产应妥善保管。发现固定资产损坏、遗失应注明原因，报管理层批准并依财务程序办理消账手续。回收的固定资产由使用部门提出处理意见报管理层审批后调拨有关部门使用。赛事结束后，赛事运作管理机构各部门负责经管物资的人员，必须在统一规定的时间内办理分管财产物资的交接手续。

四、财务报告

财务报告是通过会计语言反映一个组织一定时期运营状况和经营业绩的一种形式，它能将专业的会计知识转化为容易理解的通用知识，传递关于组织经营的相关信息，为决策者提供支持。在体育赛事的收尾阶段，要尽快做出赛事的财务报告，以了解整个赛事运作的收支及赢利情况。要达到这个目标不能只依靠最后几天的加班加点，它有赖于赛事运作管理机构日常健全的财务管理制度，能保证财务报表的定期更新，这样才能在比赛结束后的最短时间内得出准确详尽的财务报告。财务报告中不仅应该包含财务报表，也应该涵括相关的非财务信息。其中财务报表一般包括资产负债表、收益表和现金流量表，而非财务信息则包括对各种与财务报告有关的重要因素的介绍。

尽管财务报告中的主要内容是财务报表，但要注意财务信息只是用来了解赛事运作实际情况的工具之一，而并非是最终目的，因此要避免“就数据论数据”，应该将财务信息与非财务信息结合起来。在具体分析过程中，要善于静态与动态结合、过去与未来结合、财务与业务结合、微观与宏观结合、时间与空间结合、赛事个体与行业整体结合，使财务报告能为赛事运作管理机构、赛事主办单位、政府机构及其他相关利益者提供更多有关赛事运作的信息，为他们未来的决策提供参考和帮助。比如，对赛事运作收入结构进行财务分析时可从多种角度着手，既可以与上一届赛事进行纵向对比，也可以与同性质或者同规模的赛事做横向比较，分析收入结构的特点，产生原因，有何优势或者劣势等等。

财务报告对于体育赛事运作管理机构而言是一项管理与决策的工具，对于政府、投资者、公众而言则是一种监督与控制的方式，无论是编制赛事运作的财务报告，还是对财务报告进行分析，都必须遵循“合理合法”的原则，要遵守《中华人民共和国会计法》《企业会计制度》《企业财务会计报告条例》等相关法规条例，要遵循公认的会计原则。财务报告编制完毕后，经同级审计部门审核后，需报主办单位、体育行政管理部门、举办地政府备案。

本章思考题

阅读本章相关链接二，你认为对于不同规模和性质的体育赛事而言，应该如何界定赛事评估的范围、深度以及细致程度？

本章练习题

1. 体育赛事收尾阶段有哪些主要工作？它们的重要性如何？

2. 文件归档对于体育赛事运作管理有何意义及作用？

相关链接一

大型运动会档案管理办法

（1996年10月11日）

第一章 总则

第一条 为加强大型运动会档案的管理，根据《中华人民共和国档案法》和《机关档案工作条例》的有关规定，结合运动会的实际情况，制订本办法。

第二条 大型运动会（以下简称运动会）档案系指由国家体委主办，委托省、自治区、直辖市承办的全国性或洲以上的综合性运动会及其他重大国际比赛过程中形成的，具有保存价值的各种载体的文件材料（包括照片、录音带、录像带、软盘、实物等），运动会档案真实地反映运动会历史全貌，是国家体育事业的宝贵财富。

第三条 运动会档案应由组委会各业务部门收集齐全并进行整理，交组委会办公室集中统一立卷，任何单位或个人不得据为己有或者拒绝归档。

第四条 运动会筹办、承办过程中形成的各种专门档案（包括会计、基建、科技等文件材料）均按国家有关规定进行立卷归档。

第二章 档案人员的配备及其职责

第五条 运动会筹委会、组委会应根据工作需要，及时配备熟悉档案业务的档案人员负责运动会档案工作，按时向国家体委移交档案。档案人员隶属组委会办公室，组委会应明确一名办公室领导分管档案工作。

第六条 组委会各部、室、委员会及各赛区秘书处的文秘人员应具备档案业务知识，负责本部门文件材料的收集及整理，确保本部门文件材料的完整，会后及时向组委会办公室移交。

第七条　国家体委办公厅档案处负责监督、指导运动会档案工作，协助本办法的实施。

第八条　运动会档案人员应忠于职守，深入实际，确保运动会档案全宗的完整、齐全。

第三章　档案的管理

第九条　运动会组委会应配备适宜保存档案的装具和必要设施。

第十条　对重点和珍贵档案，以及由于保管条件恶劣可能导致不安全或者严重损毁的档案，须及时采取措施，加以保护。

第四章　归档范围

第十一条　根据运动会的机构设置和工作职能确定以下归档范围。运动会组委会档案部门可根据运动会实际情况进行补充或调整，各部、室、委员会及各赛区档案人员可参考此范围确定本部门的立卷类目。

（一）办公室

1. 国务院、国家体委或国际体育组织关于批准承办运动会的批复文件；

2. 组委会部长例会、办公会议纪录；

3. 组委会工作计划、重要活动方案、会议纪要、每日动态、情况简报、信息汇编、大事记；

4. 筹委会、组委会领导成员名单；

5. 党和国家领导人为运动会的题词、贺词、讲话、指示、开幕词、闭幕词；

6. 运动会期间向中央领导的请示报告、电话记录；

7. 开、闭幕式及其他重大活动主席台座席安排，中央领导的活动日程安排；

8. 运动员、裁判员代表讲话、誓词；

9. 重要人民群众来信及处理意见；

10. 票务工作文件材料；

11. 运动会工作人员手册；

12. 审计工作材料；

13. 组委会工作总结。

（二）竞赛部

1. 竞赛规程总则；

2. 总秩序册；

3. 竞赛总日程表；

4. 运动员资格审查办法；

5. 运动员报名手册、技术代表、技术官员、运动员名册；

6. 竞赛纪律的有关规定；

7. 抽签工作方案；

8. 破世界纪录审批、公布办法，宣传口径，破世界纪录成绩公告；

9. 各项目创世界、亚洲、全国最新纪录成绩单及申报批准材料；

10. 颁奖工作方案；

11. 奖牌、奖杯设计及制作方案、合同书及实物；

12. 审定场地、器材、计时记分设备的文件；

13. 选派、培训裁判员，建立仲裁委员会，确定裁判长（总裁判）、副裁判长（副总裁判）文件；

14. 总成绩册，每日成绩公告；

15. 竞赛部情况简报；

16. 竞赛部工作总结。

（三）宣传部

1. 运动会宣传、报道工作意见，宣传工作计划、总结；

2. 经审定批准采用的运动会会徽或标志设计方案及实物；

3. 设计、制作会旗的方案及实物；

4. 运动会吉祥物设计、制作方案及实物；

5. 征集、评选运动会会歌文件，会歌原稿及运动会入选歌曲录音带；

6. 举办体育美术、邮品、摄影展览文件材料；

7. 接待境内外记者方案，经国家体委确定的记者名额分配名单；

8. 比赛场馆、运动员住地宣传布置方案；

9. 比赛场馆的广播宣传材料；

10. 新闻发布会的组织、重大问题的宣传口径、宣传口号及标语；

11. 为运动会编印的画册、宣传画等宣传材料；

12. 宣传部工作总结。

（四）外联部

1. 协调会、联络员会议材料；

2. 对外联络工作计划、安排、总结；

3. 外宾、贵宾名单，邀请书及接待安排；

4. 会谈纪要；

5. 重要活动及大型宴会方案；

6. 外联部工作总结。

（五）行政部

1. 内宾接待工作计划、方案；

2. 车辆调度方案；

3. 行政用品购置计划；

4. 行政部工作总结。

（六）集资部

1. 集资方案及实施情况报告；

2. 广告专利工作文件；

3. 接受国内外捐赠等集资活动中形成的文件材料；

4. 集资情况汇报、统计资料；

5. 集资部工作总结。

（七）财务部

1. 运动会预、决算；

2. 经费分配方案；

3. 有关财务经费、开支标准的规定及实施细则；

4. 财务、财产的管理工作中形成的文件；

5. 财务凭证、账簿；

6. 财务部工作总结。

（八）人事部

1. 组织机构设置和人员编制方案、职责范围；

2. 各部、室、委，各项目委员会人员名册；

3. 干部任免及人员调配材料；

4. 核发各部工作人员补贴的办法；

5. 人事部工作总结。

（九）大型活动部

1. 开、闭幕式方案和实施意见；

2. 团体操编排方案、工作安排；

3. 火炬点燃、传递活动方案、照片；

4. 其他各种大型活动的揭幕仪式、落成典礼的活动安排及工作方案；

5. 大型活动部工作总结。

（十）安保部

1. 安全保卫工作计划，开、闭幕式及其他大型活动保卫方案；

2. 消防工作实施方案；

3. 设计、制作、审核、发放及管理各种证件的文件；

4. 安保部工作总结。

（十一）交通部

1. 运动会道路交通保障安全计划及实施方案；

2. 开、闭幕式交通保卫实施方案和交通管理的文件，开、闭幕式车辆通行证；

3. 交通部工作总结。

（十二）医务部

1. 运动会自疗救护、医疗保障工作安排及情况报告；

2. 运动会饮料食品卫生管理要求和实施情况汇报；

3. 医务部工作总结。

（十三）技术部

1. 计算机系统、计时记分系统和通讯项目的工作方案、协议书、委托书、技术服务合同；

2. 运动会注册工作、竞赛数据、成绩公报技术流程图；

3. 比赛场馆电脑管理、设施布局、设备购置文件；

4. 计算机服务系统技术手册、使用指南；

5. 技术部工作总结。

（十四）兴奋剂检测中心

1. 兴奋剂检查条例；

2. 禁用药物手册；

3. 兴奋剂检测人员培训材料；

4. 配置检测器材、仪器及试剂的文件材料；

5. 兴奋剂检查结果及形成的材料；

6. 兴奋剂检测中心总结。

（十五）广电委

1. 购买运动会电视转播权的文件、合同；

2. 广电委工作计划；

3. 电视转播安排；

4. 开、闭幕式及大型活动录像；

5. 接待境内电视记者、电视中心的管理等文件材料；

6. 广电委工作总结。

（十六）临时机关党委

1. 运动会思想政治工作计划；

2. 运动会“精神文明奖”评选办法、名单；

3. 思想政治工作情况简报；

4. 临时机关党委工作总结。

（十七）各竞赛项目委员会

1. 各项目运动员报名表及报名要求；

2. 各单项竞赛规程、秩序册、成绩册；

3. 训练安排；

4. 颁奖工作方案；

5. 订购器材、设备计划，审核场地器材工作文件；

6. 竞委会工作计划、总结。

（十八）增设机构所形成的有关文件材料

第五章　档案的整理

第十二条　分类

运动会档案按照一个独立的全宗进行整理、保管和移交，采用组织机构——年度分类方法，档案保管期限定为永久。

第十三条　立卷要求

（一）应遵循文件的自然形成规律，保持文件之间的有机联系，灵活运用问题、名称、通讯者、时间、作者、地区六个特征组卷。

（二）卷内每份文件的正件与附件、正本与定稿、请示与批复、转发件与原件、原件与译文、多种文字形成的同一文件、文件和电报应统一立卷，不得分开。卷内文件按照正件在前、附件在后；正本在前，定稿在后；批复在前，请示在后；译文在前，原文在后排列，其他文件按重要程度或时间顺序排列。

（三）卷内文件应用铅笔在有文字的每页材料正面右上角、背面左上角编号。

（四）用钢笔填写或用计算机登记卷内目录（包括顺序号、文号、责任者、题名、日期、页号、备注七项），卷末填写内备考表，写明卷内需要说明的问题，签上立卷人、检查人（部门领导或档案部门负责人）姓名及立卷的时间。

（五）卷内文件材料去掉金属物，对破损文件及时修补。

（六）案卷封面各个项目齐全、字迹工整、清晰，案卷标题应简明、准确。

（七）以全宗为单位按照组委会机构排列顺序编制案卷目录，设一个流水号，案卷上当由封面、目次、案卷目录顺序组成。

（八）组委会应编写运动会组织沿革和全宗介绍，详细介绍运动会组织沿革、档案内容、门类、数量、分类方法、起止日期、档案的完整程度，整理、交接情况，档案有无损坏等。

第六章　档案的移交

第十四条　运动会档案原稿存承办单位，正本移交国家体委一套，无正本的重要文件存复印件。

第十五条　承办单位须在运动会结束半年内派专人向国家体委办公厅办理档案移交手续(附交接文据式样)。

第十六条　承办单位应将全套运动会档案，运动会组织沿革、全宗介绍及卷内目录、案卷目录（或全引目录）各二套移交我委。

第十七条　本办法自印发之日起施行，原1986年4月制订的《国家体委办公厅关于移交全国综合性运动会档案的有关规定》同时废止。

相关链接二

悉尼奥运会对澳大利亚经济发展的影响

1. 课题的组织和研究方法

澳大利亚新南威尔士州政府在悉尼奥运会申办成功以后，责成州政府财政部和塔斯曼尼亚大学地区经济分析中心共同研究筹备和举办2000年悉尼奥运会将会给新南威尔士州及全澳大利亚带来的经济影响。

课题组确定从经济活动（Economic activity）和经济福利(Economic welfare)两个维度来研究悉尼奥运会的经济影响。在奥运会的影响方面主要选定3个指标，即奥运会活动、建设活动、国外游客影响。

经济活动主要包括：实际家庭消费、产业产出、实际投资、出口、各产业就业、各职业劳动力需求、价格作用、政府收入等。

奥运会活动——指从2000年9月15日起的两周内运动会本身的运行，以及奥运年的某些筹备工作，如推广和门票销售等。

建设活动——筹备好举办奥运会所必须的基础设施建设，包括体育场馆、与会者的住所、媒体及官员服务设施以及运输和旅游设施的改建等。

国外游客影响——访问悉尼和澳大利亚其他地方的国外游客人数的增加，包括参与运动会活动的人数（如，观众）以及由于澳大利亚国际形象的提升而引起的游客人数的增加。

时间跨度分为：奥运筹备期（1994/1995年度—1999/2000年度）、奥运年（2000/2001年度）、奥运后期（2001/2002年度—2005 / 2006年度）。

在研究中，课题组采用了“多地区经济分析模型”（MMRF

Model）进行预测分析。该模型揭示了澳大利亚 12 个产业、联邦政府、州政府、8 个州的投资者及一户有代表性的家庭的经济行为。该模型认为 8 个州的经济是通过各州间的物品和生产要素（尤其劳动力要素）的运动相互联系的。该模型包含 27500 个方程式，涉及 50000 多个指标。模型包括 5 个模块：

（1）核心模块——测定地区不同产业产出及这些产业对物品及要素投入、国际和各州间测定 8 个州的进出口、地区家庭需求、政府需求及要素和物品价格。

（2）政府财政模块——计算联邦政府和各州政府收入及费用增长情况。模块还利用核心模块的指标从收入和支出角度测定 8 个州的 GDP 及家庭收入情况。

（3）资本及投资模块——测定资本股票和年度投资变化之间的关系。

（4）外债积累模块——测定外债变化情况。

（5）劳动力市场及地区移民模块——计算人口自然增长情况及外国和地区间移民情况，并与劳动力供应相联系。

课题组首先估算奥运会活动（奥运会活动、建设活动、国外游客影响）对不同产业产生的直接经济影响，之后将这些直接经济影响作为投入，运用多地区经济模型进行模拟，以估算奥运会活动的总体影响，包括直接和间接经济影响，见下图。

2. 举办悉尼奥运会的投入分析

1996~1997 年度新南威尔士预算报告确认 2002 年以前，政府对奥运会的工程投资为 19.1 亿美元。其中许多投资是 1994 年以前完成的，本课题只列举 1994 年以后的政府投资。因此政府为奥运会工程投资为 12.2 亿美元。私人奥运工程项目投资为 12.489 亿美元，奥运会工程建设投资为 25 亿美元。悉尼奥运会的运转（Operation）费用为 14.36 亿美元（1995~1996 年度美元价格），若以 1990~1991 年度美元价格计算，则为 12.94 亿美元。

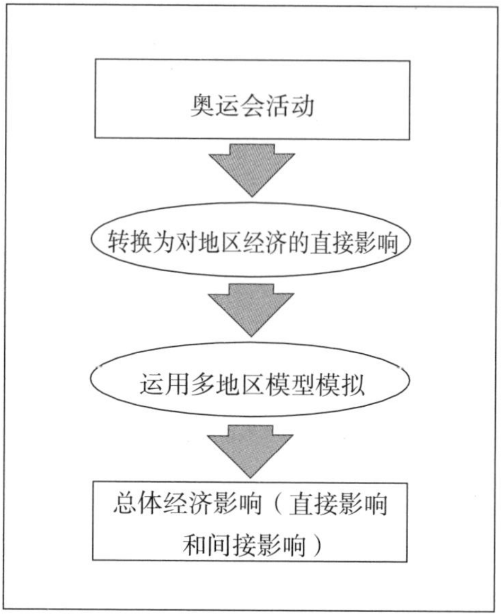

悉尼奥运会的劳动力成本为 7670 万美元（1990~1991 年度美元）。

3. 悉尼奥运会经济影响分析

3.1 悉尼奥运会总体经济影响分析

课题组经过认真科学的研究和测算，认为悉尼奥运会将给澳大利亚，尤其是新南威尔士州带来显著的经济影响。例如在筹备期，新南威尔士州每年 GNP 将增加 7.5 亿美元，奥运年则达到 17 亿美元，并在奥运年创造 24000 个专职工作机会。奥运会将使投资适度增加（尤其筹备期），在奥运年出口也将显著增长。悉尼奥运会尤其会对新南威尔士州的各类产业产生积极的影响，在奥运筹备期产业产出将提高 1.5%，奥运年达到 2%。举办悉尼奥运会将使澳大利亚 GDP 增加 63.5 亿美元（其中新南威尔士州 63 亿美元）（1995~1996 年美元价格），使澳大利亚实际家庭消费增加 37 亿美元（其中新南威尔士州增加 31.25 亿美元），额外累计提供 9.9 万个专职工作机会。

3.2 对悉尼奥运会不同阶段的经济影响分析

3.2.1 悉尼奥运会筹备期经济影响分析

在奥运会筹备期，奥运会大约每年拉动 7 亿美元的总需求，其中 60%来自于奥运会建设，其余则来自于旅游。

悉尼奥运会对澳大利亚和新南威尔士州建筑业的影响远比其他产业大，新南威尔士州建筑业产出要比不举行奥运会增加 1.55 个百分点，而澳大利亚建筑业产出则增加 0.54 个百分点。劳务业是第二个积极影响比较大的产业，这是由于该产业承担了为外国游客提供服务的任务。

3.2.2 悉尼奥运会举办年奥运会经济影响分析

奥运会年当中，奥运会对澳大利亚的经济产生实质性刺激。奥运会使澳大利亚 GDP 增加 0.27 个百分点，即 15.5 亿美元（1995~1996 年美元价格）。新南威尔士州是奥运年最大的受益者，其 GSP 将增加 17 亿美元，已超过澳大利亚 GDP 增加的 15.5 亿美元。在奥运年新南威尔士州实际家庭消费预计将增加 3.5 亿美元，其他州将增加 1.9 亿美元。

奥运年将额外给新南威尔士州带来 24000 份专职工作，给其他州带来 5000 份专职工作。

奥运年对劳务产业、运输与通信业及建筑业积极影响最大，分别拉动 1.12%、0.99%和 0.63%的产出。对新南威尔士州上述产业的影响甚至更大。在新南威尔士州，唯一造成负面经济影响的产业是矿业。

3.2.3 悉尼奥运会后期奥运会经济影响分析

悉尼奥运会后期的主要经济特点表现在以下几个方面：

- 奥运会诱发的国外入境旅游将继续发挥作用
- 国外对澳大利亚制造的物品需求将少量增加
- 澳大利亚劳动力生产率将少量增加

● 如果可能，将对国外借款进行偿还

奥运会后期阶段（2001 / 2002 年度~2005 / 2006 年度）奥运会将每年使澳大利亚 GDP 增加 0.07 个百分点（大约 4 亿美元），这主要是举办奥运会的经验使得澳大利亚的劳动生产率得到提高的缘故。奥运会后期在就业方面没有什么变化，但劳动生产率（0.05%）的提高使得澳大利亚劳动力的生产效率水平得到提高。

奥运会后期，奥运会将使新南威尔士州 GSP 增加 0.20%，即增加 4.25 亿美元，略多于澳大利亚全国 4 亿美元的水平。国外游客数量的增加主要集中在新南威尔士州，游客支出 50%集中在新南威尔士州。

奥运会后期运输与通信业、劳务业由于受奥运会驱动的旅游业大发展仍然呈现良好的发展势头，而建筑业的产出则比筹备期和奥运年有明显的下降。

4. 新南威尔士州商会对悉尼奥运会经济影响的评估

1996 年新南威尔士商会也开始对悉尼奥运会的经济影响进行了研究，在奥运会结束后的 2001 年向外界公布了其研究结果，主要结论如下。

第一阶段：（准备与建设阶段）1994~1995 年至 1999~2000 年

这一阶段与奥运会直接相关的经济影响包括两个方面，一个方面是在奥运场馆建设和基础设施建设方面 33 亿美元的支出。其中 10 亿美元的合同是与新南威尔士州的公司签订的。另一方面来自国外旅游者的支出。从 1997~2000 年的四年间，额外有 170 万国外游客访问澳大利亚，其中大部分是 2000 年来澳大利亚的。同期，每年就业人口增加 11000 人。

第二阶段：奥运年（2000~2001 年）

2000 年 9 月，有 406500 国外游客来到澳大利亚，比 1999 年 9 月增加 15%。2000 年 9 月所在季度，奥运会使澳大利亚物品和服务出口增加 13 亿美元，其中包括电视转播权、奥运门票销售、观看或参加奥运会的国外游客、运动员等的支出。2000 年 12 月所在季度，出口又恢复到正常水平。

奥运会期间，承包商大约额外雇用了 65000 人从事安全、运输及后勤服务等方面的工作。

【国家体育总局体育科学研究所 www.ciss.cn】

主要参考文献

1. Richard B. Chase, F. Robert Jacobs and Nicholas J. Aquilano, Operations Management For Competitive Advantage, McGraw Hill, 2004
2. Philip Kotler, Marketing Management, Pearson Education, 2003
3. Stephen P. Robbins, Organizational Behavior, Pearson Education, 2005
4. David Carter and Darren Rovell, On the Ball, Financial Times Prentice Hall, 2003
5. 杰克·吉多，詹姆斯P. 克莱门斯. 成功的项目管理. 北京：机械工业出版社，1999
6. 克利福德·格雷，埃里克·拉森. 项目管理教程. 北京：人民邮电出版社，2005
7. 罗杰·施罗德. 运作管理. 北京：中国劳动社会保障出版社，2004
8. 约翰·艾伦，等. 大型活动项目管理. 北京：机械工业出版社，2002
9. 查尔斯·布彻尔，马奇·克洛迪. 体育运动管理. 北京：清华大学出版社，2005
10. 梁晓龙，鲍明晓，张林. 举国体制. 北京：人民体育出版社，2006

11. 斯特德曼·格雷厄姆，莉萨·德尔匹·尼罗萨，乔·杰夫·戈德布拉特. 体育营销指南. 北京：中信出版社，2003
12. 费雷泽 P.西泰尔. 公共关系实务. 北京：机械工业出版社，2004

后　记

体育赛事的规程与规则是相对不变的，但举办体育赛事的环境会因举办地经济、社会、文化等背景，特别是组织者的水平和能力不同而发生较大的变化，作者回顾在不同的地区参与各类的体育赛事组织工作的历程，体会最深的就是必须满足赛事涉及的各个方面不同的需求，所以提出“创新与服务”是体育赛事运作者永恒的宗旨。由于办赛环境不同，我们必须不断创新，随着参赛各方条件与需求不同必须做好服务。这应该是体育赛事运作者应充分注意的问题。

《体育赛事运作管理》力图在体育赛事运作过程中给予读者和实务工作者一些启示，力求让大家在运作体育赛事时有所借鉴。为了做好服务读者的工作，作者总结本人实践中的一些成功案例，编撰了《体育赛事运作案例精选》，作为本书的补充。以期达到了解体育赛事组织规律，掌握体育赛事运作脉络，对读者学习和从事体育赛事运作时有所帮助的目的。

上海体育学院良好的氛围、严谨的办学治校方略，我国第一个体育赛事运作硕士点的建设，将体育赛事作为管理学科建设的突破口等等，是我努力工作的动力。姚颂平院长，包括前任党委书记于信汇教授在内的院、系、教研室领导，我的老师张林、鲍明晓教授以及同事们给予了亲切关怀；国家体育总局有关方面的领导及许多同行给予了鼓励；江苏东恒文化体育产业发展有限公司董事长马卫平、总经理王先正，技术骨干范超婧、郑楠提供了许多支持；我的研究生导师孙汉超、高雪峰教授给予了我鞭策；还有我的家人给予了许多理解、关心和体贴，才使我克服了重重困难，在此，一并表示衷心的感谢。

随着社会主义法制的不断健全，体育赛事市场的不断规范，通过学习借鉴奥运会及世界知名品牌赛事成功的经验，我国体育赛事运作的环境也会不断改善，但要形成体育赛事运作规范管理还有许多需要研究的问题。所以我也正在努力，还会继续努力！

由于此前本人长期从事体育赛事的运作管理实践工作，回归校园也仅有一年时间，虽然对体育赛事运作管理有一定认识，但写书并非所长，书中难免有疏漏之处，望广大同行和读者指正。

作　者

2006 年 6 月 18 日于上海体育学院

图书在版编目（CIP）数据

体育赛事运作管理 / 刘清早著. -- 北京：人民体育出版社, 2006（2023.5重印）
ISBN 978-7-5009-3026-6

Ⅰ. ①体… Ⅱ. ①刘… Ⅲ. ①体育运动－运动竞赛－管理 Ⅳ. ①G808.22

中国版本图书馆CIP数据核字(2006)第079596号

*

人民体育出版社出版发行
三河兴达印务有限公司印刷
新　华　书　店　经　销

*

850×1168　32开本　13印张　311千字
2006年8月第1版　　2023年5月第11次印刷
印数：23,501—25,000册

*

ISBN 978-7-5009-3026-6
定价：47.00元

社址：北京市东城区体育馆路8号（天坛公园东门）
电话：67151482（发行部）　　邮编：100061
传真：67151483　　邮购：67118491
网址：www.psphpress.com